医疗保障城乡一体化及其法律问题研究

李国庆　著

中国金融出版社

责任编辑：黄海清　白子彤
责任校对：潘　洁
责任印制：裴　刚

图书在版编目（CIP）数据

医疗保障城乡一体化及其法律问题研究/李国庆著. —北京：中国金融
出版社，2020.6
ISBN 978 - 7 - 5220 - 0619 - 2

Ⅰ.①医…　Ⅱ.①李…　Ⅲ.①城乡一体化—医疗保障—卫生法—研
究—中国　Ⅳ.①D922.164

中国版本图书馆 CIP 数据核字（2020）第 076146 号

医疗保障城乡一体化及其法律问题研究
YILIAO BAOZHANG CHENGXIANG YITIHUA JIQI FALÜ WENTI YANJIU

出版
发行　**中国金融出版社**

社址　北京市丰台区益泽路 2 号
市场开发部　（010）66024766，63805472，63439533（传真）
网上书店　http://www.chinafph.com
　　　　　　（010）66024766，63372837（传真）
读者服务部　（010）66070833，62568380
邮编　100071
经销　新华书店
印刷　保利达印务有限公司
尺寸　169 毫米×239 毫米
印张　18.5
字数　275 千
版次　2020 年 6 月第 1 版
印次　2020 年 6 月第 1 次印刷
定价　66.00 元
ISBN 978 - 7 - 5220 - 0619 - 2
如出现印装错误本社负责调换　联系电话（010）63263947

本书出版获得教育部人文社会科学研究青年项目资助

（项目编号：15YJC820026）

序

医疗保障是减轻群众就医负担、增进民生福祉、维护社会和谐稳定的重大制度安排。人民健康是民族昌盛和国家富强的重要标志。坚持以人民健康为中心,加快建成覆盖全民、城乡统筹、权责清晰、保障适度、可持续的多层次医疗保障体系,逐步完善国民健康相关的法律法规,为人民群众提供全方位全周期健康服务,是推进健康中国战略实施的重要步骤之一。

医疗保障是我国社会保障制度的重要组成部分,是以基本医疗保险为基础,围绕公民的健康权建构起来的综合性社会保障体系。医疗保障的城乡一体化是克服我国长期以来存在的医疗保障制度城乡分立的重要举措,是实现我国基本医疗保障"应保尽保、保障基本"改革目标的重要路径。从法学观来看,医疗保障城乡一体化的本质是要确保城乡居民享有基本的医疗保障权益,促进全社会公平正义的实现。

在我看来,医疗保障城乡一体化的法律调整应当坚持广覆盖、保基本、多层次、可持续的原则。所谓"广覆盖",就是要不断扩大基本医疗保障的覆盖面,将广大的城乡人口吸纳到制度中来。在"广覆盖"的基础上,一方面要强调基本医疗保险制度中的参保人权利与义务的结合,另一方面要适度地通过扩大医疗救助制度的实施来解决部分困难群体的就医难问题。所谓"保基本",就是要在制度上确保基本医疗保险中筹资和待遇给付的适度性,既要解决广大社会成员在就医看病时免于陷入巨大的经济风险,避免因病致贫,也要控制基本医疗保障待遇的高福利性,防止医保待遇的泛福利化倾向。所谓"多层次",是指需要在基本医疗保险外,通过补充医疗保险、商业保险以及医疗救助建构起一个医疗保障的塔形结构,让不同性质的医疗保障制度在各自空间内发挥其应有的功能。所谓"可持续"，就是要保障基本医疗保险基金的收支平衡，重点解决医疗保障基金的筹资难、监管难问题，形成基金发展的良性运作，使广大人民群众在医疗保障制度中获得更多的幸福感、安全感。

较之其他部门法学，我国社会保障法的研究起步较晚。我在 2005 年撰写《社会保障的法学观》一书时，曾从基础理论研究的视角对社会保障法的本位观、利益观、社团观、契约观、协调观等提出了很多探索性的尝试。但现在看来，这些创新性的探索很多随后都归于沉寂，没有引发我国社会保障法学界对相关问题研究的持续性关注，不能不说是一大遗憾。医疗保障城乡一体化中的法律问题，是伴随我国医疗保障制度改革而产生的一大热点问题，由于其自身的综合性和复杂性，也极具研究的难度和挑战。此次新型冠状病毒肺炎疫情暴露出来的疫情防控和医疗救治问题，也凸显出我国长期以来在公共卫生和医疗保障法律制度以及研究上的不足。

《医疗保障城乡一体化及其法律问题研究》这本书的作者李国庆是我在华东政法大学任教时带的博士研究生，长期从事劳动和社会保障法学的研究。我欣喜地看到，这本著作全方位地对我国医疗保障的城乡一体化及其相关法律问题进行了探索性的研究。全书以医疗保障城乡一体化的历史沿革作为分析线索，以社会保障法学研究的视角，从法理学基础、利益法学、比较法学、实证法学、医保基金、法律责任等维度对我国医疗保障城乡一体化过程中的若干制度性问题进行了剖析，对医疗保障改革进行了深入的法学思考，具有较高的学术价值和现实应用意义。作者这种锐意进取、积极探索的学术精神值得赞许。也希望更多的研究者能够投入我国社会保障法基础理论问题的研究中，不断地提升我国社会保障法学的研究水平。

是为序。

董保华

华东师范大学法学院教授　博士生导师

2020 年 6 月 8 日

目　　录

第一章　医疗保障城乡一体化及其法律调整概述 …………………… 1

　　第一节　医疗保障城乡一体化的内涵 ……………………… 1

　　第二节　医疗保障城乡一体化的基本理论 ………………… 8

　　第三节　医疗保障城乡一体化的法律调整 ………………… 14

第二章　医疗保障城乡一体化的改革逻辑 ………………………… 25

　　第一节　我国医疗保障城乡一体化的历史沿革 …………… 25

　　第二节　医疗保障城乡一体化改革进路的研究综述 ……… 33

　　第三节　城乡居民基本医疗保险整合的实践 ……………… 41

第三章　医疗保障城乡一体化的权利观 …………………………… 47

　　第一节　医疗保障权的基本内涵 …………………………… 47

　　第二节　医疗保障权的本质属性 …………………………… 53

　　第三节　城乡医疗保障一体化与医疗保障权的实现 ……… 58

第四章　城乡居民基本医疗保险整合的法学观 …………………… 66

　　第一节　城乡居民基本医疗保险整合的制度性分析 ……… 66

　　第二节　城乡居民基本医疗保险整合的法理学基础 ……… 75

　　第三节　城乡居民基本医疗保险整合实践的法学思考 …… 84

第五章　城乡居民基本医疗保险整合中的利益平衡 ……………… 90

　　第一节　社会医疗保险法的法益 …………………………… 90

　　第二节　城乡居民基本医保整合中利益冲突的调整思路 … 95

第三节　整合过程中农村居民与城镇居民的利益平衡 ·········· 98

第四节　整合过程中一般群体与特殊群体的利益平衡 ·········· 102

第五节　整合过程中利益平衡的深入思考 ················ 106

第六章　比较法视野下的医疗保障一体化发展 ············· 110

第一节　世界医疗保障模式比较 ··················· 110

第二节　世界典型国家医疗保障法律制度的发展 ·········· 118

第三节　国际法律实践对我国医疗保障城乡一体化的启示 ······ 127

第七章　城乡居民基本医疗保险整合的实证研究 ··········· 139

第一节　城乡居民基本医疗保险整合调研概述 ············ 139

第二节　城乡居民基本医疗保险整合调研分析 ············ 144

第三节　问题的发现 ························· 158

第四节　基于调研结论的建议 ···················· 162

第八章　基本医疗保险基金法律问题研究 ·············· 170

第一节　基本医疗保险基金法概论 ················· 170

第二节　基本医疗保险基金筹资法律问题研究 ············ 183

第三节　基本医疗保险基金支付法律问题研究 ············ 198

第四节　基本医疗保险基金监管法律问题研究 ············ 213

第九章　医疗保障法律责任问题研究 ················· 223

第一节　医疗保障法律责任概论 ··················· 223

第二节　医疗服务协议违约责任研究 ················· 234

第三节　基本医疗保险基金先行支付问题研究 ············ 244

第四节　基本医疗保险欺诈骗保法律问题研究 ············ 253

参考文献 ····························· 265

后记 ······························· 287

第一章　医疗保障城乡一体化及其法律调整概述

第一节　医疗保障城乡一体化的内涵

一、医疗保障的相关概念

医疗保障是社会保障的核心内容之一。所谓社会保障，是"国家和社会通过国民收入的分配与再分配，依法对社会成员的基本生活权利予以保障的社会安全制度"①。作为一种社会安全制度，社会保障通过国家的立法形式满足国民的基本生活保障需求，帮助国民摆脱生存危机，实现社会的和谐发展。可见，社会保障制度设立的目的，在于消弭国民"因遭遇社会风险所面临的生活困境，进而促进社会之平等与实现社会正义"②。从功能上看，社会保障制度是重要的社会稳定器，它通过国民收入的再分配，重点解决社会发展过程中产生的群体性的人口老龄、疾病、自然灾害、工业事故与职业病、失业等社会风险。

从社会保障的制度体系来看，其大致可以包括四大领域：社会福利、社会保险、社会救助和特殊保障。其中，社会保险是我国社会保障制度的核心构成，它是通过立法强制性地征缴社会保险费（税）形成社会保险基金，在国民遭受年老、疾病、工伤、失业等社会风险引发经济损失时，将社会保险

---

① 陈良谨. 社会保障教程［M］. 北京：知识出版社，1990：5.
② 郭明政. 社会安全制度与社会法［M］. 台北：翰卢图书出版有限公司，1997：70.

1

金支付给保险受益人,以保障其基本生活需求的社会保障制度。我国的社会保险制度包括养老保险、医疗保险、失业保险、工伤保险和生育保险。其中,社会医疗保险是社会成员遭遇疾病风险损失时,从医疗保险基金中获得服务或者经济补偿的社会保险制度。与其他类型的社会保险制度一样,社会医疗保险制度具有社会保险类型所共有的强制性、互济性、福利性、社会性等特点,主要通过医疗保险基金的运行来保障社会成员的身体健康。

从医疗保险的性质上来看,医疗保险又可以分为社会医疗保险和商业医疗保险。其中,前者属于社会保险范畴,后者则属于商业性保险范畴,在保险性质、管理体制、参保对象、费用负担、强制性与否等方面存在巨大差异。从医疗保险的层次上看,医疗保险又分为基本医疗保险与补充性医疗保险。补充性医疗保险是对基本医疗保险制度支付水平的补充,一般补偿超过基本医疗保险支付限额或基本医疗保险不予补偿部分的医疗费用,[①] 其在性质、范围、内容和管理等方面与基本医疗保险存在巨大差异。在概念上,本书在论述过程中出现的"医疗保险""社会医疗保险""基本医疗保险"等概念,如不加特别区别,均指"社会基本医疗保险"。

需要明确的是,"医疗保障"的概念,并非单纯的"社会基本医疗保险"的范畴。一方面,"医疗保障"是以社会医疗保险为核心构成的概念,另一方面,"医疗保障"的概念还涵盖了社会救助制度中"医疗救助"的概念。"基本医疗保险与医疗救助是我国多层次医疗保障体系的重要组成部分。"[②] 因此,医疗保障城乡一体化进程中的医疗保障改革,是社会保障中医疗保险制度和医疗救助制度的协同推进,相互支撑。医疗保障是医疗保险与医疗救助的集合。因此,在本书中,"医疗保障"所涵盖内容大于基本医疗保险。另外,我国医疗保障的城乡一体化问题,不仅是社会医疗保险和医疗救助体系的问题,还涉及我国卫生体制、医药体制的改革,是"三医"联动的共同实施。因此,"医疗保障"概念的本身还具有多个体制衔接配合的含义,具有一定意义的复

---

① 周绿林,李绍华. 医疗保险学 [M]. 北京:科学出版社,2018:291.
② 朱铭来,胡祁. 医疗保险和医疗救助保障一体化的若干思考 [J]. 中国医疗保险,2019 (7):11-14.

合性。

　　综上所述，"医疗保障"是社会保障的一个子系统，是社会保障的下位概念。它是指以社会基本医疗保险为核心，通过立法规定相关主体的权利义务，筹集和支付医疗保障基金，为全体国民提供因疾病风险所需的医疗服务及费用补偿的社会安全制度。医疗保障具有社会保障的一般性特征，但也具有福利性、公平性、强制性、社会性和补偿性与基础性等特殊性质。[①]

二、医疗保障城乡一体化的认识

（一）城乡一体化理论

　　在我国经济社会结构剧烈变迁的大背景下，2003 年党的十六届三中全会通过的《中共中央关于完善社会主义市场经济体制若干问题的决定》明确提出了"五个统筹"的重要论断："统筹城乡发展、统筹区域发展、统筹经济社会发展、统筹人与自然和谐发展、统筹国内发展和对外开放"，并把城乡统筹放在了"五个统筹"的首位。在该会议上提出的科学发展观理论中，"五个统筹"正是"全面、协调、可持续"科学发展观的落脚点。可见，党中央把统筹城乡发展作为了科学发展观的重要内容和主要目标，以破除长期以来我国城乡二元经济社会结构的顽症。在此基础上，党的十七大又提出了"统筹城乡发展，推进社会主义新农村建设"的目标，"始终把着力构建新型工农、城乡关系作为加快推进现代化的重大战略"。

　　城乡一体化理论的提出是我国在长期的城乡社会经济发展实践过程中总结提炼出来的，是马克思主义关于城乡差别论述的继承和发展。城乡一体化是在国家现代化和城市化水平达到一定高度之后的必然走向，是后工业时代城镇化发展的高级阶段。作为一种发展理念，城乡一体化将城市与农村进行有机的结合，实现城乡平等的发展。其发展轨迹应当是城乡的双向演进，是城乡互动依赖、相互发展的过程，"城乡一体化的发展目标是实现城乡融合，

---

① 姚岚，熊先军. 医疗保障学 [M]. 北京：人民卫生出版社，2013：8.

即城市地区和乡村地区的协调发展。"①

城乡一体化理论的提出及实施，有利于破除长期束缚我国经济社会发展的城乡二元结构，有利于解决制约我国农村社会经济发展的"三农"问题的瓶颈，实现区域协调发展，有力推进中国现代化的进程。城乡一体化，从本质上来说是以"人"的发展需要作为出发点，真正地实现"以人为本"。"根除城乡差别的标志不仅表现在物质形态上，更体现在作为群体的人身上"。②城乡一体化理论的实施，将极大地推进农民身份向市民身份的转型，实现我国现代化进程中"人"的发展。

（二）城乡医疗保障的统筹发展理念

受我国长期经济社会城乡二元结构的影响，我国的社会保障制度长期呈现出城乡分割的特征，造成了社会保障公平性先天的不足，阻碍了城乡统筹的发展和城镇化的进程。因此，在我国城乡经济社会一体化的过程中，社会保障的一体化应是城乡统筹的核心内容之一。而作为社会保障重要组成部分的医疗保障，也必然成为城乡经济社会统筹发展过程中制度建构的重点之一。

2009 年，《中共中央　国务院关于深化医药卫生体制改革的意见》明确提出了"探索建立城乡一体化的基本医疗保障管理制度"的要求。2019 年，党中央在十九届四中全会公告中提出，"坚持和完善统筹城乡的民生保障制度，满足人民日益增长的美好生活需要"，"必须健全幼有所育、学有所教、劳有所得、病有所医、老有所养、住有所居、弱有所扶等方面国家基本公共服务制度体系，尽力而为，量力而行，注重加强普惠性、基础性、兜底性民生建设"。"病有所医"已经成为城乡统筹发展中民生保障的重要目标之一。

所谓"统筹"，从字面意思理解，是指通盘筹划、统筹兼顾之意。需要注意的是，统筹并非统一。统筹是指通盘筹划，兼顾各个方面的意思；而统一则是指无差别的一致对待。"城乡统筹不是城乡统一，城乡生产力水平和各方

---

① 石忆邵．城乡一体化理论与实践：回眸与评析 [J]．城市规划汇刊，2003（1）：49－54.
② 文军．农民市民化：从农民到市民的角色转型 [J]．华东师范大学学报（哲学社会科学版），2004（3）：55－61.

面情况不同，城乡居民现阶段享有的保障项目和保障水平不可能是一个标准"。① 我国有学者也认为，"统一"是我国社会保障事业的目标；而"统筹"是实现目标的策略和手段。② 通过分析可知，医疗保障的城乡一体化与医疗保障的统筹发展，虽然都指向了城市和乡村医疗保障制度的整体性发展，但又有所侧重。医疗保障的城乡一体化更多强调的是医疗保障的实现目标，即建立一个城乡融合的统一医保体系；而医疗保障的城乡统筹更多强调的是过程，即通过分步实施来消除城乡二元医保制度的藩篱，进一步缩小城乡差距，形成城乡之间医保制度的协调发展。医疗保障的城乡一体化是城乡一体化理论的具体表现形式，而医疗保障的统筹发展则是实现医疗保障城乡一体化的具体路径和动态演进。

（三）医疗保障城乡一体化的基本内涵

通过以上分析，在概念上，医疗保障的城乡一体化是指国家或者政府为了城乡居民的健康，通过医疗保障法律制度和政策的制定和实施，统筹考虑城乡经济和社会发展的现状，对城乡居民的基本医疗体制进行规范性整合的一种制度安排。

从医疗保障城乡一体化的价值目标来看，需渐进地实现"普惠"与"公平"两大目标。所谓的"普惠"，就是人人皆"病有所医"，实现医疗保障制度全覆盖的"全民医保"；所谓"公平"，就是使所有城乡居民不因性别、身份、民族、年龄、职业、地域等因素受到差异性对待，平等地享有基本医疗保障待遇，即乡村居民与城市居民在医疗、卫生预防、保健服务等方面的非歧视性。一体化的最终目标，就是在城乡之间"逐步提高筹资水平和统筹层次，缩小保障水平差距，最终实现制度框架的基本统一"，建立起具有公平意义上的"全民医保"。③ 从目标的实现步骤上，整个医保制度建设的重心应逐步从"普惠"向

① 刘永富. 建立覆盖城乡的社会保障体系 [J]. 求是，2007 (13)：49 - 50.
② 马斌，汤晓茹. 关于城乡社会保障一体化的理论综述 [J]. 人口与经济，2008 (3)：76 - 80.
③ 中华人民共和国中央人民政府. 中共中央　国务院关于深化医药卫生体制改革的意见 [EB/OL] (2009 - 03 - 17) [2020 - 04 - 28]. http：//www. gov. cn/jrzg/2009 - 04/06/content_ 1278721. htm.

"公平性普惠"过渡，这个落脚点就是城乡医保制度的统筹发展。

从医疗保障城乡一体化的发展阶段上看，医疗保障城乡一体化目标的最终实现，是一个循序渐进的过程。公平性普惠制，需逐步地缩小城乡居民医疗保险筹资标准和保障待遇的给付标准。但应该清醒地认识到，该目标的达成，是分阶段、有层次的，不能完全脱离中国既有的城乡差异，不能简单地进行"一刀切"的无差别处理，而是应该在"制度设计和政策制定上尽量减少和缩小差别"①，进行整体上的统筹考量。在现阶段，应优先整合同质的农村合作医疗与城镇居民医疗保险，建立城乡统一的城乡居民医疗保险体制；在此基础上，再将城乡居民医疗保险体制与城镇职工医疗保险体制进行制度衔接，探索在区域内建立统一的市民医疗保险体制，进而最终实现全国统一的公平的全民健康保险体制。

从医疗保障城乡一体化的构成来看，其基本内容应该包括制度一体化、管理一体化和组织一体化。② 制度一体化主要指在法律和政策上，城乡居民的医疗保障缴费和待遇平等，无根本性差异，相对均等地享受医疗资源；管理一体化是指将城乡的医疗保障纳入区域统一的医疗保险基金管理体系，进行集中统筹管理；组织一体化是指由统一的经办机构和行政管理部门负责对城乡医疗保障制度进行组织实施。

三、医疗保障城乡一体化的必要性分析

（一）健康中国战略实施的重要保障

2016 年的全国卫生与健康大会上，习近平总书记首次提出要把人民健康放在优先发展的战略地位。2016 年 10 月，中共中央、国务院印发了《"健康中国 2030"规划纲要》，对健康中国的建设目标与措施作出了整体性规划。

---

① 刁孝华，谭湘渝. 我国医疗保障体系的构建时序与制度整合 [J]. 财经科学，2010（3）：77 – 84.

② 陈健生，陈家泽，余梦秋. 城乡基本医疗保障一体化：目标模式、发展路径与政策选择——以成都市城乡基本医疗保障统筹试点为例 [J]. 理论与改革，2009（6）：74 – 78.

党的十九大报告明确阐述了健康中国的战略，把它作为习近平新时代中国特色社会主义思想的有机组成部分和国家发展基本方略的一项重要内容加以落实。2019年6月，国务院发布了《国务院关于实施健康中国行动的意见》，要求加快推动从以治病为中心转变为以人民健康为中心，动员全社会落实预防为主方针，实施健康中国行动，提高全民健康水平。

健康是促进人的全面发展的必然要求，是经济社会发展的基础条件，是民族昌盛和国家富强的重要标志，也是广大人民群众的共同追求。"全民医保"是贯通医疗服务的需求方和供给方的桥梁，是"连接分级诊疗、现代医院管理与药品供应保障等制度要素的纽带，同时能够在医疗卫生领域发挥监督的功能，在健康中国的相关要素中间发挥基础性作用和连接作用"。[①] 医疗保障城乡一体化进程的推进，关乎全民的健康和国家的长远发展，关系到人民健康权的实现以及生活质量的提高。建立健全全民公平普惠的医疗保障制度，是健康中国战略的重要内容，也是基本实现健康公平这一伟大目标的重要制度保证，对于改善民生保障中的医疗服务具有重要意义。

（二）城乡二元结构破解的基本要求

我国长期形成的城市和农村相互割裂的二元经济社会结构已经成为威胁中国经济社会持续性发展的重大障碍。在城乡一体化理论中，健康需求作为农民的基本需求，其能否得到满足是衡量"统筹城乡发展"的关键性因素。实践表明，在我国城乡二元结构基础上形成的医保保障体制的二元化，无益于社会保障制度与生俱来的公平性，严重影响农村居民健康权的实现，成为我国农村经济社会发展中的顽疾。

通过逐步整合医疗保障体制，统筹医疗保障的城乡发展，能够走出医疗保障体制城市和乡村分而治之的制度陷阱，破解城乡医保制度的"碎片化"和"分散化"问题，真正地解决广大农村地区农民"因病致贫""因病返贫"，逐步缩小城乡之间的差异，克服"三农"问题的瓶颈，满足人民日益增

---

① 仇雨临，王昭茜. 全民医保与健康中国：基础、纽带和导向［J］. 西北大学学报，2018（3）：40－47.

长的就医需求，促进城乡一体化发展中农民自身发展权利的实现，促进农村和城市的协调发展。

（三）实现社会保障公平性的必然路径

医疗保障属于社会保障的基本范畴，其制度构成的核心是社会基本医疗保险。社会保障中，最重要的特征之一就是公平性，"社会保障天然地具有追求社会公平的特性"，① 社会医疗保险无疑也具有这个特质。社会保障的公平性要求医保基金应当在统筹范围内调剂使用，使参保人群无差别地享有平等的健康权，享受到基本公共医疗服务的均等化待遇。而长期以来，我国基本医疗保险制度形成的新型农村合作医疗、城镇居民医疗保险、城镇职工医疗保险"三足分立"的局面已经严重影响了城乡居民平等地享有医疗保障权利，城乡居民之间享受公共医疗服务的水平在逐步拉大。

医疗保障城乡一体化的目标是建立一个全民公平医保的新体制，这是对医疗保险社会保障属性的回应，也是社会保障制度发展的必然要求。统筹城乡医疗保障制度，对城乡居民实施统一待遇，可以有效地改进现有农村地区有病不医的现象，实现城乡之间医疗基金的风险分担和收入分配，改善城乡间的收入差距，促进社会公平。

第二节　医疗保障城乡一体化的基本理论

探究医疗保障城乡一体化的理论基础，必须追根溯源，回到社会保障的基础理论之中。实践证明，社会保障学虽然是一门独立的学科，但建立在多个交叉学科之上，并以经济学、社会学等基础原理作为理论源泉发展而来。因此，医疗保障城乡一体化的理论基础，可以从多个学科历史发展的脉络中找寻。这些经济学、社会学的基础理论中蕴含了大量支撑我国医疗保障城乡一体化发展的依据和营养。

---

① 郑功成. 社会保障学［M］. 北京：中国劳动社会保障出版社，2005：1.

一、经济学理论

（一）福利经济学

福利经济学是寻求最大社会经济福利的西方经济理论体系，它主要研究如何进行资源配置以提高效率、如何进行收入分配以实现公平。[①] 作为"福利经济学之父"，福利经济学的代表人物庇古（Arthur Cecil Pigou）在其名著《福利经济学》一书中建立了福利经济学的理论体系。庇古论述了经济福利与国民收入之间的关系，认为国民总收入的分配会影响社会福祉；社会福利的多少取决于国民收入的数量和国民收入在社会成员之间的分配状况。在如何增进经济社会福利问题上，庇古提出"收入均等化"观点；在实现生产资源最优配置的问题上，庇古提出通过向高收入者增加税收的方式进行政府干预，再将这部分收入通过转移支付的方式支付给穷人，对国民收入进行再分配。庇古的福利经济学理论深刻影响了社会保障制度的发展。

从理论基础上来看：（1）福利经济学所提出的"收入均等化"观点确立了社会福利最大化的标准，即当所有国民的收入均等从而使货币的边际效用相等时，社会经济福利达到最大。该内容已经隐含了社会保障的普惠制，以公平性作为理论价值的核心，对国民的身体健康等权利进行平等保护。（2）在实施手段上，福利经济学建议使用税收的方式，通过财政税收增加国民收入，继而通过转移支付的方式向低收入人群进行再分配，以缩小贫富差距，增大社会福利，其背后表达了以公平为基础的统筹发展理念。（3）医疗保险制度应该具有福利性，即个人不缴纳或按较低标准缴纳医疗保险费后就可以获得基本的医疗服务，医疗保险开支主要通过税收与政府的财政收入负担。[②]（4）福利经济学还提出了政府干预的必要性问题，用于解决经济的外部性，对于医疗保障城乡一体化中政府的功能定位，也有极大的借鉴意义。

[①] 郑功成. 社会保障学——理念、制度、实践与思辨 [M]. 北京：商务印书馆，2012：76.

[②] 存洪斌. 基本医疗保险一体化制度研究 [D]. 天津：南开大学博士论文，2014：21.

（二）凯恩斯理论

凯恩斯的有效需求理论认为，市场有效需求的不足是导致经济危机和严重失业的主要原因，有效需求的不足源于消费与投资的不足，完全的市场经济由于存在市场失灵的问题，无法消除资本边际效用递减、消费边际倾向递减和流动性偏好三大规律，需要政府对经济活动进行积极干预。在社会保障制度方面，凯恩斯认为：（1）基于富人边际消费倾向低于穷人的情况，可以通过富人向穷人进行社会转移支付，提高社会的平均消费倾向。（2）充分发挥社会保障"社会稳定器"的作用，抑制经济的波动，实现对宏观经济稳定的有限再分配。

凯恩斯主义主张通过财政政策推高社会福利水平，是站在社会有效需求的角度认识社会保障制度的，具有一定局限性。但其认为国家所承担的社会保障制度的责任是一种有限责任，强调其中的个人责任。凯恩斯提出的社会保障中政府有限保障和有限再分配的观点深刻影响了第二次世界大战后社会保障制度的建立。[①] 从医疗保障城乡一体化的发展来看，凯恩斯主义对于我们划定个人与政府的责任边界、界定政府对医疗保障制度的介入程度，具有积极的意义。

（三）制度经济学

制度经济学是以制度作为研究对象的经济学分支，它重点研究制度对于经济行为和经济发展的影响，以及经济发展如何影响制度的演变。经济学家科斯（Ronald H. Coase）通过引入边际分析方法，分析交易成本，解释了现实制度的内生化及其对经济绩效的影响，创立了新制度经济学。而诺斯（Douglass C. North）等经济学家深入探讨了制度的基本功能、影响制度变迁的主要要素、经济行为主体作出不同制度安排选择的原因、产权制度与国家职能等问题，进一步发展了新制度经济学。新制度经济学认为，制度在经济和社会

---

① 李珍. 社会保障理论（第三版）［M］. 北京：中国劳动社会保障出版社，2013：152.

发展过程中具有决定性作用。外在性因素经常在制度变迁的过程中扮演着重要角色，而产生外在性的根源则在于制度结构的不合理。

制度经济学为我国正在进行的医疗保障的城乡统筹发展提供了丰富的理论依据。城乡医保制度的统筹发展，是典型的重新分配收入的制度变迁。[①] 新制度经济学的制度变迁理论对于研究我国医疗保障体制内部的结构不合理性所引致的体制变革动因、探究医保体制"制度均衡—非均衡—均衡"的发展轨迹、分析城乡二元医保体制路径依赖的形成和体制改革方向、构造未来城乡医保制度演化的形式、吸收外部经验进行制度移植都能提供合理化的解释。

（四）公共产品理论

一般认为，公共产品理论是公共经济学的核心内容。在公共产品理论中，公共产品与私人产品有三个明显区别：效用的不可分性、收益的非排他性和消费的非竞争性。该理论的代表经济学家萨缪尔森（Paul A. Samuelson）认为，"公共品是这样一类商品：将该商品的效用扩展为他人的成本为零，因而也无法排除他人共享"。[②] 公共物品理论对于分析市场与"公共选择"两种资源配置方式，尤其是对政府行为边界及其公共产品的效能具有很强的现实意义。

医疗保障的产品介于纯公共物品和纯私人物品之间，是比较典型的准公共物品。一方面，使用公共物品理论，可以较好地解释作为准公共物品的医疗保障通过协调政府和个人之间的缴费责任平衡，以保证医疗服务的有效供给问题。另一方面，作为准公共物品的医疗保障，也为社会第三方力量介入医疗保障的城乡统筹发展过程提供了注解，例如在医疗保险的大病统筹中确定医疗服务第三方购买者的角色地位。

[①] 顾海，李佳佳. 中国城镇化进程中统筹城乡医疗保障制度研究：模式选择与效应评估 [M]. 北京：中国劳动社会保障出版社，2013：72.

[②] 萨缪尔森，诺德豪斯. 经济学 [M]. 第16版，北京：华夏出版社，1999：29.

二、社会学理论

（一）福利国家理论

1942 年英国发表的《社会保险及有关的服务》（*Social Insurance and Allied Services*），即"贝弗里奇报告"，被认为是福利国家理论的基础性文件。"贝弗里奇报告"提出了很多具有革命性的观点，认为社会保障应当采用三种方式，即满足基本需要的社会保险、特殊情况的国民补助和补充基本补助的自愿保险。"贝弗里奇报告"提出了社会保障的多个原则：一是普遍性原则，即社会保障应该满足全体居民不同的社会保障需求，覆盖所有人群；二是保障基本生活原则，即社会保障只确保每一个公民最基本的生活需求；三是统一原则，即统一社会保险的行政管理职责，统一社会保险的缴费标准、统一社会保险的待遇支付标准；四是统一医疗服务体系，医疗服务和现金待遇应该分开，建立由卫生部负责监管、覆盖全民、涵盖所有诊疗项目及各种伤残的综合性医疗服务体系[①]；五是权利和义务对等原则，即享受社会保障必须以劳动和缴纳保险费为条件；六是应将社会保险拓展至所有领域类型，但进行分门别类的管理。

以"贝弗里奇报告"为基础的福利国家理论深刻地影响了世界各国社会保障制度的建立，"贝弗里奇报告"强调的政府对于公民社会福利的责任和福利国家的发展目标为社会政策的发展奠定了理论基础。"贝弗里奇报告"中有关社会保险普遍性、统一性、差别性、强制性的认识对于我们建立城乡一体化的医疗保障制度无疑仍然具有重大的借鉴意义，是我们制定相关法律政策的重要依据。

（二）卡尔·波兰尼的社会经济思想

匈牙利政治经济学家卡尔·波兰尼（Karl Polanyi）是新经济社会学的代

---

① 贝弗里奇. 贝弗里奇报告——社会保险和相关服务 [M]. 华迎放等，译. 北京：中国劳动社会保障出版社，2004：51.

表人物，以《大转型》（the Great Transformation）一书为人所熟知。卡尔·波兰尼社会经济思想的核心是"嵌入"理论和"双重运动"理论。波兰尼认为，自发进行调节的市场从始至终是不存在的，市场本质上是嵌入社会之中的，不可能出现一种"脱嵌"的、完全自发调节的市场；而自我调节的市场触发了社会保护的反向运动，由此形成了自由市场与社会保护之间的双向运动或双重运动的市场经济。① 由于市场的不断作用，社会一直在做反向的保护性运动，因此形成了现代社会中的虚拟商品和社会自我保护运动之间的矛盾。而解决这一矛盾的钥匙在于劳动力、土地、货币等生产要素的去商品化。19世纪以来，波兰尼的社会经济思想在全世界引发了以社会保障立法为特征的社会保护运动，该运动的本质就是通过制度的手段重新实现社会对市场的控制，避免人类社会走向毁灭。

波兰尼的社会经济思想对于我们认识制度变迁背景下我国医疗保障的城乡一体化具有重要意义。劳动力的去商品化，其本质就是要给予社会保障制度应有的"福利"特征，赋予所有国民平等享受基本医疗权的身份资格，这是社会政策实施的一个逻辑起点。"市场需要国家，政府的社会政策行动是使社会获得重新整合的一个先决条件"。② 另外，波兰尼的"双重运动"理论也使我们认识到了通过社会立法的形式，以制度性规范来控制医疗保障城乡一体化改革风险的重要性。

（三）杜尔凯姆的社会团结理论

法国的杜尔凯姆（Émile Durkheim，又译为涂尔干）被公认为现代社会学的三大奠基人之一，其终生致力于社会整合问题的研究，是社会团结理论的典型代表，《社会分工论》（the Division of Labor in Society）是其代表作。杜尔凯姆依据社会分工把社会团结划分为机械团结和有机团结，在杜尔凯姆的社会团结理论中，法律是社会团结本质的一种体现，与机械团结和有机团结相

---

① 包刚升. 反思波兰尼《大转型》的九个命题 [J]. 浙江社会科学，2014（6）：4–14.
② 林卡，陈梦雅. 社会政策的理论和研究范式 [M]. 北京：中国劳动社会保障出版社，2008：74.

对应，法律被划分为约束性法律和恢复性法律。有机团结中的恢复性法律，其目的在于维持或保护社会中个人和社会群体之间相互依赖的复杂模式。社会团结理论认为，制度性整合是治理整个社会失范的根本路径。"要想治愈失范状态，就必须首先建立一个群体，然后建立一套我们现在所匮乏的规范体系"。①

杜尔凯姆的社会团结理论，强调了通过法律维护社会团结的思想，认为法律作为社会团结的一种外在形式，应当反映大众的社会道德和集体意识。社会团结理论所蕴含的"社会连带"思想成为社会保障法的基本立法理念之一。社会团结理论对于我们认识城乡医疗保障制度整合中的社会性因素具有重要意义。在制度整合的法律调整框架中应如何体现"互助共济"、体现社会参与，是社会团结理论留给我们深入思考的命题。

第三节　医疗保障城乡一体化的法律调整

我国医疗保障的城乡一体化，是前所未有的社会保障领域的伟大革新。这种巨大的制度变迁，对我国既有的医疗保障体系提出了严峻的挑战。"法律是肯定的、明确的、普遍的规范"。② 医疗保障的城乡统筹发展，是对我国社会保障制度要素的重新整合，也是对现有医疗保障法治资源的整合，是对现有社会保障法律体系的打破与重构。法律的社会整合，是现代社会最重要的规范整合形式。③ 在法律的视野中，医疗保障的城乡一体化道路，是一条规范发展的道路，需要法治的回应与制度的规范。我国的医疗保障法律制度，应当顺应历史发展的趋势，对医疗保障的社会关系重新进行法律调整。

一、我国医疗保障立法概述

我国医疗保障立法的起源可以追溯至 1951 年的《中华人民共和国劳动保

---

① 涂尔干. 社会分工论［M］. 上海：三联书店，2004：17.
② 马克思，恩格斯. 马克思恩格斯全集：第 1 卷［M］. 北京：人民出版社，1972：71.
③ 张文显. 法哲学范畴研究［M］. 修订版，北京：中国政法大学出版社，2001：62.

险条例》，该条例的颁布与实施是新中国的社会保障法制化的开端。"一个成熟、定型的社会保障制度必然建立在法制化基础之上，因为只有通过立法才能赋权明责，只有严格执法才能确保制度公正和运行有序"。① 经历将近 70 年的风风雨雨，我国目前已经形成了一个以《中华人民共和国社会保险法》（以下简称《社会保险法》）为基本法、法律位阶分明的医疗保障法律体系。

从法律渊源上来看，在法律层面，全国人大常务委员会 2010 年 10 月通过的《社会保险法》以基本法的形式对基本医疗保险制度进行了专章规定，确立了基本医疗保险制度的基本类型、医疗保险费的缴纳制度、医疗保险待遇的支付制度、基本医疗保险基金等原则性内容，为我国医疗保险制度的发展提供了基本的法制指引。在行政法规层面，《社会保险费征缴暂行条例》《全国社会保障基金条例》《社会救助暂行办法》等一批国务院行政法规颁布实施。在部门规章层面，《实施〈中华人民共和国社会保险法〉若干规定》《社会保险基金先行支付暂行办法》《社会保险费申报缴纳管理规定》《社会保险稽核办法》《社会保险行政争议处理办法》《社会保险基金行政监督办法》《社会保险基金监督举报工作管理办法》《社会保险费征缴监督检查办法》《社会保险审计暂行规定》等法律规范性文件颁布实施。

在地方立法方面，《天津市基本医疗保险条例》《浙江省社会救助条例》《上海市社会救助条例》《广东省社会救助条例》等一批地方性法规和《山东省医疗保障基金监督管理办法》《湖南省基本医疗保险监督管理办法》《北京市基本医疗保险规定》《上海市职工基本医疗保险办法》等一批地方性行政规章颁布实施，共同构成了我国医疗保障法律制度的组成部分。

二、我国医疗保障法律制度的特征分析

伴随我国社会保障制度的建立和发展，公民的健康权问题备受重视。在我国现有的社会保障法律制度框架中，2010 年通过的《社会保险法》专章对基本医疗保险进行了规定，2014 年国务院发布的《社会救助暂行办法》对医

① 郑功成. 中国社会保障 70 年发展（1949—2019）：回顾与展望［J］. 中国人民大学学报，2019（5）：1 - 16.

疗救助也进行了专章规定。这两部法律法规中有关医疗保障的内容，构成了我国医疗保障法律制度的基石。除此之外，国务院和人力资源社会保障部、民政部、卫生和计划生育委员会等行政部门也颁布了一系列有关医疗保障的规范性文件。从现有的医疗保障法律规定中，可以总结出如下主要特征：

（一）医疗保障法律的政策化

同为国家治理的手段，法律与政策在我国的医疗保障治理过程中均发挥着重要的作用。由于长期以来形成的制度惯性，我国的医疗保障法律经常以政策的外观显示，体现出明显的政策化倾向。可以说，政策化是医疗保障法律最显著的一个特征。虽然我国社会保障法律普遍有这个特点，但医疗保障法律尤其显得突出。从医疗保障涉及的法律法规来看，除了《城镇职工基本医疗保险业务管理规定》《社会保险费征缴暂行条例》《社会保险基金行政监督办法》《新型农村合作医疗基金财务制度》等有限的规范性文件采用了部门规章的形式之外，大部分在实践中发挥具体指导和规范作用的文件都是以"通知""意见""决定""实施办法"等政策文件的形式出现。这些政策性文件实际上承担了部分法律的功能，虽然政策具有灵活性、及时性的优势，但由于缺乏稳定性、权威性，在实施过程中无法高效率地被执行。应当说，长期以来，我国的医疗保障法律在实务当中是被赋予了政策的形式和被政策化来运用的。

（二）医疗保障法律的分割化与分散化

迄今为止，在我国医疗保障领域，还没有一部统一的立法进行统领。虽然2016年1月发布的《国务院关于整合城乡居民基本医疗保险制度的意见》拉开了统筹城乡医疗保障发展的帷幕，但是，受制于长期以来我国城乡二元的经济社会结构，我国的社会保障制度呈现出明显的城乡分裂的情况，这直接导致医疗保障核心的基本医疗制度也带有典型的"碎片化""分割化"的特征。城镇职工医疗保险、城镇居民医疗保险、新农村合作医疗针对不同医疗保险人群的"分而治之"，"各自为政"，造成了不同的参保人群、不同的基金模式、不同的制度规则下社会保险制度框架事实上的撕裂。虽然，医疗保障的城乡统筹政策已经实施，但目前国家层面还没在法律上对既有医保规则进行法律上的统一整合。

我国的医疗保障法律制度还具有"分散化"的特征。由于统一立法的缺乏，基本医疗保险法的核心部分被规定于《社会保险法》之中，医疗救助法的核心部分被规定于《社会救助暂行办法》之中，医疗保障制度的两大组成部分无法在同一体系之中进行互动与衔接，严重影响了一体化改革的实际效果。作为基本医疗保险运行载体的医疗保险基金制度，也被完全嵌入社会保险基金法律之中，无法体现出对医疗保险制度的支撑作用。各地有关医疗保障的立法更是侧重点迥异，不具有体系性和系统性。这些都表明我国医疗保障立法的专业化不足、精细度不够。

（三）授权性规范与义务性规范的统一

《社会保险法》作为社会保险领域的基本法，对我国基本医疗保险的基本法律制度进行了框架性的规定。虽然 2010 年颁布的该部法律所设定的"三三制"① 结构已经落后于实际，急需改进，但该部法律在制定的时候敏锐捕捉到未来医保改革的基本方向，它在统筹层次、缴费制度、支付待遇、基金管理和结算等方面设定了一般性义务性规范的同时，还在多个地方留下了授权性规范的位置，为未来医保制度的改革发展预留了空间。例如，《社会保险法》第二十六条规定，"职工基本医疗保险、新型农村合作医疗和城镇居民基本医疗保险的待遇标准按照国家规定执行"；第二十四条第二款规定"新型农村合作医疗的管理办法，由国务院规定"。同样，《国务院关于整合城乡居民基本医疗保险制度的意见》虽然是以政策性文件形式出台的，但在阐述了城乡居民基本医保"六个统一"的整合政策内涵的同时，仍然规定了诸如"现有城镇居民医保和新农合个人缴费标准差距较大的地区，可采取差别缴费的办法，利用 2 ~ 3 年时间逐步过渡"等授权性内容。应当说，在医保法律和政策中设

---

① 《社会保险法》中医疗保险的"三三制"是指按照城镇职工医疗保险、城镇居民医疗保险、新型农村合作医疗三种制度架构起来的我国基本医疗保险制度。

定义务性规范的同时设定授权性规范，一方面是因为成文法的局限性不能及时适应制度改革的调整所致，另一方面也反映了医疗保障制度改革跨地区、跨领域、跨体制的复杂性。

三、医疗保障城乡一体化法律调整的原则

从我国医疗保障法律制度的现有特征分析来看，现有的法律制度在法律层次、法律架构、法律的精细化程度方面都远远落后于医疗保障城乡一体化现有的实践，需进行全面化的调整。在调整的过程中，应当严格恪守社会保障法律的基本价值和理念，树立法律调整的基本原则。所谓基本原则，是医疗保障城乡一体化进程法律调整中应当遵循的基本准则，对于整个医保规则的制定与实施具有指导意义。

（一）社会公平优位原则

公平原则是医疗保障城乡一体化法律调整过程的首要原则。虽然社会保障立法强调的是公平与效率的结合，但医疗保障城乡一体化的法律调整则必须坚持将社会公平放置于优先考虑的位置。社会保障法是国民收入分配的社会调节法，也是公民生存权利的保护法。现有的"分割化"医保体制，问题之一在于"公平性"不足。医疗保障的城乡一体化要实现的就是国民医疗保障的公平普惠制，需通过国家的强制干预向公平进行倾斜，不仅要给予所有国民平等的医疗权利，即"机会公平"，还要透过制度化的设计确保国民医疗权实现过程中的"结果相对公平"。"法在实现正义分配方面的作用，主要表现为把指导分配的正义原则法律化、制度化，并具体化为权利和义务，实现对资源、社会合作的利益和负担进行权威性的、公正的分配"。① 在所有的正义命题中，社会基本结构的正义是首要的正义。在医疗保障的城乡统筹过程中，公平视角下的医疗保障体系应当实现筹资制度公平、支付制度公平和医疗服务利用公平。只有建立医疗保障体制结构性的公平模式，才能真正发挥

---

① 张文显. 法哲学范畴研究［M］. 北京：中国政法大学出版社，2001：205.

出医疗保障法律在社会再分配、互助共济、风险共担以及特殊人群的照顾等方面的社会功能。而这一切公平目标的达成，都需透过法律的权利义务架构加以实现。

（二）普遍性和区别性竞合原则

普遍性和区别性竞合原则即普遍性与区别性相结合的原则，由"福利国家之父"贝弗里奇（William Lan Beardmore Beveridge）在《社会保险及有关服务的报告》中首次提出的。普遍性是指全体国民均在覆盖范围，区别性则强调不同社会成员的不同对待。普遍性与差别性的竞合，实际是社会公平原则的引申原则。社会医疗保障的城乡一体化旨在建立健全健康保险全民覆盖的体系，普遍性是题中应有之义。而区别性则更多强调制度设计中的差异化处理。由于所在区域、职业、负担能力等存在的差异，不可能对所有医疗保障的涵盖人群进行无差异的"一刀切"的处理。在保障人群中，极度贫困人群、老年人、学生、未成年人（包括新生儿），虽然应当统一纳入医保统筹范围，但他们在缴费能力方面的显著不足，应当在制度中给予特殊照顾和安排，体现《社会保障法》倾斜保护的理念。

（三）基本保障原则

《社会保障法》是生存权保护法，是国民生活的"安全支柱法"，它通过生存权保护体系的建立为社会成员带来生活的稳定和生活的安全感。我国的医疗保障体制，其核心功能在于"保基本、保大病、托底线"。① 因此，医疗保障的水平不应当逾越我国既有的经济社会发展水平，应当因地制宜地制订医保城乡统筹发展的方案。社会医疗保险应将制度设计突出"保基本、保大病"的重点，体现对人民群众基本医疗需求的满足；而医疗救助制度则应突出"反贫困"的基本理念，进一步完善医疗救助的救助标准和涵盖范围，托起医疗保障的"底线公平"。

---

① 乌日图. 基本医疗保险要回归保基本的制度功能 [J]. 中国医疗保险, 2018 (6): 4-7.

（四）权利义务相结合原则

权利与义务是现代国家社会保障法治中的基本法律范畴，权利与义务相结合也是医疗保障城乡一体化调整过程中应当遵守的基本要求。例如，医疗保险法律关系是被保险人（参保人）、保险人（医疗保险机构）、医疗服务提供方及政府所形成的一个三角四方关系。其中政府位于三方主体的关系之上。从被保险人的角度看，权利义务的结合要求社会医疗保险的参保人按照法律规定缴纳医疗保险费，这是其享有医疗保险待遇的基础；从医疗保险人的角度看，其应当按照法律规定核定医保开支，并享有对医保基金运行管理的权力；从医疗保险的服务方看，其有提供基本医疗服务并结算医疗开支的权利，但有义务按照法律规定进行医保核定并配合医疗保险机构的医保稽核等监督管理；从政府主体的角度看，其有义务为医保基金的运行进行财政补贴"兜底"，但对医疗保险基金进行支付转移并进行监督的职责。应当注意的是，医疗保障中权利与义务的结合，并非是权利与义务的对称。实际上，在社会保障领域权利与义务不对等现象普遍存在。例如，在医疗救助制度中，被救助者所获得的医疗救助金并不以履行对等的法律义务为前提，仅有履行配合医疗救助机构的家计调查义务。因此，坚持医疗保障城乡一体化法律调整中的权利与义务结合，既有利于医疗保障改革的稳步推进，也符合社会保障法的基本价值要求。

（五）社会化原则

所谓的社会化原则，是指所有社会成员均参与到医疗保障城乡一体化的进程中，动员所有社会力量共同建立和完善医疗保障制度。社会保障的本质是互助共济、风险共担。可以说医疗保障的社会化贯穿于医疗保障的所有环节，就基本医疗保险来说，社会化主要体现在"基本医疗保险筹资、基金管理、资金发放、定点服务管理和社区卫生服务"[①] 等方面。从医疗保

---

① 贾洪波. 中国基本医疗保险制度改革关键问题研究 [M]. 北京：北京大学出版社，2013：18.

障城乡一体化法律调整的角度看，社会化的主要表现形式集中在医疗保障资金来源的社会化和管理的社会化。在筹资方面，在社会医疗保险领域应坚持城镇职工医疗保险中"国家、用人单位、职工""三方负担"和城乡居民基本医疗保险中"国家"和"个人"缴费责任的划定，在医疗救助领域中大力提倡发展社会慈善事业，鼓励一切社会主体共同救助贫困对象，解决"因病致贫""因病返贫"的问题；在医疗保障的管理方面，社会医疗保险领域除了强化采用税务部门统一征缴和调拨之外，应广泛吸收商业保险机构参与大病保险，并逐步建立起"第三方团购"①的医疗服务谈判机制，提供给基本医保参与人、医疗机构、医药机构、医疗中介组织参与医保管理的机会，提升管理的多元化和社会化；在医疗救助领域，应进一步将权力下沉，赋予社区医疗救助申请、登记、调查和救济金发放的权限，实现救助体制管理的多元化。

四、医疗保障城乡一体化法律调整中的政府定位

以经济学视角观察，医疗保障制度需要处理政府与市场的关系；以社会政策视角观察，医疗保障制度需要处理政府与社会的关系；而以法律视角观察，医疗保障制度需要处理政府与医保法律规则之间的关系。在整个医疗保障法律关系中，政府处于核心地位，它是组织和实施医疗保障的主体。因此，政府功能的发挥，是医疗保障城乡一体化法律调整的一个关键因素。

（一）医保整合法律法规的制定者

政府是医保城乡整合的主要制度设计者。如上所述，作为社会医疗保险法律制度的上位法，《社会保险法》已经通过授权性规范，赋予了国务院制定医疗保险制度改革的基本方案。《国务院关于整合城乡居民基本医疗保险制度的意见》也允许各个地方根据本地实际对医保制度的整合进行变通性处理。从法理学上分析，授权性规范实质上是一种限制性规范，"授权性规则在授予

---

① 孙淑云. 中国基本医疗保险立法困局、症结及其出路［J］. 山西大学学报（哲学社会科学版），2017（3）：142－150.

国家机关以权力自由的同时，实际上也是赋予国家机关以义务"。① 因此，对于法律的立法授权，国家机关不得放弃或者拒绝行使。实践表明，立法先行是医保制度自身改革成功的重要保障，也是保证医保制度整合整体公平性和规范性的重要措施。因此，国务院和地方政府应在法定的授权范围内，尽快启动全国和地方范围内医疗保障城乡统筹发展的立法，通过法律法规（包括地方性法规）的制定和实施推进医疗保障城乡一体化的进程。

（二）医保的出资人

目前，政府财政仍然是社会医疗保险基金最为重要的筹资来源，政府通过转移支付的方式统筹调剂本地区医疗保险基金的余缺，在特殊情况下对医疗保险基金进行财政补贴。在医疗救助中，政府的财政性支出也仍然是社会救助资金的主要筹资渠道。除此之外，公立医疗机构的规划和设立、医疗机构设备设施的购置和维修、医保经办机构的经费发放等，都会纳入同级政府财政预算，进行统筹安排。因此，在医疗保障城乡统筹过程中，应进一步明确地方政府医保出资人的地位，明确其在医保体系中应承担的经济责任。

（三）医保监督者

在城乡医疗保障制度整合的过程中，政府还扮演着监督者的角色，其不仅监督着基本医疗保险市场的发展，还履行着对医保基金的监管职责。基本医疗保险关系涉及保险方、被保险方和医疗服务的提供方，因为费用的支付，彼此之间形成契约关系。但由于信息的不对称性，医疗保险市场中经常发生逆向选择和道德风险，欺诈骗保行为也屡有发生，对"契约自由"产生了极大的威胁。因此，政府作为具有"超然"地位的独立主体，应监控基本医疗保险市场的不规范行为，引导市场的健康发展。实践中，政府对于基本医疗市场的干预通常可采用法律手段、经济手段、行政手段来加以实施，其中强

---

① 张恒山. 法理要论 [M]. 北京：北京大学出版社，2002：59.

制性参保和对医疗保险的价格管制是最经常使用的方法。

对政府监督者职责的强化，另外一个方面的意义在于逐步实现政府在医疗保障制度中的"双重角色"的分离。我国社会保障体制中长期以来在实践中由政府加以推进并予以实施，具有先天的优势。但这也导致政府间接成为市场主体，形成了角色功能上的错位。医疗保障的城乡一体化，"必然要求分离政府的双重角色；而政府的双重角色的分离，本身也是转型的一个重要方面"。① 因此，转化政府在医疗保障城乡统筹发展中的职能，要求我们进一步弱化政府对医疗保险市场的直接参与，更多地强化其规则的制定者和监管者的定位，留给社会合作机制更大的空间，更多地通过法律进行制度化的整合矫正社会的失范，建构一个有机团结的现代社会。

（四）医保政策的协调者和平衡者

医疗保障的城乡统筹发展，不仅涉及基本医疗保险体制的变革，还涉及医疗救助制度的革新，需要医疗卫生体制和医药体制的改革进行配合和衔接。因此，政府必然成为整个医保城乡统筹的协调者。一方面政府需调整医疗资源、卫生资源的配置，改善医疗服务的公平性；另一方面政府需统筹各个行政部门的管理权限，协调医保系统与相关制度之间的对接，确保医疗保险基金运行的效率性。实践中，除了使用强制性干预的调整手段之外，政府对于城乡基本医保改革还普遍使用利益促导、准入限制、利益协调等政策性平衡的方式，用于处理与医保市场的关系。政策性平衡是社会保障法律所经常使用的一种控制手段，"政策性平衡的价值特性在于社会公共福利与和谐"。②

世界银行在1997年的世界发展报告《变革世界中的政府》中提到，政府的第一项职责就是做好五项基础性工作，五项基础性工作在每个政府的功能中均处于核心地位：（1）建立法律基础；（2）保持非扭曲性的政策环境，包

---

① 锁凌燕. 转型期中国医疗保险体系中的政府与市场［M］. 北京：北京大学出版社，2010：120.

② 张文显. 法理学［M］. 北京：北京大学出版社，1999：222.

括宏观经济的稳定；（3）投资于基本的社会服务与基础设施；（4）保护承受力差的阶层；（5）保护环境。① 由此可见，利用法治的力量实现社会正义是医疗保障城乡一体化进程中政府义不容辞的职责，是我国医疗保障事业持续性发展，建构共享型社会的必由之路。

---

① 杨再平. 重新思考政府：一个世界性的课题——评世界银行 1997 年世界发展报告《变革世界中的政府》[J]. 国际经济评论，1998（Z1）：60 - 62.

第二章 医疗保障
城乡一体化的改革逻辑

第一节 我国医疗保障城乡一体化的历史沿革

1883 年，德国政府颁布了《劳工疾病保险法》，成为世界上第一部社会保险法，标志着德国医疗社会保险制度的建立。德国所创立的社会保险模式随后迅速被世界各国效仿和借鉴。我国的医疗保障制度始于新中国成立之初，其后不断进行制度化改革。从历史制度变迁的角度来看，我国的医疗保障制度的历史演化大致可以分为四个大的阶段，即 1949—1978 年的计划经济阶段、1978—1998 年的医疗保障社会化探索阶段、1998—2009 年的医疗保障社会化发展阶段和 2009 年至今的医疗保障整合发展阶段。

一、计划经济阶段（1949—1978 年）

1949 年 9 月，《中国人民政治协商会议共同纲领》明确提出在我国逐步实行劳动保险制度。1951 年 2 月，《中华人民共和国劳动保险条例》正式颁布实施，这是新中国成立之后颁布的第一个社会保障法规，是新中国社会保险制度确立的标志性事件。《中华人民共和国劳动保险条例》施行劳动保险制度，规定职工在疾病、非因工负伤和残废情形下享有"劳保医疗"。1952 年 8 月发布的《国家工作人员公费医疗预防实施办法》，开始对各级人民政府、党派、团体及事业单位的国家工作人员实施公费医疗制度。1955 年，山西省高平县米山乡成立了民间药铺和民间医生自愿结合形式的联合保健站，这种

"医社结合"的形式随后被统一命名为"农村合作医疗制度"。随着 1965 年 6 月 26 日，毛泽东主席作出"把医疗卫生工作的重点放到农村去"的指示（即"六二六"指示），全国范围开始推行农村合作医疗制度。

可以看出，在计划经济时期，我国形成了以劳保医疗、公费医疗和农村合作医疗为主的基本医疗保险制度。应当说，这种制度模式与当时的经济社会发展是相适应的。不同形式的医疗保险，基本覆盖了大部分民众。数据显示，截至 1977 年底，全国 90% 的生产大队实行了合作医疗，农村人口覆盖率达 80% 以上，基本解决了广大农村社会成员看病难的问题。① 当然，在医疗保障制度的初创期，计划经济体制下的医保模式还是显露出很多问题：（1）缺乏统一管理。公费医疗保险由公费医疗管理委员会负责经办管理，劳保医疗制度由劳动部负责经办实施，农村合作医疗制度由卫生部负责经办实施，形成了医疗保险管理实际上的"三权分立"；（2）劳保医疗和公费医疗基本由政府财政"买单"，缺乏市场化的机制，导致医疗费用增长过快，医疗保险风险共济的功能基本无法发挥；（3）医疗保险的经办管理完全是行政化管理，医疗服务社会化程度普遍偏低。

二、医疗保障社会化的探索阶段（1978—1998 年）

1978 年 9 月，世界卫生组织（WHO）在阿拉木图召开会议并发表《阿拉木图宣言》。会议认为，中国是发展中国家推行初级卫生保健的典范。1979 年 12 月，卫生部、农业部、财政部、国家医药管理总局、全国供销合作总社联合发布了《农村合作医疗章程（试行草案）》，农村合作医疗在制度上得到了确立。1989 年 3 月，国务院在辽宁丹东、吉林四平、湖北黄石、湖南株洲四地进行医疗保险制度改革试点，这是我国首次尝试进行医疗改革的试点。1989 年 8 月，卫生部与财政部联合发布了《公费医疗管理办法》，对公费医疗开支、自费范围等作了更加详尽的规定。1992 年 9 月，《劳动部关于试行职工大病医疗费用社会统筹的意见的通知》发布，开始积极探索建立统筹基金

---

① 郭心洁，张琳. 新中国医疗保障 70 年大事记 [J]. 中国医疗保险，2019（10）：10 – 13.

制度，以保障职工的大病医疗。1993 年 11 月，在党的十四届三中全会通过的《中共中央关于建立社会主义市场经济体制若干问题的决定》中，提出建立城镇职工基本医保制度的目标：1994 年 4 月，国家原体改委、原卫生部、原劳动部、原财政部联合发布了《关于职工医疗保险制度改革试点意见的通知》，按照党的十四届三中全会的要求，开始试点建立社会统筹和个人账户相结合的社会医疗保险制度。同年 7 月，《中华人民共和国劳动法》颁布施行，作为劳动关系领域的基本法，该法确立了我国社会保险的体制的基本框架和基本制度模式。1994 年 11 月，国务院批复同意《关于江苏省镇江市、江西省九江市职工医疗保障制度改革试点方案》，开始在江苏镇江和江西九江进行职工医疗保险制度改革试点探索，即著名的"两江试点"。在总结"两江试点"经验的基础上，1996 年 5 月，国务院办公厅发布了《关于职工医疗保障制度改革扩大试点的意见》，扩大试点范围到全国 40 多个城市。

在这一阶段，我国的医疗保障体制虽然维持了计划经济时期公费医疗、劳保医疗和农村合作医疗的三类型模式，但已经开始尝试在职工医疗保险领域进行突破性探索。改革意见中由医疗保险基金取代单一的大病统筹基金，建立职工医疗保险的"统账结合"模式，表明新型的医疗保险体制已经浮出水面并成为基本共识。从试点改革的背景来看，"改革的重点是既要解决公费医疗和劳动医疗保险本身难以为继的问题，同时配套解决经济体制转型出现的社会问题和推进国有企业改革。"[①]

三、医疗保障社会化的发展阶段（1998—2009 年）

（一）城镇职工医疗保险

1998 年 12 月，《国务院关于建立城镇职工基本医疗保险制度的决定》发布，明确规定了城镇职工基本医疗保险制度的覆盖范围、筹资渠道、基金结构、支付政策、管理和监督机制等内容。以该决定为标志，我国实施了近 40

---

① 熊先军. 医保评论 ［M］. 北京：化学工业出版社，2016：4.

年的公费医疗和劳保医疗制度终结，真正意义上的社会医疗保险制度开始建立，我国医疗保障的发展也进入了快车道。2000 年 5 月，国务院下发劳动和社会保障部、财政部《关于实行国家公务员医疗补助的意见》，对国家公务员进行医疗补助，形成了补充医疗保险制度。2002 年 5 月，劳动和社会保障部、财政部联合发文《关于企业补充医疗保险的有关问题的通知》，确立了企业的补充医疗保险制度。2003 年 5 月，劳动和社会保障部发布《关于城镇灵活就业人员参加基本医疗保险的指导意见》，将非全日制、临时性和弹性工作制等灵活就业人员、混合所有制企业和非公有制经济组织从业人员以及农村进城务工人员纳入基本医疗保险范围。

（二）新型农村合作医疗

2002 年 10 月，《中共中央　国务院关于进一步加强农村卫生工作的决定》发布，规定了重建农村合作医疗体系的政策措施。同年 10 月底，全国农村卫生工作会议提出逐步建立和完善新型农村合作医疗制度、医疗救助制度。中共中央、国务院在本决定中要求"到 2010 年，在全国农村基本建立起适应社会主义市场经济体制要求和农村经济社会发展水平的农村卫生服务体系和农村合作医疗制度"，明确提出建立以大病统筹为主的新型农村合作医疗制度和医疗救助制度。2003 年 1 月，国务院办公厅转发卫生部等三部门《关于建立新型农村合作医疗制度意见的通知》，明确提出建立新型农村合作医疗制度，将其定义为"是由政府组织、引导、支持，农民自愿参加，个人、集体和政府多方筹资，以大病统筹为主的农民医疗互助共济制度"，并明确了该制度的目标原则、组织管理、筹资标准、资金管理和医疗服务管理等内容。

（三）城镇居民医疗保险

2006 年党的十六届六中全会通过《中共中央关于构建社会主义和谐社会若干重大问题的决定》，进一步明确提出"建立以大病统筹为主的城镇居民医疗保险"。2007 年 7 月，《国务院关于开展城镇居民基本医疗保险试点的指导意见》发布，提出试点覆盖全体非从业居民的城镇居民基本医疗保险，以实现基本建立覆盖城乡全体居民的医疗保障体系的目标。同年 10 月，民政部、财政部、劳动和社会保障部发布《关于做好城镇困难居民参加城镇居民基本医疗保险有关工作的通知》，对困难居民参加城镇居民医保问题进行规范。2008 年 10 月，《国务院办公厅关于将大学生纳入城镇居民基本医疗保险试点范围的指导意见》发布，将大学生纳入城镇居民基本医疗保险试点范围。

（四）医疗救助

2003 年 3 月，《民政部 卫生部 财政部关于实施农村医疗救助的意见》，我国开始正式在农村建立社会医疗救助制度。2005 年 3 月，国务院办公厅转发民政部等四部门《关于建立城市医疗救助制度试点工作意见的通知》，我国开始在城市建立医疗救助制度，该意见明确医疗救助制度的救助对象主要是城市居民最低生活保障对象中未参加城镇职工基本医疗保险人员、已参加城镇职工基本医疗保险但个人负担仍然较重的人员和其他特殊困难群众。2005 年 8 月，民政部、卫生部和财政部发布《关于加快推进农村医疗救助工作的通知》，大力推进农村医疗救助制度。2007 年 7 月，民政部、财政部、劳动和社会保障部、卫生部发布《优抚对象医疗保障办法》，规范优抚对象的医疗待遇。

这一阶段是我国医疗保障制度日臻完善的时期，医疗保障制度的社会化体系已经基本建立，并开始探索"全民医保"的一体化道路。从制度上分析，在这一阶段具有以下几个特征：（1）城镇职工医疗保险完全取代了计划经济时代的公费医疗和劳保医疗，覆盖了城镇的就业人群，补充医疗保险登上历史舞台，开始形成社会保险的多层次性；城镇居民医疗保险制度进行试点，并逐步扩大涵盖范围，2009 年在全国范围内开始实施。（2）新型农村合作医疗（以下简称新农合）体制开始形成，并逐步扩大参保范围，2008 年底覆盖了全国所有县区。新农合初步建构了农村医疗社会化的管理体制和经办服务体系，以政府承担终极责任的方式完全取代了传统意义上的农村合作医疗。（3）城市和农村的医疗救助体制已经基本建立，并逐步实现制度化，覆盖人群日益增加。

四、医疗保障体系整合发展阶段（2009 年至今）

2009 年 3 月，《中共中央　国务院关于深化医药卫生体制改革的意见》发布，启动新医改，新医改意见提出"有效减轻居民就医费用负担，切实缓解'看病难、看病贵'"，加快建设医疗保障体系，全面推进城镇居民基本医疗保险、全面实施新型农村合作医疗制度。2010 年 10 月 28 日，《中华人民共和国社会保险法》颁布，职工基本医疗保险、新型农村合作医疗和城镇居民基本医疗保险上升为国家的法律制度。2020 年 2 月 25 日，《中共中央　国务院关于深化医疗保障制度改革的意见》发布，标志着医疗保障的一体化改革进入了全新的时代，该意见提出"到 2030 年，全面建成以基本医疗保险为主体，医疗救助为托底，补充医疗保险、商业健康保险、慈善捐赠、医疗互助共同发展的医疗保障制度体系，待遇保障公平适度，基金运行稳健持续，管理服务优化便捷，医保治理现代化水平显著提升，实现更好保障病有所医的目标。"

（一）基本医疗保险的整合

2012 年 8 月，卫生部等六部委联合发布《关于开展城乡居民大病保险工作的指导意见》，我国开始建立城乡居民大病保险制度。在 2012 年 11 月召开的党的十八大上，中央明确提出："整合城乡居民基本养老保险和基本医疗保险制度。"2013 年 3 月，国务院政府工作报告正式宣布："全民基本医保体系初步形成，各项医疗保险参保超过 13 亿人①。"2015 年 8 月，《国务院办公厅关于全面实施城乡居民大病保险的意见》发布，全面推进城乡居民大病保险工作。2016 年 1 月 3 日，《国务院关于整合城乡居民基本医疗保险制度的意见》印发，整合城镇居民医疗保险（以下简称城镇居民医保）与新农合的城乡居民基本医疗保险（以下简称城乡居民医保）制度正式拉开帷幕，整合意见中提出了统一覆盖范围、筹资政策、保障待遇、医保目录、定点管理、基

---

① 中国政府网 .2013 年国务院政府工作报告 . www. gov. cn/test/2013 – 03/19/content _ 2357136. htm.

金管理，即"六统一"的基本政策要求，全国各地迅速全面推进城乡居民基本医疗保险的整合工作。2017年2月，《国务院办公厅关于印发生育保险和职工基本医疗保险合并实施试点方案的通知》发布，确定12个城市作为生育保险和基本医疗保险合并实施试点。同年6月，国务院办公厅印发《关于进一步深化基本医疗保险支付方式改革的指导意见》，提出要全面建立并不断完善符合我国国情和医疗服务特点的医保支付体系，全面推行以按病种付费为主的多元复合式医保支付方式。2018年3月，根据第十三届全国人民代表大会第一次会议批准的国务院机构改革方案，将人力资源和社会保障部的城镇职工和城镇居民基本医疗保险、生育保险职责，国家卫生和计划生育委员会的新型农村合作医疗职责，国家发展和改革委员会的药品和医疗服务价格管理职责，民政部的医疗救助职责整合，组建国家医疗保障局，作为国务院直属机构，同年5月，中华人民共和国国家医疗保障局正式挂牌成立。2018年7月，中共中央办公厅、国务院办公厅印发《国税地税征管体制改革方案》，明确从2019年1月1日起，将包括基本医疗保险费、生育保险费等在内的各项社会保险费交由税务部门统一征收，终结了长达20年的社保征缴和税务征收并存的格局。

（二）医疗救助制度的完善

2014年5月，《社会救助暂行办法》开始施行。该办法规定，国家建立健全医疗救助制度，保障救助对象获得基本医疗卫生服务。对于低保人员、特困供养人员等救助对象，提供包括补贴参保、补助自负费用等形式的救助。2015年4月，国务院办公厅转发民政部等部门《关于进一步完善医疗救助制度全面开展重特大疾病医疗救助工作意见的通知》，提出进一步完善城乡医疗救助制度，全面开展重特大疾病医疗救助。2016年6月，国家卫计委等十四部委发布《关于实施健康扶贫工程的指导意见》，对患大病和慢性病的农村贫困人口进行分类救治，实行县域内农村贫困人口住院"先诊疗后付费"制度，将农村贫困人口全部纳入重特大疾病医疗救助范围，对突发重大疾病暂时无法获得家庭支持、基本生活陷入困境的患者，加大临时救助和慈善救助等帮扶力度。2017 年 1 月，民政部等六部门发布《关于进一步加强医疗救助与城乡居民大病保险有效衔接的通知》，提出在医疗救助与城乡居民大病保险之间进行保障对象衔接、支付政策衔接、经办服务衔接、监督管理衔接的"四衔接"要求。2019 年 9 月，国家医保局、财政部、国务院扶贫办印发《医疗保障扶贫三年行动实施方案（2018—2020 年)》，为全国医保系统扶贫工作作出顶层设计，要求到 2020 年，农村贫困人口全部纳入基本医保、大病保险和医疗救助保障范围。

这一阶段，我国医疗保障体系在"全民医保"目标的指引下加快了制度整合的步伐，形成了如下几个明显特征：（1）"全民医保"体系从分割走向统一，已经初步定型，基本完成了"三步走"中的第一步。基本医疗保险基本实现了全覆盖，截至 2018 年底，城乡居民基本医疗保险覆盖 13.5 亿人，[①]城镇职工医保覆盖 3.1 亿人[②]；城乡居民医保体制的建立使医疗保险从宏观构架上形成了城乡居民医保和城镇职工医保的整体结构，基本实现了统筹区域内参保人群的权利平等；在制度上通过医疗救助制度对贫困人群进行帮扶，形成医疗救助与大病医疗保险衔接进行的"精准扶贫"[③]，保障了贫困人群医疗权的实现；国家医疗保障局的成立，使医疗保障的管理部门统一化，医疗保障的行政管理职责统一化。（2）多层次的医疗保障体系形成，满足就医需求的多元化。在城镇职工医疗保险方面，形成了公务员医疗补助、大额医疗费用补助、企业补充医疗保险、商业健康保险为补充的多层次医保体系；在城乡居民医疗保险方面，形成了城乡居民基本医疗救助、城乡居民大病医疗保险、商业保险、慈善医疗救助为补充的多层次医保体系。[④]（3）医疗保障的社会化模式逐步形成。在缴费方面，城镇职工医保形成以单位、个人缴费

---

① 新华网. 发改委：截至去年底城乡居民基本医保覆盖 13.5 亿人 [EB/OL]（2019 – 05 – 07）[2020 – 04 – 28]. http：//www. xinhuanet. com/2019 – 05/07/c_ 1124459552. htm.

② 新华网. 2018 年医疗保障事业发展统计：基本医疗保险参保覆盖面稳定在 95% 以上 [EB/OL]（2019 – 03 – 01）[2020 – 04 – 28]. http：//www. xinhuanet. com/info/2019 – 03/01/c_ 137859763. htm.

③ 申曙光. 新时期我国社会医疗保险体系的改革与发展 [J]. 社会保障评论，2017（1)：40 – 53.

④ 孙淑云，周荣. 多层次医保制度衔接问题探讨 [J]. 中共山西省委党校学报，2013（1)：69 – 71.

和财政补贴模式，城乡居民医保形成个人缴费、财政补贴模式，医疗救助资金则来源于财政资金、社会捐赠等多元渠道；在待遇方面，以"两定点""三目录"的形式规范待遇范围，医保基金费用分担也体现了社会化；在制度运行方面，商业保险公司介入城乡居民医保大病保险的服务环节，引入医保药品价格谈判机制，服务方式呈现多元化。医保筹资来源逐渐社会化，医保责任主体及其分担机制逐渐稳定和明晰，逐步形成了多方责任分担的社会统筹模式。①

第二节　医疗保障城乡一体化改革进路的研究综述

一、相关研究梳理

在国家"全民医保"目标稳步推进的过程中，我国学术界对于医疗保障一体化的探索也从未停止。从 20 世纪 90 年代开始，学术界围绕医疗保障的一体化动因、实现路径、制度改进措施、医疗救助制度的完善等方面进行了不懈的研究，形成了大量真知灼见。

（一）医疗保障一体化的改革动因

胡荣早在 1995 年就提出基于人口年龄结构的老化和家庭保险功能的弱化，应当将医疗保险的对象扩大到全社会成员，彻底打破城乡界限、所有制界限以及劳动者的身份差别。将全社会成员纳入社会保险的安全网内，可以接纳社会转型过程中产生的新结构因素，逐渐减少城乡差别，而且有利于维护社会的安定，实现社会结构的转型。② 景天魁认为，在医疗制度和医疗服务方面，必须承认城乡差别。但是大病统筹涉及人的生存和生命权利，关系城乡居民能否免于陷入贫困。这是城乡居民的基本权利，也是政府应负的责任。

---

① 仇雨临. 中国医疗保障 70 年：回顾与解析 [J]. 社会保障评论，2019（1）：89－101.
② 胡荣. 我国社会保险制度改革的模式选择 [J]. 社会学研究，1995（4）：110－117.

因此，大病统筹不应有城乡界限。① 仇雨临等认为现行的医疗保障制度导致群众医疗负担较重，医疗资源配置不合理，制度的分割和"碎片化"损害了医保制度的公平性和有效性，现行分割的医疗保障制度亟待寻找衔接和转移的通道。② 宋娟从阶层视角认为医保"碎片化"不仅体现为城乡的二元碎片状态，而且呈现出阶层维度下的多元碎片，这种"碎片化"既体现在阶层之间，又体现在阶层内部，医保整合要从"去阶层化""去地域化""去身份化"等多个角度优化现有制度，在渐进式改革中，努力使基本医保从"人人享有"转变为"人人公平享有"。③ 郑玉秀认为，城乡居民医保制度与城职医保制度之间所存在的较大差异，造成了我国社会医疗保险制度公平性缺失、效率低下和可持续性差等问题，使现行医保制度无法适应"全民医保"的要求，对目前社会经济的运行也带来了负面影响。为改善农村贫困的状况、人人平等地参加医疗保险，需尽快结束制度分割的局面。④

（二）医疗保障一体化的实现路径

王国军认为，我国社会保障的城乡二元化体制应当向"三维社会保障制度"目标模式过渡，三维社会保障制度由"基本保障""补充保障""附加保障"构成，医疗救助属于"基本保障"，强制的健康保险属于"补充保障"，商业性保险属于"附加保障"。⑤ 李迎生认为，我国社会保障制度的改革应当建立一种具有"小保障"特征的"社会保险 + 社会救助"模式，以"有差别的统一"整合模式推进中国社会保障体系的城乡衔接，即就最基本的大病统筹医疗保险建立城乡统一的制度。⑥

郑功成认为，最终的目标是构建全国统一的公平的国民健康保险制度，

① 景天魁.城乡统筹的社会保障：思路与对策［J］.思想战线，2004（1）：27 - 31.
② 仇雨临，郝佳，龚文君.统筹城乡医疗保障制度的模式与思考——以太仓、成都为例［J］.湖北大学学报：哲学社会科学版，2010（2）：104 - 109.
③ 宋娟.阶层视角下基本医疗保险制度的碎片化及整合研究［J］.中州学刊，2017（10）：62 - 67.
④ 郑玉秀.实现我国医疗保障一体化的路径及制度设计［J］.学术交流，2014（1）：137 - 140.
⑤ 王国军.中国城乡社会保障制度衔接初探［J］.体制改革研究，2000（2）：33 - 44.
⑥ 李迎生.中国社会保障制度改革的目标定位新探［J］.社会，2006（2）：175 - 188.

从"病有所医"向"人人享有健康保障"发展。"全民医保"目标的实现不可能一蹴而就，必须做到统筹谋划、加强协调，分阶段、有步骤地推动"全民医保"的实现，即走一条渐进改革与发展的"全民医保"之路。具体的路径是以现有的三大医保制度为起点，先从多元制度安排发展到二元制度安排，再由二元制度安排发展到一元制度安排；从考虑单一的疾病医疗保险，到保障内容扩展型的国民健康保险；从区域性的医疗保险，发展到全国性的国民健康保险。①

顾昕认为，中国医疗保障体系亟待进一步转型，转型的重点和方向是将基本医疗保障体系从现行分散化、"碎片化"的社会医疗保险制度，改造为集中化、一体化的社会医疗保险制度，即全民健康保险。② 他认为，中国医保需要系统性的改革，从社会医疗保险向全民公费医疗转型是最合意的方向。医保去"碎片化"的要害就在于筹资机制和给付结构的统一，方能打破城乡分割、地区分割、人群分割和管理分割。因此，医保改革应当超越既有的社会医疗保险框架，转向全民健康保险或准全民公费医疗，在基本医疗保障体系中面向所有参保者建立统一的制度，所有国民均以统一的居民身份参加全民健保，个人缴费水平一致，政府补贴水平一致，医保给付结构一致。③ 李珍等认为，采用"城镇—农村"模式可以在 2050 年左右实现不同制度下人均筹资的基本均等化，采用"居民—职工"模式则无法达成此目标。因此，应尽快明确按强制参保、常住地参保、家庭联保的原则重构基本医保体系。④ 王超群等认为，中国医疗保险制度整合的核心及策略应该是：职工医疗保险取消个人账户，其资金用于将城镇居民以职工家属身份纳入职工医疗保险；医疗保险基金、医疗救助基金和公共卫生基金等各类公共医疗基金由同一个部门管

①　郑功成．中国社会保障改革与发展战略——理念、目标与行动方案［M］．北京：北京人民出版社，2008：201－206．

②　顾昕．走向全民健康保险：论中国医疗保障制度的转型［J］．中国行政管理，2012（8）：65－68．

③　顾昕．中国医疗保障体系的碎片化及其治理之道［J］．学海，2017（1）：126－133．

④　李珍，黄万丁．全民基本医保一体化的实现路径分析——基于筹资水平的视角［J］．经济社会体制比较，2017（6）：138－148．

理；城镇人口和农村人口的医疗保险制度是否合而为一由各地区根据经济发展水平决定。[①]

刁孝华等认为，新农合与城镇居民基本医保由于具有同质性，可以先行进行整合，两者的衔接和整合难度较小；而且由于这两类保险覆盖了中国大部分人群，因此应当作为未来"全民医保"制度构建中整合的重点领域。[②]孙开等认为，我国医疗保障体系的构建时序总体上要依次经过覆盖城乡、整合城乡、统筹城乡、城乡一体化四个阶段，最后才可能达到统一城乡的理想阶段。未来城乡医疗保障一体化的前期应首先进行管理机构的一体化。[③] 陈健生等提出首先将现有多元并存的基本医疗保险的制度碎片整合成为相对统一、城乡融合的二元制度，再通过制度的重新安排和政策的优化设计，逐步形成区域性一体化的市民基本医疗保险制度，建立起"一元制度、分档选择"的一体化基本医疗保险模式，确保区域内人人享有较充分的基本医疗保障。同时，逐步提高医疗保障水平和医疗服务水平，缩小医保缴费和受益的档次差距，实现区域性基本医疗保障的普惠和公平，最终在区域内确保达到"人人享有健康"的远景目标。[④] 严妮等认为，我国"全民医保"应该在基本医疗保险均等化的基础上，按照收入水平的不同建立主辅结合的分层保障模式，同时在均等基础上体现差别、在统一基础上形成层次，发挥政府和市场的双重作用，适应社会成员的不同需求。[⑤]

（三）医疗保障的一体化的具体措施

申曙光认为，全民健康保险的实现，第一阶段重点要解决社会医疗保险关系的转移接续问题。第二阶段，在解决好转移接续的基础上，打破制

[①] 王超群，李珍，刘小青. 中国医疗保险制度整合研究 [J]. 中州学刊，2015 (10)：69-73.

[②] 刁孝华，谭湘渝. 我国医疗保障体系的构建时序与制度整合 [J]. 财经科学，2010 (3)：77-84.

[③] 孙开，董黎明. 我国城乡基本医疗保险一体化研究 [J]. 财政研究，2011 (11)：47-51.

[④] 陈健生，陈家泽，余梦秋. 城乡基本医疗保障一体化：目标模式、发展路径与政策选择——以成都市城乡基本医疗保障统筹试点为例 [J]. 理论与改革，2009 (6)：74-78.

[⑤] 严妮，胡瑞宁. 全民医保：基于城乡居民医保整合背景下的制度反思 [J]. 社会保障研究，2017 (3)：40-47.

度界限，用同一制度覆盖所有人群。这一阶段主要实现制度体系和管理运行机制的统一，侧重于制度建设。这一阶段的主要任务包括以下几点：一是要完善基金筹集机制的问题，弥补城乡居民医保与城职医保在筹资水平上的差距；二是要逐渐弱化并取消医保个人账户，在每个统筹地区实现统一的社会医保统筹基金；三是要逐步提高统筹层次，建设以地市级或省级统筹区域为统筹本位的医疗保险体系；四是应整合经办资源，构建城乡居民医保与城职医保一体化的信息管理系统。在第三阶段，在制度与管理统一的基础之上，实现缴费和待遇水平的统一，形成公平、普惠的国民健康保险制度。①

郑功成认为，新的医保改革应适当均衡单位和个人缴费比例；退休人员应逐步承担缴纳保费义务；真正实现市级统筹；化解违背医保规律制度设计的职工医保的个人账户；强化对医保、医疗行为的智能监控；改革支付方式，以强制首诊制为基点，与医疗服务方协商确定医疗行为准则；实施"三医联动"试点；健全医保法制，形成法律、法规、规章、政策性文件等完整的医保法制度体系，以及立法与执法、执法与监督检查相结合的有效体系。②

仇雨临等认为，健康中国需要体制机制的创新，为使医疗保险的管理服务更加高效，需要实现法治化、规范化、便利化和契约化治理，从而提高医保管理和服务能力。其中，法治化是基础，规范化是对实践操作的规制，便利化是服务能力与服务质量提升的直接表现，契约化则是医保精细化治理功能的深化。因此，需要制定"基本医疗保障法"或者"基本医疗保障条例"，对基本医疗保障的基本原则、参保人群、筹资缴费、待遇支付标准、基金的监督管理以及相关利益群体的责任要求从法律层面予以规范，将医保纳入法治化管理轨道，为"全民医保"、健康中国建立强制性的稳固保障。在法治化的统一规制下，医疗保险管理在具体的经办服务中则需要制度流程化的规范，

---

① 申曙光. 全民基本医疗保险制度整合的理论思考与路径构想 [J]. 学海，2014（1）：52 – 58.
② 郑功成. 理性促使医保制度走向成熟——中国医保发展历程及"十三五"战略 [J]. 中国医疗保险，2015（12）：9 – 13.

即在参保、审核、支付等管理服务环节的统一规范化。① 翟绍果等认为，城乡医疗保障制度嵌入二元经济社会结构的制度特征、城乡居民基于经济联结和社会资本的行为选择，需要城乡医疗保障制度在筹资、管理、支付、服务和环境方面的统筹衔接和路径设计，以构建国民健康责任分担、健康管理参与和健康受益平等的绩效治理体系。② 姚蕾认为，促进农村发展是统筹发展中农村医疗保障制度的关键一步，是促进社会公平、维护社会稳定的重要保证。建议建立有效的医疗费用控制制度，借鉴美国的"按病种付费制"，提升医疗保险基金在农村的使用效率。通过整合医疗资源，在医疗技术水平、人员配备、服务管理等方面由城市帮扶农村，提升农村整体的诊疗水平。③

胡晓毅等认为，基本医疗保险治理机制建设有三个关键：基于权责清晰的基本医疗保险制度定位和设计，基于谈判和自律的医药服务价格形成机制，基于规范管理的基金长期平衡机制。据此，完善基本医疗保险治理机制的重点如下：优化基本医疗保险制度设计，建立健全医药服务价格谈判机制，强化管理服务的规范性，增强管理服务的科学化程度。④ 刘新建等认为未来城乡医疗保障一体化的前期应首先进行管理机构的一体化，省级到乡级政府都要设立医疗保障管理机构，垂直领导。⑤ 孙淑云认为，为了突破城乡医保"碎片化"建制的路径依赖，必须从根本上进行体制性改革，建立统一的医保"大部制"管理体制，以体制整合带动机制整合，并设计法制化的整合型城乡医保制度，自上而下推进城乡医保制度全面整合。⑥ 杨思斌认为，基本医疗保险法治化面临困境：缺乏专门立法，有效法律制度供给不足；制度建设滞后于

---

① 仇雨临，王昭茜. 全民医保与健康中国：基础、纽带和导向 [J]. 西北大学学报：哲学社会科学版，2018（3）：40 - 47.

② 翟绍果，仇雨临. 城乡医疗保障制度的统筹衔接机制研究 [J]. 天府新论，2010（1）：90 - 95.

③ 姚蕾. 论城乡统筹发展中农村医疗保障制度的改革 [J]. 求索，2006（5）：79 - 81.

④ 胡晓毅，詹开明，何文炯. 基本医疗保险治理机制及其完善 [J]. 学术研究，2018（1）：99 - 106.

⑤ 刘新建，刘彦超. 实现城乡医疗保障一体化目标的对策初探 [J]. 山西农业大学学报：社科版，2007（6）：233 - 236.

⑥ 孙淑云. 中国城乡医保"碎片化"建制的路径依赖及其突破之道 [J]. 中国行政管理，2018（10）：73 - 77.

医疗保险改革与发展的形势，甚至与改革的取向相悖；基本医疗保险的政策实践存在损害制度理性和违反法治原则等问题。突破基本医疗保险法治化困境，需要启动《社会保险法》的实质性修改，出台基本医疗保险条例等行政法规，构建和完善相关配套制度。① 刘文华等认为，新的医保制度应提升我国医疗保险监管智慧，需要从重塑监管框架、关注质量监管、完善反欺诈机制、提升监管效率、强化激励机制、实现自我监管等方面着手。②

（四）医疗救助的整合

郑功成认为，社会保险的改革应摒弃养老、医疗保险中的个人账户，真正实现参保人之间互助共济。消除在社会救助、有关福利制度中的城乡分割现象，真正构建城乡一体的制度体系，这是城乡共建共享与互助共济的必由之路。③ 翟绍果认为，健康贫困的治理逻辑在于健康资源的公平配置、健康保障的多重叠加和社会网络的联结扩展，健康贫困的治理经验体现在对健康、经济和社会等领域的多维干预，健康贫困的治理路径在于通过全程干预服务式健康扶贫、多重保障叠加式健康减贫、多元协同参与式健康反贫等制度创新和政策优化，实现健康贫困的协同治理。④

朱铭来等认为，医疗保险与医疗救助的结合是普惠与特惠的结合，推进医疗保险与医疗救助保障一体化，有助于提高困难人群的综合医疗保障水平。建议将各地区医保扶贫政策中的相关项目纳入医疗救助系统进行统一管理，将医疗救助资金作为其可持续的资金来源，保障相关政策的长期有效性，充分发挥好医疗救助的托底功能。同时建议拓宽医疗救助筹资渠道，摆脱完全依赖各级财政拨款的单一模式。将医疗救助托底机制与慈善救助、社会捐赠等融合，集中所有医疗救助项目资金，强化基金保值增值，建立稳

---

① 杨思斌. 我国基本医疗保险法治化的困境与出路［J］. 安徽师范大学学报：人文社会科学版，2019（4）：135 – 140.

② 刘文华，白宁. 我国基本医疗保险制度体系研究［J］. 中国劳动，2018（4）：37 – 45.

③ 郑功成. 中国社会保障40年变迁（1978—2018）——制度转型、路径选择、中国经验［J］. 教学与研究，2018（11）：5 – 15.

④ 翟绍果. 健康贫困的协同治理：逻辑、经验与路径［J］. 治理研究，2018（5）：53 – 60.

定、可持续的筹资机制。对困难人群设立分级止损机制和建立低水平公益医疗机构等措施，有效提高救助资金的使用效率，切实减轻困难人群的医疗费用负担。建立医疗保险与医疗救助的统一信息平台，实行一体化管理。① 王震认为，医疗救助与医疗保险管理职能的整合不意味着两者在资金上的混用，也不意味着两者功能的错位与交叉。国家医疗保障局整合的是医疗救助和医疗保险的行政管理与经办服务，是公共服务的连续性、一体化，而不是两个制度的合并。整合中，一是要利用医疗保险比较成熟的管理和服务网络，实现医疗救助与医疗保险经办服务的连续性与一体化，将医疗救助的资格认定纳入医疗保险的参保系统，利用医疗保险的参保系统对医疗救助的申报、审核以及审批等环节进行优化，减少申报流程，提高资格认定的精确度。二是利用医疗保险的即时结算系统，实现医疗救助的"一站式"即时结算。三是利用医疗保险的协议定点管理，将医疗救助资金也纳入医保基金的支付系统中，提高医疗救助资金的谈判和监管能力，从而提高医疗救助资金的使用效率。②

二、共识与总结

我国学术界对医疗保障城乡一体化进行的探索可谓卓有成效，这些研究成果一方面总结了长期以来我国医疗保障改革中的经验、提出了很多建设性的建议，另一方面这些理论化的研究也一定程度影响了医疗保障城乡一体化政策的制定和实施。通过对既有学术文献的整理和提炼，可以看出，对于医疗保障的体制改革方案，学者们既存在明显的分歧，又有一定的共识，这些学术上的百家争鸣对于深入研究医疗保障城乡一体化的改革进路具有重要的价值和意义。

从资料的观点整理来看，可以总结出如下的逻辑脉络：（1）在医疗保障城乡一体化改革必要性的分析方面，多数学者认为，现有的城乡二元结构导

---

① 朱铭来，胡祁. 医疗保险和医疗救助保障一体化的若干思考 [J]. 中国医疗保险，2019（7）：11-14.

② 王震. 医疗保险与医疗救助：理论、现实与政策 [J]. 中国医疗保险，2019（7）：15-18.

致的医疗保障体系的"碎片化"是进行医疗保障体制改革、实现"全民医保"目标的重要原因。医疗保障的城乡一体化应当着重解决的就是因城乡差异而形成的全体国民医疗权的公平问题。（2）在实现一体化的路径设计方面，学者们的分歧比较明显。有的主张先整合新农合与城镇职工医保，再进行城乡居民医保与城镇职工医保的整合；有的主张宜先整合城镇职工医保与城镇居民医保，再进行统一整合；有的则主张进行更加激烈化的改革，实现"三险合一"的全民公费医疗。但更多的学者还是比较赞成按照"三步走"的形式设计改革方案，即从现行的"三险一助"①的基本医疗保障体系出发，先从"三元制"通过居民医保整合过渡到"二元制"，再通过整合居民医保与城镇职工医保，形成区域性统一的"一元制"医保制度，最后再由区域性统一制度向全国统一制度安排过渡。（3）在一体化具体措施方面，学者们围绕管理机构整合、多层次模式、转移接续、筹资制度、支付制度、医保个人账户存废、社会化管理、监督制度等方面提出了很多体制改革的建议。其中许多学者认为，应当突破既有医保体制所形成的政策路径依赖，坚持按照法治化的路径设计和规范"全民医保"体系的建立。（4）在医疗救治制度的定位方面，很多学者认为，医疗救助应当纳入城乡一体化的全面医保体系，推进医疗保险与医疗救助的一体化。在坚持医疗保险普惠性功能和医疗救助特惠性功能分工的同时，将医疗救助融入医疗保险管理体制，实现公务健康服务的一体化。

第三节　城乡居民基本医疗保险整合的实践

一、城乡居民基本医疗保险区域整合的基本思路

依据"三步走"的战略构想，对城镇居民医疗保险与新型农村合作医疗进行制度整合，是关键一步，关乎公平统一的全民健康保险制度的实现。"一

---

① 即城镇职工基本医疗保险、新型农村合作医疗、城镇居民基本医疗保险和医疗救助。

体化"是"整合"的目标，"整合"则是"一体化"的实现路径和实现过程。城乡医疗保障的一体化是"通过在制度上整合规范，在管理上统筹安排，在组织上统一协调，在受益上基本均等，从而实现区域性城乡基本医疗保障体制机制的一致性"。①

2016 年 1 月，《国务院关于整合城乡居民基本医疗保险制度的意见》（以下简称《整合意见》）发布，按照全覆盖、保基本、多层次、可持续的方针，遵循先易后难、循序渐进的原则，对全国统一的城乡居民基本医保制度的整合进行了安排，推动保障更加公平、管理服务更加规范、医疗资源利用更加有效，促进"全民医保"体系持续健康发展。《整合意见》确定了统筹规划、协调发展；立足基本、保障公平；因地制宜、有序推进；创新机制、提升效能的四个整合的基本原则，提出了"六个统一"的政策要求，即统一覆盖范围、统一筹资政策、统一保障待遇、统一医保目录、统一定点管理和统一基金管理。

城乡居民医保制度的整合是我国社会保障领域重大的结构性变革，从《整合意见》中可以看出，整合是按照从政策入手的思路展开的，采取了渐进式的方式先易后难地推开，总体而言就是统一制度、整合政策、均衡水平、完善机制、提升服务。按照《整合意见》的要求，城乡居民医保制度原则上实行市（地）级统筹，通过区域性的整合来为未来的全国的医疗保障城乡一体化夯实基础。基于我国既有的实践，本书的研究也是立足城乡居民医保制度整合展开的，因此，对我国医疗保障城乡一体化道路中法律问题的思考，主要也是伴随我国城乡居民基本医疗保险制度的整合进程而产生的，对城乡居民基本医疗保险制度整合中法律问题的研究，是本书关注的重点之一。

二、城乡居民基本医疗保险整合的地方实践

依据《整合意见》的要求，全国各地从 2016 年开始陆续启动本地区的城

---

① 陈健生，陈家泽，余梦秋. 城乡基本医疗保障一体化：目标模式、发展路径与政策选择——以成都市城乡基本医疗保障统筹试点为例 [J]. 理论与改革，2009（6）：124 – 128.

乡居民基本医疗保险的整合工作。截至2019年5月，已经有24个省级行政区完成了城乡居民医保制度整合工作，7个省级行政区城镇居民医保和新农合仍是并轨运行状态。① 虽然《整合意见》中设定了"六个统一"的政策标准，但由于各地实际的不同，在现实中各地整合模式呈现出了比较复杂的样态。以下主要从制度整合要素的角度具体分析各地在整合中的政策差异。

（一）统一覆盖范围

根据《整合意见》中统一覆盖范围的规定，城乡居民医保制度覆盖范围要包括现有城镇居民医保和新农合所有应参保（合）人员，即覆盖除职工基本医疗保险应参保人员以外的其他所有城乡居民。从现有实施整合方案的地区来看，都是按照这个标准设计的，基本涵盖了本地居民和在校生，而且广东省、福建省将城镇职工医保、城镇居民医保和新农村合作医疗整合到一起，率先在全国实施了"三保合一"。但是从参保主体来看，各地的情况则有所不同，呈现出两个不同的标准：广东、重庆、湖南、天津、山东、江苏、河南等地实行以家庭为参保主体参保，而福建、上海、青海等地则实施以居民个人为参保主体参保。

（二）统一筹资政策

根据《整合意见》中统一筹资政策的规定，各地要统筹考虑城乡居民医保与大病保险保障需求，按照基金收支平衡的原则，合理确定城乡统一的筹资标准。从整合实际来看，有的地区要求全省设置统一的筹资标准，如湖北、江西、广西等；有的则授权给统筹地市设置统一筹资标准，如广东、河北、山东等。筹资政策中，各地最大的差异在于是否对筹资标准进行分档，即是否可以进行多档缴费，由此形成了"一制一档"和"一制多档"的筹资模式，其中采取"一制一档"的有河南、江西、广西、山西、海南等地，采用"一制多档"的有重庆、天津、江苏、宁夏、浙江、内蒙古等地。在缴费基数

---

① 人民网. 我国将全面建立统一的城乡居民医保制度［EB/OL］（2019－05－13）［2020－05－01］. http：//society. people. com. cn/n1/2019/0513/c1008－31082518. html.

确定的问题上，多数地区采用的是定额缴费，上海采用了比较少有的不同年龄段人群缴费基数不同的做法，河南则规定全省采用统一最低标准，省内各地市不低于该标准的做法。

（三）统一保障待遇

根据《整合意见》的规定，各地应遵循保障适度、收支平衡的原则，均衡城乡保障待遇，逐步统一保障范围和支付标准。各地在实践中有的实施了地区统一，如青海、江西、重庆等；有的实施了地区内的统筹地市统一，如广东、四川、江苏、河南等。与缴费制的不同模式相对应，"一制一档"的地区统一了医保的待遇给付标准，如江西、青海、河南、河北等；采用"一制多档"制的地区在医疗待遇给付方面则采用了与多档缴费挂钩的做法，如重庆、天津、宁夏等，高缴费档次则享受更高医保待遇。上海则根据不同缴费主体年龄的差异而给付不同待遇。

（四）统一医保目录

根据《整合意见》的规定，应统一城乡居民医保药品目录和医疗服务项目目录，明确药品和医疗服务支付范围。实施整合方案的各地区医保目录均实施了统一，统一主要涉及的问题是是否与城镇职工保目录共同统一。只进行城乡居民医保目录统一的有重庆、山西、浙江、甘肃、海南等地；将城乡居民医保目录与城镇职工医保目录一起进行统一的有福建、山东、河北、河南、上海、天津等地。四川实施的则是各地城乡居民医保目录统一。

（五）统一定点管理

根据《整合意见》的规定，各地应统一城乡居民医保定点机构管理办法，强化定点服务协议管理。已经实施整合政策的大部分地区实施了统一医保定点机构管理的措施，但区别主要在是否与城镇职工医保一同纳入医疗机构的定点统一管理。其中大部分地区采取的是将原有的新型农村合作医疗与城镇居民医保的医疗结构进行了医保定点机构的统一，如北京、云南、甘肃等；

也有将整合后的城乡医保定点机构与城镇职工医疗保险医保定点机构进行统一的，如贵州。

（六）统一基金管理

根据《整合意见》的规定，城乡居民医保执行国家统一的基金财务制度、会计制度和基金预决算管理制度。虽然在《整合意见》之初，个别地区仍然过渡性地采用城镇居民医保基金与农村合作医疗基金分立管理的做法，但截至 2020 年 1 月，所有实施城乡居民整合改革的地区均实现了城乡医保基金的统一管理。对于整合前的基金缺口问题，云南、河南、山东、青海、湖北、新疆、湖南等地区的政策性文件明确规定了整合前的基金缺口由当地政府解决。

（七）统筹层次

根据《整合意见》的规定，城乡居民医保制度原则上实行市（地）级统筹，鼓励有条件的地区实行省级统筹。截至 2020 年 1 月，已经采取省级统筹的地区有重庆、天津、上海、青海、海南等，基本采用的是统收统支模式，其中海南率先在全国实行了全省统一的城乡居民基本医保与城镇职工医保基金的统收统支。① 截至 2020 年 4 月，绝大部分地区主要采取市（地）级统筹。采取市（地）级统筹的地区主要呈现出三种管理模式：统收统支、分级管理和调剂金。其中采取市级统筹、统收统支的有广东、河北等地；采取市级统筹、分级管理的有江西、山西、山东、四川、黑龙江等地；采取市级统筹、分级管理、同时设立调剂金的有河南、江苏、湖南等地。

（八）主管机关

《整合意见》并未对主管机关的统一提出明确要求，但提出鼓励有条件的地区理顺医保管理体制，统一基本医保行政管理职能。在采取了整合政策的

---

① 原中倩. 我省在全国率先实现医保基金省级统筹［N/OL］. 海南日报, 2020 - 01 - 03. http：//hnrb. hinews. cn/html/2020 - 01/04/content_ 1_ 5. htm.

地区中，绝大部分将城乡居民基本医保划入了人力资源社会保障部门主管，包括北京、上海、山西、山东、江西、江苏等；陕西明确将城乡医保划入卫生部门主管；福建则由省医保委下设医保办，挂靠在财政部门，统管医保职责。

第三章　医疗保障城乡一体化的权利观

第一节　医疗保障权的基本内涵

从法学研究的角度看，探究医疗保障城乡一体化的法律问题，应回溯医疗保障法律关系的内容，深度剖析医疗保障法律制度的权利根源。权利，是现代法哲学的基石范畴。① 分析医疗保障城乡一体化背后的权利观，是法学研究的逻辑起点。

一、医疗保障权的概念阐释

从权利的视角看，医疗保障法律制度保护的是全体国民的医疗保障权。在词意理解上，所谓医疗，是指"疾病的治疗"。当然，在医学上，医疗并非仅指疾病的治疗，还包括"疾病的预防及复健"②。法学上的医疗保障权，是指"公民因疾病或其他自然事件及突发事件造成身体与健康损害时获得医疗服务或对其发生的医疗费用损失和其他损失获得经济补偿或救济的权利"③。医疗保障权的确立，是随着社会保障法律制度在各国的发展而逐步形成的。以英国1601年伊丽莎白时代的《济贫法》为标志，社会保障制度开始正式进入法治化时代，而德国1883年颁布的《劳工疾病保险法》则开创医疗保障权的历史先河。"社会保障在国家与其公民个人的关系中首先表现为一种权利义

---

① 张文显. 法哲学范畴研究 [M]. 北京：中国政法大学出版社，2001：335.
② 黄丁全. 医事法新论 [M]. 北京：法律出版社，2013：21.
③ 周向明. 医疗保障权研究 [D]. 长春：吉林大学博士研究生论文，2006：7.

务关系，即法权关系"。① 可以说，社会保障立法所确立的国家对国民遭受疾病风险时进行的物质帮助义务，是医疗保障权生成的法律基础，医疗保障权也是社会保障权的重要组成部分。

作为维护公民基本生存和健康的权利，医疗保障权具有以下几个特征：

（一）医疗保障权具有基础性和普遍性

医疗保障权所保障的是人的身体健康。对于生活在社会之中的人类个体而言，健康是维系一个人基本生存的条件。面对来自大自然疾病的威胁，如果不能通过医疗机构的诊疗活动加以治愈，将直接危及个体的生命安全，丧失继续生存的机会。因此，医疗保障权是维系人类生存安全的基本性权利，是"权利主体分享社会合作成果的一种正当期待，是保持其人之为人不被疾病拽出权利秩序的不可或缺的基本权利"②。医疗保障权的普遍性来自其基础性，由于社会保障法律本质上就是生存权利的保护法，具有普适性，因此作为其权利体系中重要组成部分的医疗保障权，应不区分性别、种族、民族、年龄、职业、出身等个体差异而一视同仁。

（二）医疗保障权具有国家义务性

在医疗保障法律关系中，国家是最为重要的义务主体。在社会保障制度发展的历史长河中，始终伴随国家的干预和积极作为。可以说，公民的"社会保障"权利，首先就是国家保障的权利。公民在遭遇疾病风险时，得"向国家主张"医疗服务。国家通过法律的制定明确了公民的医疗保障权，同时也明确了自身的物质帮助义务和责任。所以，国家既是医疗保障法律关系中的义务主体和责任主体，也是医疗权实现的保障。

（三）医疗保障权具有有限性

从经济学上进行分析，医疗保障权实质上是对医疗资源占有和使用的权

---

① 钟明钊，许明月. 社会保障法律制度研究 [M]. 北京：法律出版社，2000：12.
② 戴庆康. 医疗权的伦理辩护 [J]. 河北法学，2007（10）：60–64.

利，涉及医疗资源的配置问题。在医疗资源一定的情形下，在对所有国民提供基本医疗服务时，由于医疗资源具有相对的稀缺性，患者之间会形成相互的竞争关系，医疗保障权的实现和医疗服务的满足之间必然产生矛盾。在程序上，就"必须界定不同社会主体可以获享的医疗资源范围，设定公民医疗资源分配权"①。因此，虽然医疗保障权具有权利上的正当性，但仍然会受到医疗资源使用上的限制，医疗资源的分配问题，也就在法律上成为医疗保障权的分配问题。医疗资源的稀缺性加之医疗保障权的基础性特征，决定了医疗保障权只能将实现范围界定在"基本医疗服务"这个有限的空间。

二、医疗保障权的权利定位

医疗保障权的权利起源可以追溯至社会保障权的确立。《中华人民共和国宪法》第四十五条规定："中华人民共和国公民在年老、疾病或者丧失劳动能力的情况下，有从国家和社会获得物质帮助的权利。国家发展为公民享受这些权利所需要的社会保险、社会救济和医疗卫生事业。"我国社会保障法学界一般公认，将第四十五条置于《宪法》第二章"公民的基本权利和义务"，是从国家的根本法上确立了我国公民的社会保障权。社会保障权作为《宪法》基本权的确立，是对公民生存权和发展权的保护，也是与人权保护的国际规范的对接。在《宪法》确立的社会保障权中，公民的健康权是医疗保障权的权源。

社会保障权属于人权范畴，是自然人当然所享有的基本权利。《世界人权宣言》（*Universal Declaration of Human Rights*）第二十五条规定："人人有权享受为维持他本人和家属的健康和福利所需的生活水准，包括食物、衣着、住房、医疗和必要的社会服务；在遭到失业、疾病、残废、守寡、衰老或在其他不能控制的情况下丧失谋生能力时，有权享受保障。"人权理论中最具有代表性的是法国法学家卡雷尔·瓦萨克（Karel Vasak）的"三代人权"理论。该理论认为，18 世纪欧洲人权运动所主张的人权，即公民的政治权利是"第

---

① 戴剑波. 公民医疗权若干问题研究［J］. 天津大学学报（社会科学版），2006（6）：465 – 471.

一代人权",其特征是人权需要国家的消极或弃权行为加以保障,因而它通常被称为"消极权利";19世纪末20世纪初反抗压迫和剥削的社会主义运动提出的经济、社会和文化权利是"第二代人权",由于这种人权观要求国家积极采取干预措施以求权利的实现,故被称为"积极权利";而第二次世界大战后出现的特别是与全世界非殖民化运动联系在一起的新一代人权观被称为"第三代人权",这种人权观主要是探讨关涉人类生存条件的集体"连带关系权利",如和平权、发展权、环境权与食物权等。① 很明显,以健康权为内容的社会保障权在瓦萨克的"三代人权"理论中位于第二代人权,是国家积极保护人的经济权利而形成的人权。

在我国《宪法》中,社会保障权被界定为一种"物质帮助权",强调国家和社会在公民遭受年老、疾病或者丧失劳动能力等社会风险时的帮助义务,国家的帮助形式也被《宪法》明确规定为"社会保险、社会救济和医疗卫生事业"。因此,"宪法第四十五条确立的物质帮助是作为原权来规定的"②,对于社会保障权的分析,不应偏离宪法中原权的基础。我国不少学者认为,社会保障权从实体内容上应包括社会保险权、社会救助权、社会福利权和其他项目的社会保障权。③ 按照这种分类,医疗保险权应被置于社会保险权之下,医疗救助权应被置于社会救助权之下。这种从社会保障制度项目上对社会保障权进行的分类,作为一般性的分析范式,自然有其合理性。但是,这种分类并没有考虑《宪法》对于社会保障权原权性规定的表述,也没有考虑医疗保障权利的特殊性。《宪法》第四十五条明确规定了"医疗卫生事业"与"社会保险"和"社会救济"并列,是法定的三种国家社会帮助的措施之一。这种将"医疗卫生事业"单独进行排列的做法,无疑在彰显国家通过基本医疗卫生服务活动向公民提供物质帮助的特殊性。实际上,医疗保障权虽然是社会保障权的下位权利,但具有复合性,其内容中包括了国家通过公共卫生、

---

① 叶敏,袁旭阳."第三代人权"理论特质浅析 [J]. 中山大学学报 (社会科学版),1999 (4):78–83.

② 董保华. 社会保障的法学观 [M]. 北京:北京大学出版社,2005:156.

③ 李乐平. 论社会保障权 [J]. 实事求是,2004 (3):57–61.

保健、医疗保险、医疗救助等形式向公民提供物质帮助的基本内涵。"虽然医疗保险权可包括在社会保险权之中，医疗救助权可包括在社会救助权之中，但是，医疗保障权是一个有机的整体，其内容的丰富性是社会保险权和社会救助权不能涵盖的。"①

我国加入的联合国《经济、社会及文化权利国际公约》（*International Covenant on Economic, Social and Cultural Rights*）（1966 年）第 12 条规定，"本公约缔约各国承认人人有权享有能达到的最高的体质和心理健康的标准"，与该公约的第 11 条 "本公约缔约各国承认人人有权为他自己和家庭获得相当的生活水准，包括足够的食物、衣着和住房，并能不断改进生活条件"进行并列。很明显，《经济、社会及文化权利国际公约》第 11 条确立了包括 "免于饥饿权、食品安全权、衣着权和居住权"② 在内的人的适当生活水准权，而第 12 条则确立了与医疗保障权对应的健康权。这种并列式的处理，也表明了人的健康问题在人类经济权利中的重要地位。

综上所述，在社会保障的权利体系中，应将医疗保障权直接置于社会保障权之下，成为社会保障权的子权利，这是由我国《宪法》中有关公民社会保障权的基本理解和现代社会人的健康权的重要性所决定的。

三、医疗保障权的基本内容

由于医疗保障权具有综合性和复合性，其应是由一系列具体权利所组成的权利束。

从实体性权利的角度看，医疗保障权大体可以包括以下内容：（1）医疗保险权。医疗保险是社会保险的核心构成之一。我国的《社会保险法》第二条明确规定："国家建立基本养老保险、基本医疗保险、工伤保险、失业保险、生育保险等社会保险制度，保障公民在年老、疾病、工伤、失业、生育等情况下依法从国家和社会获得物质帮助的权利。"公民的医疗保险权是指公民通过医疗保险基金互助共济的功能，在自身遭遇疾病风险损失时，获得

---

① 郭日君，吕铁贞. 论社会保障权 [J]. 青海社会科学，2007 (1)：117 – 121.

② 李超群. 适当生活水准权：当代人的基本权利 [J]. 政法论丛，2015 (1)：52 – 59.

医疗服务或者经济补偿的权利。医疗保险权是医疗保障权的核心。（2）医疗救助权。医疗救助是社会救助的重要组成部分之一，具有救助与保障的双重特征。医疗救助权是指陷入贫困因病无经济负担能力进行治疗或者因支付数额庞大的医疗费而陷入困境的公民享有的通过政府和社会的广泛参与获得医疗帮助和经济支持，维持其基本生存能力的权利。我国的《社会救助暂行办法》第二十七条规定："国家建立健全医疗救助制度，保障医疗救助对象获得基本医疗卫生服务。"医疗救助权主要解决的是贫困人群的医疗救助问题，是医疗保障权中的最基本层次。（3）基本公共卫生服务权。基本公共卫生服务权是指国民享有的从疾病预防控制机构、城市社区卫生服务中心、乡镇卫生院等城乡基本医疗卫生机构免费获得公益性公共卫生服务，预防和控制疾病发生的权利。全国人大常委会 2019 年 12 月 28 日通过并将于 2020 年 6 月 1 日施行的《中华人民共和国基本医疗卫生与健康促进法》第五条规定："公民依法享有从国家和社会获得基本医疗卫生服务的权利。国家建立基本医疗卫生制度，建立健全医疗卫生服务体系，保护和实现公民获得基本医疗卫生服务的权利。"该法第十五条第二款规定："基本医疗卫生服务包括基本公共卫生服务和基本医疗服务。基本公共卫生服务由国家免费提供。"由此可见，基本公共卫生服务是我国基本卫生保健制度的重要组成部分，而基本公共卫生服务权则是公民医疗保障权的重要构成之一，它的功能主要为控制影响健康的危险因素，提高公民对疾病的预防控制水平。截至 2019 年底，我国的基本医疗卫生服务项目共包括健康教育、预防接种、0～6 岁儿童健康管理、孕产妇健康管理、老年人健康管理、传染病及突发公共卫生事件报告和处理等 14 项。

从程序法的角度看，医疗保障权大致包括以下主要内容：（1）医疗保障利益请求权，即公民向有关医疗保障机构请求给予医疗保障的权利，如提出申请接受医疗保险服务、申请接受医疗救助、申请登记等的权利。（2）医疗保障利益受领权，即公民接受、领取医疗保障利益，如领取医疗保险金、医疗救助金等的权利。（3）医疗保障利益处分权，即公民决定是否接受医疗保障利益和自主支配所得医疗保障利益的权利。（4）医疗保障利益救济权，即当公民的医疗保障权遭遇实现障碍时，得请求相关行政机关、司法机关或仲裁机构依法给予法律救济的权利。

第二节　医疗保障权的本质属性

一、医疗保障权是基本人权

"人权是人作为人依其自然属性和社会本质所应当享有和实际享有的权利。"[1] "基本人权是维持人类生存、平等、尊严、基本自由和发展不可剥夺的起码的普遍权利"。[2] 作为基本人权的医疗保障权，其理论基础在于对人的生存权的保护。生存权是维持一个人生存所不可或缺的权利，是一种自然权利或者说法前权利，包括生命权、健康权、财产权等。大须贺明认为，生存权的目的"在于保障国民能像人那样生活，以在实际生活中确保人的尊严；其主要是保护帮助生活贫困者和社会的经济上的弱者，是要求国家有所作为的权利"[3]。

疾病风险是人一生中无法避免的一种自身风险，其直接损害人的身体健康，造成暂时性或者永久性劳动能力的丧失，甚至死亡，具有高发性、严重性、复杂性和社会性，威胁人的基本生存。为了控制疾病带来的社会风险的发生，现代国家均通过建立社会保障制度实现对公民健康权保障。现代国家在底线性的社会救助制度中，通过医疗救助资助处于贫困的疾病人群；在社会保险制度中，通过互助共济、风险共担的医疗保险基金积极为国民提供基本医疗保险服务；在基本公共卫生服务中，通过免费性质的制度安排为国民提供多项卫生保健服务以提高对疾病风险的预防。可以说，现代国家通过一系列社会保障制度对国民健康权的保护体现了国家对人的尊重和关怀，保障了人作为人的基本生存条件。在世界范围内，公民的医疗保障权也被广泛视

---

① 李步云. 法理学 [M]. 北京：经济科学出版社，2001：457.
② 关今华. 基本人权保护和法律实践 [M]. 厦门：厦门大学出版社，2003：41.
③ 大须贺明. 生存权论 [M]. 林浩，译. 北京：法律出版社，2001：16.

为基本人权之一，在《世界卫生组织宪章》《世界人权宣言》《经济、社会及文化权利国际公约》等一系列国际人权条约中，都确定了健康权保障的地位。

按照著名英国的人权学者克兰斯顿（Maurice Cranston）提出的判断人权的三个标准①来看，医疗保障权明显符合具有切实可行性标准、普遍性标准、至关重要性标准。因此，医疗保障权从权利源泉上分析，是一种基本人权。"维持人的基本的生存、不使任何人陷入疾患的困境，并为恢复和促进个人的发展创造条件、提供机会，是设立医疗保障权的基本出发点"。②

二、医疗保障权是公民基本权利

公民的基本权利，是指通过《宪法》明确规定的公民在国家和社会生活中必不可少的权利，它是公民基本权中最重要、最基本的部分。依据权利理论对于公民基本权利的理解，医疗保障权之所以是公民基本权利的理由如下：（1）我国《宪法》明确规定了公民医疗保障权的内容。我国《宪法》在第四十五条明确规定了公民在疾病的情况下，有从国家和社会获得物质帮助的权利。《宪法》对于医疗保障权的确认，使医疗保障权从公民的应然人权转变为实然性的基本权利。（2）我国《宪法》中的医疗保障权，体现了公民与国家之间的关系。我国《宪法》第四十五条规定了国家发展享受医疗保障权利所需要的社会保险、社会救济和医疗卫生事业，我国《宪法》在第二十一条还规定："国家发展医疗卫生事业，发展现代医药和我国传统医药，鼓励和支持农村集体经济组织、国家企业事业组织和街道组织举办各种医疗卫生设施，开展群众性的卫生活动，保护人民健康。"这些国家法定义务的设定保证了公民医疗保障权实现的可能性。"公民权利与国家义务对立统一关系是宪法关系的基本内容。"③ 在《宪法》中设定国家提供医疗保障的义务，反证了公民医疗保障权作为公民基本权利的现实存在。（3）医疗保障权是公民的经济、社

---

① 黄金荣. 权利理论中的经济和社会权利 [J]. 法哲学与法社会学论丛, 2015 (1)：231 - 259.

② 周向明. 医疗保障权研究 [D]. 长春：吉林大学博士研究生论文, 2006：50.

③ 钟会兵. 作为宪法权利的社会保障权——基于文本与判例分析 [J]. 学术论坛, 2005 (10)：118 - 123.

会和文化权利。公民的基本权利包括政治权利，人身自由权，经济、社会和文化权利等。从基本类型来看，医疗保障权属于公民基本权利中的社会经济权利。

作为公民基本权利的医疗保障权，具有以下特点：（1）不可或缺性。医疗保障权是维持人基本生存利益和人格尊严的权利，通过国家的积极帮助行为使个人免于疾病风险，保证个人不低于社会的最低生活水平。医疗保障权在《宪法》上的确立是人权的基本要求，是公民基本权利中不可缺少的一个部分，具有当然的不可替代性。（2）复合性。医疗保障权的复合性是指医疗保障权具有兼具人身权和财产权的属性。医疗保障权是对人身体健康的保护，依附于人的身体，医疗保障的人身权属性决定了其不具有可转让性。同时，医疗保障权还具有财产属性，医疗保障法律关系的客体主要指向国家的基本医疗给付行为，这是一种财产帮助或者补偿行为，具有财产性。医疗保障权的财产性能够保证权利人获得来自国家给付的财产利益，以作为生存发展的条件。（3）非对等性。公民的医疗保障权与国家的帮助义务之间并不具有权利义务的对称性。社会保障法制强调权利与义务的结合，但这种结合有时候并非表现为对称性，而显示出权利义务的单向性。"在个体对应关系中，保障待遇的提供者总是单纯地尽义务，而受助的社会成员则是单纯地享受权益。"①例如，医疗救助法律关系和基本公共卫生服务法律关系，都具有典型的单务性，权利人并不承担任何义务。即使在医疗保险关系之中，与获得的给付待遇比较，权利人的医疗保险费的缴费义务也是不对等的。（4）母体性。作为一项公民基本权利，医疗保障权是基本人权在宪法上的体现，但它同时也是其他法律上权利的法律依据，具有基本权利的母体性，能够派生出其他具体的权利。实践中，医疗保障权可以派生出医疗救助权、医疗保险权、基本公共卫生服务权等权利类型。

三、医疗保障权是社会权

在法律上，社会权是一个与自由权相对应的概念。我国学者多从国家积

---

① 郑功成. 社会保障学：理念、制度、保障与思辨［M］. 北京：商务印书馆，2002：128.

极行为的角度理解社会权。我国台湾地区学者认为，社会基本权是个人要求国家行为之权利，本质上为社会上之权利，该权利以要求国家积极的行为为其内容，是社会正义的表现，乃现代福利国家之志向。① 大陆也有学者认为，这些积极权利是指"弱者通过国家的积极行为来实现其利益的一种权利"②。简而言之，社会权是指"公民依法享有的要求国家对其物质和文化生活积极促成及提供相应服务的权利"③。

医疗保障权从本质上是一种社会权，基本理由如下：（1）将医疗保障权界定为社会权，符合社会权依靠国家的积极帮助行为加以实现的特征。医疗保障权主要通过国家提供基本医疗服务实现，在医疗保障法律关系中，社会公众有依法向国家主张提供医疗保障服务来满足自身基本身体健康需求的权利：身患疾病者有权要求国家提供医疗保险的社会服务；陷入贫困的患者有权要求国家对其施行医疗救助的帮助行为；病愈者有权要求政府提供康复与保健的服务。"基本医疗服务权是一种社会权利，其达成期望利益保护的首要措施在于国家的积极义务；而辅要手段在于国家的消极义务。"④ 与自由权以国家消极义务为主要手段不同，社会权中的国家的消极义务仅作为次要手段加以使用，以达到现有利益的尊重，而更多的是以"国家积极义务作为主要手段达到期待利益的保护、促成和提供"⑤。以此判断，国家积极提供基本医疗服务和管理的行为，符合社会权主要特征的界定。（2）将医疗保障权界定为社会权符合医疗保障制度的社会法属性。社会法是"以保护与社会整体利益密切相关的公民经济、社会、文化权利为主旨的公法、私法规范融合的法律领域中法律群体的统称"⑥。我国法学界一般认为，广义的社会法是一个与公法、私法并列的第三法域，而狭义的社会法仅指社会保障法。社会法具有

① 黄越钦. 劳动法新论 [M]. 北京：中国政法大学出版社，2003：54.
② 董保华. 社会法原论 [M]. 北京：中国政法大学出版社，2001：176.
③ 龚向和. 社会权的历史演变 [J]. 时代法学，2005（3）：27-32.
④ 许中缘，翁雯. 论基本医疗服务权的救济 [J]. 苏州大学学报：哲学社会科学版，2016（2）：91-98.
⑤ 龚向和. 社会权的概念 [J]. 河北法学，2007（9）：49-52.
⑥ 史探径. 社会法学 [M]. 北京：中国劳动社会保障出版社，2007：24.

公法与私法融合的特点，是法的"社会化"的产物，"公法与私法的相互交错，出现了作为中间领域的社会法"①。现实中，医疗保障法律制度中也出现了私法规范和公法规范的交错融合，例如，医疗保险法律既调整平等主体的就医者与医疗机构因医疗保险服务而产生的平等法律关系，又调整医疗保险中行政主管机关与医疗机构之间的行政委托关系。将医疗保障权界定为社会权，本质上源于社会法的"社会本位"思想，即社会法所体现的社会利益。公民的医疗保障权是社会保障权的重要内容，它一方面体现为对国民个人健康利益的保护，另一方面又通过对社会收入的再分配体现出其权利实现过程中的社会调节功能，彰显全民健康利益和社会稳定的重要性。相比较而言，社会保障权主要重视的是公民的生活保障层次，而社会权则是宏观概念。②"保障整体医疗安全利益的战略体现在立法方面，必然是围绕实现全体公民的整体医疗利益而建立高度概括化、抽象化的多方法律关系。"③（3）将医疗保障权界定为社会权符合社会法对弱势群体倾斜保护的基本原则。"倾斜保护作为社会法的基本原则是由'倾斜立法'和'保护弱者'两方面构成的。"④ 在医疗保障制度中，妇女、儿童、老年人、残疾人、极度贫困者等特殊群体对于健康服务有着各自不同的需求，需要在法律制度上进行特殊处理，以体现实质上的社会正义。在《世界人权宣言》（1948 年）、《经济、社会和文化权利国际公约》（1966 年）、《消除对妇女一切形式歧视公约》（*Convention on the Elimination of All Forms of Discrimination against Women*）（1979 年）、《儿童权利公约》（*Convention on the Rights of the Child*）（1989 年）等一系列国际公约中都可以看到这种倾斜保护的内容。我国在医疗救助法律制度中对救助群体的标准设定，我国基本公共卫生服务项目中对 0～6 岁儿童健康管理、孕产妇健康管理、老年人健康管理等项目的设定等正是倾斜保护基本原则的集中体

---

① 董保华，郑少华．社会法——对第三法域的探索［J］．华东政法学院学报，1999（1）：30 - 37.

② 刘锦城．社会保障权利的内容结构与性质分析［J］．行政与法，2007（1）：117 - 119.

③ 谭浩．医疗权研究［D］．吉林：吉林大学博士研究生论文，2019：73.

④ 董保华．社会基准法与相对强制性规范——对第三法域的探索［J］．法学，2001（4）：20 - 24.

现。因此，将医疗保障权界定为社会权，既符合社会权的基本特征，也符合医疗保障权的核心价值追求。

第三节 城乡医疗保障一体化与医疗保障权的实现

城乡医疗保障一体化的过程，是医疗保障权的平等实现过程。全国统一的公平的"全民医保"体系的建立，是通过结构性的体制改造对现有医疗保障体制进行重新整合和建构。医疗保障法律也必须适应这种巨大的制度变革，推进我国社会保障法律制度的革新。从医疗保障权保护和实现的角度审视我国医疗保障一体化的进程，需要特别注意以下几个问题。

一、树立医疗保障权的权利体系化思维

如上所述，医疗保障权是公民的基本权利，具有母体性和复合性，是一个权利束。在医疗保障城乡一体化的进程中，需要首先思考具有基本权利属性的医疗保障权的权利体系化问题。

所谓权利的体系化，是指"各种权利按照一个统一的价值规范组成条理化、类型化、层级化的结构与框架，尽管彼此之间有冲突、有竞合，但也能有机地组合在一起而各安其位、运行不悖，从而全面有序地规范整个社会生活"[1]。医疗保障的城乡一体化是建立统一的公平的国民健康体制，实现全体国民"病有所医"和"病有良医"的根本目标。形成一个科学合理的医疗保障权利体系，能够最大程度地发挥体系化的法律在秩序的一致性、规范的确定性和可预测性方面的基本功能，为健康中国的法治化提供一种既契合法治精神又符合本土化改革进路的制度安排。权利的体系化在表现形式上必然反推出法律规范的体系化。医疗保障权利的体系化要求对医疗保障的法律规范进行一种类型化的结合，形成体系上的"价值一贯性、逻辑统一性、考量整

---

① 陈国栋. 新型权利研究的体系化与本土化思维——以公法权利体系为论域 [J]. 江汉论坛，2019（10）：129－136.

体性和结构层次性"①。

医疗保障权是由医疗保险权、医疗救助权和基本公共卫生服务权组成的一个有机的整体，但医疗保障权的"三权"组成又分属社会保险法、社会救助法和卫生法三个基本领域，存在跨多个部门法的现象，急需体系化的整合。整合方法中最简易的方式，应是由全国人大或者全国人大常委会制定一部具有整体统领性的"医疗保障法"，以满足医疗保障权价值一体性和整体逻辑性的需求。在"医疗保障法"制定条件暂时不具备的情形下，应及时启动《社会保险法》和《社会救助暂行办法》的修订工作，形成与最近颁布的《中华人民共和国基本医疗卫生与健康促进法》之间的衔接。在对相关法律规范进行整合的时候，应坚持以生存权保障的基本理念统一价值思想，在坚持平等、公平、社会化等原则的基础上注意处理不同性质法律规范之间的差异性、不同保障层次保障水平的差异性、不同保障人群的差异性等问题。医疗保障权社会权的属性意味着医疗保障法律规范中存在着公法性法律规范和私法性法律规范的交叉，因此，在规范整合过程中除了强调国家积极的物质帮助义务等强制性规范之外，还应注意国家对于医疗保障权实现过程中的消极义务，为居民的不同类型就医需求留下自由选择的空间，充分尊重居民的意思自治。城乡居民的医疗保险在整合实施过程中施行的医疗机构分级诊疗制度的初衷其实也正是如此，既缓解了医疗资源紧张的现实困境，又尊重了居民的医疗需求并进行一定的限制。

医疗保障权下的"三权"在医疗保障权的统合下形成了权利的层次性结构，三种权利之间平行存在但又存在差异性和关联性，而"体系化的任务就是去探究描述这些关联性，通过对这种法律规范的内在关联性的把握，来获得对于法律问题的统一性的理解"②。运用权利体系化的思维思考医疗保障权的实现问题，其终极目的是形成权利划分之间的泾渭分明，对不同权利背后的价值和利益进行整体性考量和排列，实现权利体系化所要求的法的统一性和秩序性。同时，医疗保障权的权利体系不应是封闭运行的一个体系，而应

---

① 梁迎修．方法论视野中的法律体系与体系思维［J］．政法论坛，2008（1）：61 - 67.
② 张翔．基本权利的体系思维［J］．清华法学，2012（4）：12 - 36.

具有开放性，随着城乡医疗保障一体化进程的加快和变化，它也应在实践中不断进行修正。

二、促进医疗保障行政给付行为的规范化

在医疗保障法律关系中，医疗保障权的主体是自然人，义务主体主要是国家，还包括社会组织、单位和个人，而医疗保障法律关系的客体即指向的对象，主要是政府的行政给付行为。医疗保障法律关系中政府的行政给付行为主要包括医疗救助资金的给付行为、医疗保险的财政资金给付行为和基本公共卫生服务中的财政资金给付。从医疗保障权利人的角度来看，医疗救助资金的行政给付是直接给付；医疗保险资金和基本公共卫生服务中的行政给付是间接给付。

医疗保障法律关系本质上是个人与国家之间的关系，因此从医疗保障权实现的角度，法律制度规范的重点应当是政府的积极干预行为，而政府的积极干预行为主要就是行政给付行为。行政给付行为是一种授益性行政行为，是行政主体向行政相对人给付金钱或者实物的行为。[①] 从医疗保障具体的行政给付行为来看，需要重点关注医疗救助资金的给付与医疗保险财政资金行政给付之间的衔接问题。为了保障困难群众的医疗权益，民政部、财政部等六部门在 2017 年 1 月联合下发了《关于进一步加强医疗救助与城乡居民大病保险有效衔接的通知》，提出了医疗救助与大病保险之间对象范围、支付政策、经办服务、监督管理等方面衔接的政策安排。通过采取"一降一提一扩"，即降低大病保险起付线、提高报销比例、扩大合规医药费用报销范围，对困难群众实施精准支付。该规定明确合规医疗费用范围应参照大病保险的相关规定确定，并做好与基本医疗保险按病种付费改革衔接。很明显，国家在医疗救助行政给付与医疗保险行政给付资金的平衡方面正在进行积极的探索和尝试，以提高医疗保障制度整体的可及性、精准性和高效性。然而，在政策层次进行不同类型医疗保障资金行政给付行为的衔接和整合，还不足以保证制

① 姜明安. 行政法与行政诉讼法 [M]. 北京：高等教育出版社，2015：234.

度的规范性和稳定性，在条件具备的情况下，还是应该通过立法的形式进行制度安排，"促进基本医疗保险、基本医疗救助和基本医疗服务形成闭合的基本医疗行政给付体系，从而避免重复保障和空白保障"①，形成一个功能搭配、有效衔接的一体化医疗保障行政给付机制。另外，在程序法上，应当改变既有不同类型医疗保障行政给付行为分散且缺乏统一标准的问题，确立公民医疗保障的程序性权利。这里的程序性权利是指"给付相对方向给付主体主张、追求、保障给付标的方面的权利，如请求权、听证权、异议权等"②。作为医疗保障权重要的组成部分，程序性权利的确立不仅可以确保政府行政给付行为的合法化，而且能够最大限度地抑制政府行政给付行为的恣意化。"程序中的功能自治性是限制恣意的基本的制度原理。"③ 对医疗行政给付行为的程序性规定，应在行政程序性立法中予以考虑并加以明确。在未来全国统一的全民医疗保障框架下，政府医疗保障行政给付行为的规范化和科学化的基本特征首先应是国家积极帮助行为的法定化。

三、强化对特殊群体的倾斜保护

作为一项公民的基本权利，任何人都有权利享有《宪法》所赋予的医疗保障权。但同时，医疗资源的稀缺性决定了医疗保障权的有限性。社会法的基本原则就是对弱者的倾斜保护。医疗保障权社会法的属性意味着在人人均享有普惠制医疗服务的基础上，应当对特殊群体进行差异化对待，以体现医疗保障权本身所蕴含的社会正义思想。

在人的一生之中，疾病是无法回避的社会风险。基于个人自身身体条件的不同、个人和家庭经济负担能力的不同、所处社会环境的不同、接受卫生医疗服务水平的不同，每个人抵御风险的能力自然显现出较大的差异。老年人、妇女、儿童、残疾人、特殊疾病患者、极度贫困者等特殊人群对于医疗

---

① 黄蓉. 我国基本医疗行政给付行为研究 [D]. 株洲：湖南工业大学硕士研究生论文，2017：34.

② 邓海娟. 社会管理创新背景下医疗行政给付的发展 [J]. 贵州社会科学，2014（2）：161 - 164.

③ 季卫东. 法治秩序的建构 [M]. 北京：中国政法大学出版社，1999：16.

保障的需求也高于常人。因此，在城乡医疗保障一体化的过程中，不仅需要权衡城市居民和农村居民医疗权益的差异化问题，更重要的是要对普通人群与特殊群体的医疗权益的差异化问题进行均衡。在医疗保险制度中进一步优化大病保险的机制，降低参保者发生家庭灾难性医疗支出的概率，强化大病保险补偿机制的效率，进一步拓展大病保险向低保对象、特困人员、建档立卡贫困人口、低收入重度残疾人等困难群众（含低收入老年人、未成年人、重病患者）倾斜的具体办法，明确降低大病保险起付线、提高报销比例的量化要求，实施精准支付，提高困难群众受益水平；在医疗救助制度中，应针对特困人群稳步提高重特大疾病医疗救助资金支出占比，建立健全分类分段的梯度救助模式，科学设定救助比例和年度最高救助限额，提高重点医疗救助对象的救助标准；在基本公共卫生服务制度中，应进一步优化既有的对儿童、孕产妇、老年人、慢性疾病患者等重点人群的卫生服务项目，在均等化的基础上进行重点突出的差异化。

四、不断推进医疗保障体制的社会化

社会化是社会保障的基本特征之一，它是一种通过社会化的机制加以实施的制度安排。郑功成认为，社会保障的社会化主要体现为制度的开放性、筹资的社会化、服务的社会化和管理与监督的社会化。[①] 社会保障的社会化改变了过去传统福利国家依照"受益者无负担"原理建立起来的纯粹国家责任的社会保障模式，使社会保障真正成为社会化保障。作为社会保障的核心组成部分之一，医疗保障的社会化不仅关乎医疗保障责任分担，更是医疗保障制度稳定持续化发展的需要。

在医疗保障城乡一体化的过程中，需要进行社会化改革，全方位地在筹资、服务、管理等方面不断强化其中的社会化因素。医疗保障体制社会化的改革，应以"小政府、大社会"为格局，逐步减少政府建立和完善医疗保障制度的成本，回归社会保障的社会化。医疗保障筹资方面，在医疗保险制度

---

① 郑功成. 社会保障学 [M]. 北京：中国劳动社会保障出版社，2005：22.

中除了坚持继续不断提高医疗保险中的个人的医疗费负担比例之外，应在大病保险中进一步规范商业保险机构承办大病保险的行为，强化社会互助共济，形成政府、个人和保险机构共同分担大病风险的机制；在医疗救助中，鼓励慈善机构等社会"第三部门组织"的加入，丰富医疗救助中多元化的筹资来源渠道，并对非政府组织的捐助行为的规范性进行法治化的引导。在医疗保障管理和监督方面，社会保险领域应秉承服务型政府的要求，政府从部分医疗保障的管理事务中"退位"，赋予医疗保险经办机构独立法人地位，将其定位为具有公益性的事业单位而非政府部门，通过"行政合同"对其行为进行约束；医疗机构的管理环节中，应充分开放医疗服务市场，赋权给地方具体实施，让医疗机构在医疗保险服务中形成竞争关系；医疗救助管理中，应实施统放结合，"制度安排中的社会救助事务必须由官方或者公营机构统一实施，而非制度安排的社会救助事务却应当完全放手由各社团组织或慈善组织按照自主、自治的原则来实施"①，合理划定"官民"两个系统的职责；医疗保障的监督上，应设立医疗保险基金的监督委员会，并鼓励参加医疗保险的社会民众参与医疗保险基金监督委员会，通过程序性规则确保大众参与医疗保险基金的资金筹集、定点医疗机构选择、资金调剂、资金支付等环节，畅通医疗保险基金的多方参与。医疗保障服务方面，应建立社会第三方组织从事医疗社会工作、医疗社会服务的激励机制，把鼓励社会中介组织、社会志愿者参与医疗社会工作、医疗社会服务通过法制化转变成为一种长期的、可持续的工作机制；在服务方式上，"要实行有偿、低偿和无偿服务相结合，逐步形成非营利性服务和营利性服务逐步相互渗透、相互补充、相互促进的发展格局"②。

简而言之，未来理想化的医疗保障社会化的制度架构，应是一个多元化、多层次的混合型体系，该体系既能满足全体国民对于医疗权益的多元化需求，又能够把经济社会发展变化带来的经济压力与社会压力通过社会化的机制化解在一个责任共担、阡陌纵横的安全网络之中。

①　郑功成. 社会保障学——理念、制度、实践与思辨［M］. 北京：商务印书馆，2000：453.

②　尧金仁. 社会保障的社会化与官民融合［J］. 兰州学刊，2010（11）：120－123.

五、完善医疗保障权救济的法律通道

"无救济，无权利"。没有救济渠道的权利如同空中楼阁。畅通医疗保障权的救济渠道，是医疗保障请求权能够得以实现的基础，是以人民健康安全为主旨的医疗保障法律制度建构的关键所在。

在目前医疗保障的实践中，侵害公民医疗保障权的案件主要发生在医疗保险基金的管理环节。2006 年涉案金额高达百亿元的"上海社保基金案"至今仍然历历在目，也经常有大量的医保欺诈骗保案件见诸报端。虽然医保基金采用财政专户，独立核算、专户管理，运行中实行"收支两条线"，在法律和政策上都明确任何单位和个人不得挤占挪用。但由于现有的医保基金监督管理体制中缺乏风险预警和欺诈识别系统，医保基金被挪用、被欺诈骗保的行为屡禁不止。2019 年 4 月，国家医保局发布了《医疗保障基金使用监管条例（征求意见稿）》，向社会公众征求意见。在这个涵盖职工基本医疗保险、居民基本医疗保险、生育保险、医疗救助等专项基金的监管条例草案中，建立了一套包括日常检查、信用管理、信息报告、飞行检查、职能监控信息系统、欺诈骗保举报奖励等监管方式在内的综合化监管模式，并确定了多个违法主体的法律责任，值得肯定。除了加快建立综合化的监管体制外，在该监管条例中，还可进一步适应当代信息化社会的需求，提出规范建立全国统一的智能型的风险预警和反欺诈信息平台，为未来全国城乡一体的医疗保障信息共享奠定基础。

在理论上，对医疗保障权的直接侵害行为主要来自政府相关部门和相关工作人员的医疗保障行政给付违法行为。相关行政部门和工作人员违反法定职责，对公民请求履行医疗保障义务的主张不作为，或者作出错误或具有瑕疵的具体行政给付行为，会损害公民的基本医疗权益。当公民的医疗保障权益受到侵害时，可以通过申诉、控告、行政复议和行政诉讼的途径进行行政救济。但是在程序法上，公民行政救济的路径可能通畅性不足。在 2015 年 5 月 1 日施行的新《中华人民共和国行政诉讼法》第十二条行政诉讼受案范围的规定中，关于行政给付的受案范围第（十）项的规定为"认为行政机关没有依法支付抚恤金、最低生活保障待遇或者社会保险待遇的"。虽然较之修改之前的规定（"认为行政机关没有依法发给抚恤金的"），受案范围扩大并包括了"社会保险待遇"，但并没有涵盖所有医疗保障权被侵害的情形，医疗救助权等典型的社会救助权利并没有被包括其中。虽然行政相对人在行政诉讼立案时似乎可以依据《中华人民共和国行政诉讼法》第十二条第（十二）项中的"认为行政机关侵犯其他人身权、财产权等合法权益的"规定提起诉讼，但实际情况是经常被人民法院以"不符合立案规定"为由拒之门外。《中华人民共和国行政复议法》的规定与此类似，《中华人民共和国行政复议法》第六条第（十）项关于行政复议的范围规定为"申请行政机关依法发放抚恤金、社会保险金或者最低生活保障费，行政机关没有依法发放的"。可见，部门法之间有关医疗保障权益规定内容的不一致严重影响了公民在医疗保障权利遭受侵害时的法律救济通道，亟待加以改进。另外，在行政主体违反医疗保障行政给付义务造成行政相对人损失的情况下，我国目前的行政法和行政诉讼法体系中也缺乏相应行政赔偿的基本标准和行政补偿的基本标准的法律规定和司法解释，医疗权益损失的计算成为一大难题。因此，应加快我国医疗保障法律与行政法律之间的衔接，对医疗保障权益受到侵害时的救济渠道、救济方式、救济标准作出明确的规定。

最后，还应积极探索医疗保障权被侵害时的私法救济路径。医疗保障权是社会权，虽然目前医疗保障权救济的主要路径是行政权力的公力救济，但医疗保障权本身还具有一定的私权属性，现实中还可能发生基于民事法律关系的私权利侵害问题。例如，医疗机构在向医疗保险的被保险人提供医疗服务时，将本应纳入医保目录的诊疗项目计为自费项目，从而侵害被保险人的医保利益。因此，还应进一步完善《中华人民共和国侵权责任法》及相关医疗损害责任纠纷司法解释中有关医疗保障权被侵害问题的规定，构建多元化的医疗保障权救济通道。

第四章 城乡居民基本医疗保险 整合的法学观

第一节 城乡居民基本医疗保险整合的制度性分析

与我国城乡二元经济社会结构和社会保障制度的二元结构相适应，我国的基本医疗保险制度也长期呈现出城乡割裂的二元特征。我国城乡基本医疗保险体系的制度性分割，撕裂了城乡的统筹发展，造成了社会保障资源的极大浪费，破坏了社会公平的基础，也延缓了我国城镇化发展的进程。2013年11月，党的十八届三中全会决议中明确提出了"在农村参加的养老保险和医疗保险规范接入城镇社保体系"的意见。这一决议内容，是实现公平性"全民医保"伟大目标的重要路径指引。而所谓的"规范接入"，无疑是在强调以制度化、规范化的手段推进城乡社保制度的融合。而2016年1月印发的《国务院关于整合城乡居民基本医疗保险制度的意见》（以下简称《整合意见》）更是具有里程碑式的标志意义，正式拉开了城乡居民医疗保险整合工作的序幕，为未来城乡居民基本医疗保险实现与城镇职工医疗保险制度的顺利对接进而构建一个覆盖城乡统一公平的全民医疗保险体制夯实了基础。

一、基本医疗保险制度的城乡分立

在城乡居民基本医保整合之前，我国的基本医疗保险体系在制度上呈现出新型农村合作医疗（新农合）、城镇居民医疗保险和城镇职工医疗保险"三足鼎立"的态势。

2002 年 10 月，《中共中央　国务院关于进一步加强农村卫生工作的决定》提出建立和完善新农合和农村救助制度。在 2003 年 1 月，国务院发布了《关于建立新型农村合作医疗制度的意见》的通知，正式提出了在农村地区逐步建立以大病统筹为主的新型农村合作医疗制度。经过 13 年的发展，截至 2015 年底，全国参加新型农村合作医疗人口数达 6.7 亿，参合率为 98.8%，基本实现了对农村地区的全面覆盖。[①] 而针对城镇职工之外居民的城镇居民医疗保险则始自于 2007 年 7 月《国务院关于开展城镇居民基本医疗保险试点的指导意见》，该意见规定城镇居民基本医疗保险 2009 年试点城市要达到 80% 以上，2010 年在全国全面推开，逐步覆盖全体城镇非从业居民，逐步建立以大病统筹为主的城镇居民基本医疗保险制度。截至 2015 年底，城镇职工医保参保人数已经达到 3.76 亿，[②] 基本覆盖全体城镇非从业居民。而城镇职工基本医疗保险是随着国有企业改革的推进在 1998 年开始实施的。1998 年 12 月，《国务院关于建立城镇职工基本医疗保险制度的决定》发布，在全国范围内进行城镇职工医疗保险制度改革。截至 2015 年底，城镇职工医疗保险参保职工 21362 万人，参保退休人员 7531 万人。[③]

城镇职工基本医疗保险、城镇居民基本医疗保险和新型农村合作医疗保险三项制度在参保对象、筹资机制、补偿机制、统筹层次方面存在着较大的差异（见表 4.1）。学者们普遍认为，广大农村地区的医疗卫生服务在公平性、可及性、费用负担、居民健康状况等方面与城市存在着明显差距，城乡居民医疗保障呈现出二元失衡的现象。[④] 城乡医疗保障制度的多元分割与"碎片化"现象，固化了城乡二元结构和社会阶层结构，既不利于实现人员流动和社会融合，又不利于通过社会互济来分散风险、保持医疗保险基金财务的

---

① 国家卫生和计划生育委员会.2015 年我国卫生和计划生育事业发展统计公报［EB/OL］（2016 – 7 – 2）［2020 – 6 – 1］. http：//www. nhfpc. gov. cn/guihuaxxs/s10748/201607/da7575d64fa04670b5f375c87b6 229b0. shtml.

② 中华人民共和国人力资源和社会保障部网站.2015 年度人力资源和社会保障事业发展统计公报［EB/OL］（2016 – 5 – 3）［2020 – 5 – 1］. http：//www. mohrss. gov. cn/SYrlzyhshbzb/dongtaixinwen/buneiyaowen/201605/t20160530_ 240967. html.

③ 同②。

④ 郑功成. 中国社会保障改革与发展战略：医疗保障卷［M］. 北京：人民出版社，2011：35.

稳健性和可持续性，从而直接损害制度运行的效率。[①] 既有的城乡医保二元体制还产生了诸如重复参保导致资源浪费、医保关系转移接续难题、健康不公平滋生待遇攀比等一系列问题。[②] 因此，尽快改变现有医保制度的城乡二元体制，已经成为实现"全民医保"进程的重大问题。城乡居民基本医疗保险制度的整合，关系着广大城乡居民享有健康服务的公平性和可及性，也关系着城乡经济社会的均衡发展，既有利于实现城乡基本公共服务均等化和健康平等，也有利于保障公民的基本人权、促进社会公平、完善民生保障制度。

表 4.1　我国基本医疗保险制度要素比较

制度要素	城镇基本医疗保险		新型农村合作医疗
	城镇职工医疗保险	城镇居民医疗保险	
覆盖对象	城镇职工、退休人员、灵活就业人员	学生、未成年人和其他非从业的城镇居民	农村居民
参保形式	个人和用人单位	以家庭缴费为主	以家庭为单位
筹资标准	个人工资收入的2%；用人单位工资总额的6%	个人缴费部分由统筹地区确定，特殊群体缴费不同；2015年个人缴费不低于120元，政府补助每人380元	个人缴费部分由统筹地区确定；2015年个人缴费不低于120元；政府补助每人380元
起付线	当地职工年平均工资的10%	统筹地区确定	统筹地区确定
报销比例	70%	60%	60%
偿付范围	门诊大病、住院，逐步向门诊统筹延伸	大病统筹，逐步向门诊统筹延伸	大病统筹；大病统筹＋门诊家庭账户；住院统筹＋门诊统筹
统筹层次	原则上地市级以上行政区为统筹单位	原则上市级统筹	一般以县（市）为单位进行统筹
管理和经办机构	劳动保障行政部门及经办机构		各级卫生行政部门及经办机构

---

① 郑功成. 医保制度多元分割运行：不公平，损效率［N］. 中国劳动保障报，2009 - 06 - 09：A03.

② 何毅. 全民医保：从"碎片化"到基金整合［M］. 北京：中国金融出版社，2014：31 - 38.

二、新型农村合作医疗与城镇居民医保的同质性分析

从法律性质上来看，严格来说，新农合制度并不属于社会医疗保险的范畴。新农合是按照"个人缴费、集体扶持和政府资助结合"的模式进行筹资，以大病补偿为主的一种农民医疗互助共济制度。而社会医疗保险则是由国家法律形式强制实施的，在被保险人因疾病、负伤、残疾等造成收入中断及医疗费用的损失，由保险组织提供物质帮助的一种社会保险。我国学界一般认为，社会保险性质的社会医疗保险具有强制性、社会性和保险性等基本特征，而强制性则被认为是社会保险的首要原则。因此，由于在新农合制度中，农民参保缴费并不具有强制性，费用由农民自愿缴纳，因此很难将其视为一种典型的社会保险。而且，从制度设定的目的而言，新农合重点在于解决大病导致的"因病致贫""因病返贫"问题，与社会医疗保险基本医疗保障的目的也存在差异。但是，从制度要素的比较来看，新农合在筹资的社会化和基金保险原理的使用上，又具有社会保险的一般性特征，因此我们比较赞同有的学者将其视为一种"非典型性的社会保险"①。

综观新农合与城镇居民医保的制度体系，两者之间的同质性明显，远超差异性。这种同质性的存在，本质上构成了两者能够进行融合的基础。

（一）涵盖对象的同质性

新农合和城镇居民医保涵盖的都是非就业的人口，即城镇职工医疗保险体系涵盖不到的人群。其涵盖对象不以劳动关系的存在作为前提，这是两者的共性，也是区别于城镇职工医疗保险的主要特征。虽然从对象上看，新农合与城镇居民医保的覆盖群体存在农业人口与非农业人口的差别，存在身份识别上的困难。但随着我国户籍制度改革的不断深化，这种差异正在逐渐消失。将城乡居民纳入统一的医保体系没有身份上的障碍。

---

① 孙淑云，赵月高，柴志凯．新型农村合作医疗制度的法律性质探析［J］．中国农村卫生事业管理，2007（1）：15－17.

（二）参保形式的同质性

新农合采用的是农民自愿缴费的参保模式。根据社会医疗保险的原理，城镇居民医保本应采用强制缴费模式，但由于其不以城镇居民的劳动关系存续作为前提，丧失了"工资收入"这个重要的衡量标尺，无法进行缴费标准的统一，实践中也是以自愿缴费为基础的，这与新农合在制度上具有共同性。2011 年实施的《社会保险法》也已经明确将新农合与城镇居民医疗保险纳入基本医疗保险范畴。以强制缴费为共同的"出口"，新农合与城镇居民医疗保险存在共同制度改进的方向。另外，在《关于建立新型农村合作医疗制度意见》和《国务院关于开展城镇居民基本医疗保险试点的指导意见》两份中央文件中，均确立了新农合和城镇居民医保以"家庭"作为"参合"或者"参保"的主体，这也为两大体系的对接提供了可行性。

（三）筹资方式的同质性

新农合与城镇居民医保在筹资的结构上均采用"个人缴费 + 政府补助"的方式，具有制度上的一致性。与城镇职工医疗保险采用"个人账户 + 统筹基金"的筹资方式不同，新农合与城镇居民医疗保险均主要采纳的是统筹基金方式，并均采用定额方式缴费。在筹资主体上，均贯彻的是以家庭缴费为主，政府给予适当补助的模式。两者在筹资模式上的区别主要有两点：第一个区别是在筹资主体上，新农合模式中还存在集体组织这一筹资主体，但其对于"统筹基金"的贡献有限。虽然在实践中，新农合模式中政府的补助额度普遍较之城镇职工医疗保险要高，[①] 但这并不影响两者整体上筹资主体结构的同质性。第二个区别是新农合在制度上仍保留个人账户，用于支付小额门诊费用，这与城镇居民医保不设置个人账户的做法不同。但在新农合制度中设置个人账户的做法被广为诟病。个人账户本身累积性较差，也缺乏互助共济性，仅能部分解决一小部分人群的小额医疗费用，导致医疗服务利用的公

---

① 吴伟平. 推动新农合与居民医保二险合一构建城乡居民一体化医疗保险体系 [J]. 社会保障研究，2009（5）：28 – 33.

平性较差。① 在整合改革中可以通过逐步取消个人账户化解这一差异。

（四）支付模式的同质性

新农合与城镇居民医保在支付补偿模式上均采用的是以大病统筹为主的方式，主要对大额医疗费用和住院医疗费用进行补偿。在补偿机理上，均采用的是保险法中的大数法则②核定支付额度的概率，在支付方式上均实施了从后付制向先付制的改革，都在探索多元化的支付方式。

（五）统筹基金管理的同质性

虽然新农合与城镇居民医保的统筹层次并不相同，但是在采用基金制管理方面存在着共性，两者均通过"收支两条线"管理，进行基金的封闭运行，并都有相应的监督制度保障基金的运行安全。

综上所述，新农合与城镇居民医疗保险在涵盖对象、参保形式、筹资模式、支付模式和基金管理等方面具有高度的近似性，显示出同质性的共同点，这也使两大体系之间的趋同和融合成为可能。在 2016 年 1 月《国务院关于整合城乡居民基本医疗保险制度的意见》发布之前，天津、成都、杭州、重庆、厦门、镇江等城市都试点进行了基本医疗制度的城乡统筹，均取得了良好的效果。这些客观上都为医疗保险的城乡整合作了必要的准备。

三、城乡基本医疗保险整合的制度前提

城乡基本医疗保险的整合，是两大制度逐步演化均衡和化异趋同的过程，本质上是制度的变迁，需要对统筹对象、缴费制度、支付制度、医保目录、基金管理等一系列制度要素进行重整。要实现新农合与城镇居民医保的城乡统筹发展，必须在制度上解决几个基本的前提性问题，才能深入性地对两大制度内容进行制度性整合。

---

① 王超群，李珍. 中国医疗保险个人账户的制度性缺陷与改革路径［J］. 华中农业大学学报：社会科学版，2019（2）：27－37.

② 大数法则是指：大量的、在一定条件下重复出现的随机事件将呈现出一定的规律性和稳定性。

（一）深化户籍制度改革，消除城乡身份差异

我国长期以来采用户籍来区分城乡居民。1958 年的《中华人民共和国户口登记条例》将城乡居民区分为农业户口和非农业户口两种不同户籍，奠定了我国长期户籍管理制度的基本格局。这种二元化的制度划分抑制了劳动力要素的自由流动，阻碍了城镇化的进程，加剧了社会分化。从社会保障制度的角度来看，户籍制度的二元结构直接导致包括医疗保险在内的一系列的社保利益都依附于户籍关系，而社保体系的城乡差异的存在又反过来强化了户籍制度的不平等，形成了一个死循环。"传统户籍制度实质上是城乡二元分割的总根源所在。"① 医保制度的城乡统筹发展，有必要拆除横在改革前面的身份藩篱，建立起平等的身份识别制度，合理引导农业人口有序向城镇转移，有序推进农业转移人口的市民化。

2014 年 7 月发布的《国务院关于进一步推进户籍制度改革的意见》是在以人为核心的新型城镇化建设背景下出台的户籍制度改革的纲领性文件，是对我国新型户籍制度的一次整体构建。该意见提出统一城乡户口登记制度，全面实施居住证制度，取消农业户口与非农业户口性质区分和由此衍生的各种户口类型，统一登记为居民户口；到 2020 年，基本建立与全面建成小康社会相适应，有效支撑社会管理和公共服务，依法保障公民权利，以人为本、科学高效、规范有序的新型户籍制度。

理想化的医疗保险制度的一体化，必然要求以统一的标准对参保人群进行识别，而这个最简单也最公正的标准应当是"属地化"标准。对于非当地户籍的居民来说，需要通过一个有效的平权载体，确保他们全面平等享有当地常住户口居民同等的待遇。新户籍改革制度中的"居住证"能够作为"平权载体"，通过与居住年限等条件相挂钩的方式与居住地的基本公共服务进行对接，有序地解决符合条件的农业转移人口及其他常住人口在城镇落户的问题，从而真正实现"属地化"管理，保证居住证持有人公平享有与当地户籍

---

① 郑功成. 从城乡分割走向城乡一体化（上）中国社会保障制度变革挑战 [J]. 人民论坛，2014（1）：66 – 69.

人口同等的基本医疗卫生服务。可以说，进一步深化户籍制度改革，构建起户籍与"居住证"的平等权利，是城乡医疗保险统筹发展的一个基础性条件。因此，在扩大和巩固政策成果的基础上，建议尽快启动陈旧的《中华人民共和国户口登记条例》的修订工作，在法律上做实城乡居民平等权利的基础。

（二）深化医疗保险管理体制改革，实施独立机构管理

新农合与城镇居民医疗保险制度在建立之初被分别划归入不同的行政部门管理，新农合由卫生行政部门管理，而城镇居民医疗保险由人力资源社会保障部门管理。这种"多龙治水"的模式长期存在，产生了诸多弊病，对医保制度的公平性和可持续发展带来了负能量。由于信息不能共享，重复参保、重复财政补助现象屡见不鲜。不同地区城乡医疗保险筹资与待遇标准的不同尺度，也严重损害了政府的权威性。因此，理想化的模式应是由一个独立的行政机构承担城乡基本医疗保险的行政管理的综合职能，这也具有制度上的合理性。

2013 年《国务院机构改革和职能转变方案》明确提出了应将城镇职工基本医疗保险、城镇居民基本医疗保险、新型农村合作医疗的行政职责等，分别整合由一个部门承担。应当说，进行医疗保险管理体制的变革，涉及国务院的机构改革和职能转变，关乎中国医疗卫生体制的基本管理模式，已经超出了基本医疗保险城乡一体化自身所能够涵盖的范围，但它应是医疗保险城乡统筹发展的基础性条件。缺乏统一化管理的结果，将必然使基本医疗保险的城乡统筹重新陷入部门利益冲突的角力场，随之而来的也必然是基金运行效率的丧失、监督管理的不力、城乡居民基本权益的损害。从世界范围内来看，"大部制"是处理卫生服务于医疗保险管理体制之间的基本模式，其存在的基本形式无外乎是卫生部门管理、社保部门管理、卫生与社保部门分立管理、超然的独立机构管理四种模式。此外，独立机构管理的观点也值得参考，"在实现医疗保障行政管理的统一和卫生行政部门职能转变到位的前提下，应在适当的时候将医疗保障行政管理职能从社保部门中分离出来，与医疗卫生

行业管理职能合并，由一个部门集中行使"①。

（三）法定的强制参保

法定的强制参保社会医疗保险制度的主要特征，使其有别于松散的自愿参保制度，主要通过法律强制参保人员缴费。强制缴费制的建立并非只是为了确保医保资金的来源，更重要的是可以将缴费义务法定化，明确缴费主体的责任。可以说，法定的强制缴费，是新农合规范接入城镇居民医疗保险制度的前提之一，是整合后的城乡居民基本医疗保险真正成为社会保险的关键。强制缴费制将贯通新农合与城镇居民医疗保险体制的经脉，为缴费制度的整合搭建统一的平台。

在经济学上，一般而言，强制参保是解决逆向选择问题的主要手段。所谓逆向选择问题，来自市场的信息不对称，它指市场的一方如果能够利用多于另一方的信息优势使自己受益而使另一方受损，则更倾向于与对方签订协议进行交易。在社会医疗保险中，身体健康状况较差的人相比身体健康状况较好的人具有更强的参保意愿，如果采用自愿缴费制度，医疗保险市场允许自由进出，则市场上会留下更多的身体状况差的"劣质客户"，形成医疗保险市场中的"劣币驱逐良币"，加大医疗保险基金的支付风险。这种保险市场中逆向选择问题的出现是由保险人不能准确了解被保险人的充分保险信息造成的，而在基本医疗保险市场中，也恰恰存在这种严重的信息不对称。"实行强制性的社会医疗保险，有利于解决逆向选择导致的市场失灵，使健康状况较好的潜在参保人无法自由退出，即解决'优质客户'的退出问题。"② 因此，强制参保可以解决由逆向选择而带来的参保人的道德风险问题。

通过法律确定强制参保，不仅仅是经济效率的考虑，其更多的是法律上的要求。虽然理论上存在着医保行政部门通过部门规章或者政策文件的形式对强制参保进行确定，但这与《中华人民共和国立法法》的基本要求严重冲

---

① 王延中，单大圣. 关于卫生服务与医疗保障管理体制的若干问题 [J]. 经济社会体制比较，2010（5）：45–51.

② 温兴生. 中国医疗保险学 [M]. 北京：经济科学出版社，2019：11.

突。2015 年修正的《中华人民共和国立法法》第八十条第二款明确规定：
"没有法律或者国务院的行政法规、决定、命令的依据，部门规章不得设定减
损公民、法人和其他组织权利或者增加其义务的规范，不得增加本部门的权
力或者减少本部门的法定职责。"根据该条规定，对城乡居民实施基本医疗保
险的强制缴费，明显属于增加公民义务的规范，应当通过法律或者国务院的
行政法规、决定、命令的形式作出。因此，城乡居民基本医疗保险强制缴费
义务的法定化，并非简单地通过国务院或者相关行政部门下发政策性文件的
方式加以解决，而应当通过法律、行政法规或者国务院规范性文件的形式作
出，以确保基本医保强制性参保的制度约束力。

第二节　城乡居民基本医疗保险整合的法理学基础

2016 年 1 月，国务院《整合意见》的颁布，对城镇居民医保和新农合制
度提出了覆盖范围、统筹政策、保障待遇、医保目录、定点管理和基金管理
的"六个统一"，对整合政策进行了明确，也为城乡经济社会的进一步协调发
展指明了方向。新农合与城镇居民医疗保险的并轨衔接是我国社会保障体制
从城乡分割走向一体化的重要步骤，是进一步推进城镇化建设的重要内容，
也是促进社会分配正义实现的重要举措。城乡医保的整合并非仅仅是社会保
障制度结构的变化，也带来了社会保障法律的深刻变化。从社会保障法学研
究的视角出发，对城乡居民基本医疗保险制度的改革进行深入分析，将有助
于提炼其制度运行背后的法理基础，并以此检视城乡居民医保整合过程中出
现的法律问题。

一、社会正义——核心价值

（一）基本医疗保险法制的正义观

所谓正义，即公平、公正、合理等。法理学一般认为，法本身就代表着
正义、公平，正义和公平也是衡量法是否符合法的目的的准则，即"正义只

有通过良好的法律才能实现"。法学有关正义的理解，一向具有多面性，诚如博登海默（Edgar Bodenheimer）所言"正义有着普罗透斯的脸，变幻无常、随时可呈不同形状并具有不相同的面貌。"① 美国法学家约翰·罗尔斯（John B. Rawls）认为，正义有个人正义和社会正义之分。个人正义是个人应对社会承担的责任，是个人行动的原则和评价的原则；而社会正义是社会体制或者社会基本结构的公平合理。社会的基本结构是社会主要制度分配基本权利和义务，决定利益划分的方式。罗尔斯认为，社会正义是首要的正义，因为社会制度本身对个人的生活始终进行着渗透和影响，发挥着最重要的作用；同时，社会制度的正义相对于形式上的分配正义更具有母体性，决定并派生了分配正义。"法在实现分配正义方面的作用，主要表现为把指导分配的正义原则法律化、制度化，并具体化为权利和义务，实现对资源、社会合作的利益和负担进行权威性的、公正的分配。"② 社会保障法本质上是一种关于收入分配的社会调节法，必然要求以社会正义作为核心理念和价值目标。而社会医疗保险法下的社会正义，是指医疗保险权利和义务分配的合理性和正当性。

我国旧有的医疗保险体制的问题之一是沿用传统的城乡二元经济社会结构的思维建构了一个城乡之间相分离的多元体制。"多元化的制度安排实质上是参与者权益的不平等。"③ 这种人为对城乡医保体制的分割，破坏了社会公平性的基础，损害了医保制度与生俱来的公平性价值，侵害了广大农民基本生存权保障。现代社会保障的重要功能之一就是不断地缩小社会贫富差距，创造并维护社会公平，增进全体国民对国家的认同，促进社会整体性公平正义的实现。社会正义在医保制度中的最好体现，就是建立其覆盖全民的社会医疗体系，让全体国民普遍和平等地享有最基本的医疗保险的权利。在任何一个现代国家的社会医疗保障制度中，打破国民身份的限制、平等地对待每一个国民，都应该是制度设计的初衷和目标。城乡分割的医疗体系，变相加

① 博登海默. 法理学法律哲学与法律方法 [M]. 邓正来，译. 北京：中国政法大学出版社，2004：261.

② 张文显. 法哲学范畴研究 [M]. 修订版. 北京：中国政法大学出版社，2001：205.

③ 郑功成. 从城乡分割走向城乡一体化（下）中国社会保障制度变革去向 [J]. 人民论坛，2014（2）：62–65.

剧着这种不平衡。根据学者的测算，城镇职工、城镇居民和新农合虽然同属医疗保障制度，但医疗待遇水平有明显的差别，实际补偿比例分别是75%、50%和38%。[①] 这已经成为我国制约农村经济和社会发展、激化社会矛盾、加剧贫富分化的顽症之一。因此，我国基本医疗保险体制的城乡分割所造成的二元失衡，从法学正义观的角度，就是权利配置的失衡。城乡居民基本医疗保险的整合实际上在法律上就是通过权利失衡的制度化矫正，实现医疗保险法律所体现的社会正义和社会利益。

（二）城乡基本医疗保险整合的公平内涵

作为一个复杂的系统，社会公平包括起点公平、过程公平和结果公平。医疗保险法律一方面要透过制度结构的安排保障公民医疗保险权的规则公平（起点公平），另一方面在法律机制实施过程中确保公民参与基本医疗保险社会关系的机会公平（过程公平），最后实现医疗保险权益的补偿性公平（结果公平）。城乡基本医疗保险制度的整合，本质上是通过法律机制的再调整，即通过对城乡居民的医疗保险权利配置进行的重新安排，实现对规则失衡和补偿性正义缺失的纠偏。

我国学者长期关注医疗保险公平性的研究。林枫认为，医疗保险的公平既包括横向公平，即非歧视性，每个公民都可以参加基本医疗保险，享受同等的政策待遇；也包括纵向公平，即对个人自付承受能力而言的公平。[②] 张太海等认为，我国医疗保险的公平性评价包括社会公平性（即参保公平性）、医疗服务利用公平性、费用负担公平性和医疗可得性等内容。[③] 梁鸿等人认为，水平公正既体现为非歧视性原则，也表现在医疗费用支付从健康的公众向疾病患者的转移上；而垂直公正则是对个人自付承受能力与收入水平挂钩（相关）的一种公平，即每个人根据收入水平缴纳一定比例的社会医疗保险费用，

---

① 陈仰东. 医疗保险城乡统筹实施步骤探讨 [J]. 中国医疗保险，2010（3）：23 - 26.

② 林枫. 医疗保险三题 [J]. 中国社会保障，2002（5）：12 - 13.

③ 张太海，董炳光，申曙光，吴云英，程茂金. 城镇职工基本医疗保险制度运行质量评价初论 [J]. 中国卫生事业管理，2004（7）：410 - 413.

但却享有同样的保险待遇。垂直公正体现了社会医疗保险的"共济性"，是对水平公正原则的补充。① 仇雨临等认为，医疗保险城乡统筹是权利公平、机会公平、规则公平三个公平的集中体现，通过消除隐性的不公平，实现"公平医保"的实质公平。② 牛玉堃等认为，机会公平指医疗保障法律制度层面的公平，法律的公平性、权威性和强制性意味着公民的基本权利来自国家意志且不可剥夺，机会公平使公民的人权有法可依；过程公平指在实行医疗保障制度的过程中有关部门遵从具体规章制度给予所有人同样的机会，同时分担可能出现的各种风险，而不论公民的性别、收入高低、职业地位等因素；结果公平是指公民医疗保障获得服务的结果具有公平性，并有权力机关进行制约监督以改善医疗保障的不公平现象。③

我们作为医疗保险法律制度核心价值的公平，是一个有机的系统和整体，在城乡居民医保整合中，大体可以包括筹资公平、支付公平和医疗服务利用公平和程序性公平四个部分：（1）筹资公平细化为水平公平和垂直公平，筹资的水平公平是指医疗保险法律中的参保居民无论收入、职业、性别、民族、性别、健康状况等因素是否相同，其实际缴纳的保费均相等；筹资的垂直公平是指筹资应是基于支付水平的累进性筹资，筹资随着收入增加而增加，收入较高的参保主体筹资比例较高，体现负担上的差别性。（2）支付公平细化为水平公平和垂直公平，支付的水平公平包括相同年龄水平和相同缴费水平的参保者医疗待遇给付水平基本相同，同一病种的医疗保险支付待遇基本相同；支付的垂直公平包括不同年龄水平的参保者应享有不同的医疗保险支付待遇水平，向更高年龄者倾斜，不同保费缴纳者享有相同的医保待遇起付线和封顶线等。医疗服务的利用公平主要是医疗服务可得性和可及性的公平。④

---

① 梁鸿，赵德余．中国基本医疗保险制度改革解析［J］．复旦学报：社会科学版，2007（1）：123-131.

② 仇雨临，黄国武．从三个公平的视角认识医疗保险城乡统筹［J］．中国卫生政策研究，2013（2）：4-7.

③ 牛玉堃，陈飞．论公平视域下城乡居民医疗保险制度的整合［J］．中国卫生产业，2017（17）：16-18.

④ 郭华．城乡居民基本医疗保险的公平性研究——以成都为例［M］．成都：西南财经大学出版社，2014：19.

（3）医疗服务利用公平细化为水平公平和垂直公平，水平公平是指相同医疗服务需求的人群提供相同的医疗卫生服务，垂直的公平是指具有不同医疗服务需求的人群提供不同的医疗卫生服务。（4）程序性公平是指城乡居民在医疗保险筹资、接受医疗保险服务、享受医保待遇、主张相关权利、权利救济的空间和时间上步骤和形式的相同性，主要是为了保障医疗保险权行使的过程公平。

普惠与公平是医疗保险制度的两大价值目标。在我国"全民医保"体制已经初步建立起来的情况下，城乡居民基本医疗保险制度的整合主要被赋予了实现医保制度"公平性"的历史使命，因此，应当坚持以社会正义作为城乡医保制度演进的核心理念，建构平等有序、权益共享的城乡一体化的医疗保险法律制度。

二、区别性原理——衍生价值

以社会正义为核心价值的城乡居民医疗保险服务的均等化，并非是一种无差异的平均化。实际上，对城乡居民基本医疗保险整合中的特殊情况加以特别对待，正是社会医疗保险法制对实质正义的追求，也是对社会正义理念的衍生和延伸。

在罗尔斯的名著《正义论》（*A Theory of Justice*）中，其对正义概括为两个原则：第一个原则，每个人对其他人所拥有的最广泛的基本自由体系相容的类似自由体系都应有一种平等的权利；第二个原则，社会的和经济的不平等应这样安排，使它们被合理地期望适合于每一个人的利益，并且依系于地位和职务向所有人开放。[①] 罗尔斯认为，第一个原则在适用上优先于第二个原则，任何一种实现社会和经济平等的主张应当使所有人的自由总量得到增加，否则这些主张都应当让位。罗尔斯期望社会制度达到一种事实上的平等，需要以不平等为前提，即对于社会中天然的弱者需要采用与普通者不一样的尺度加以对待，因为对于条件不同等的个体采用同一尺度必然造成实际上的差

---

① 罗尔斯. 正义论 [M]. 何怀宏，何保钢，廖申白，译. 北京：中国社会科学出版社，1988：60–61.

异。博登海默也认为，"根据罗尔斯提倡的'差异原则'，社会和经济不平等只有在有益社会地位低下者的情况下，才是正当的。"① 因此，要实现社会法律制度结构中的事实上的平等，需要打破形式上的平等。罗尔斯有关社会正义的认知所揭示出的"差别化"对待与社会本位的社会法所采用的倾斜保护原则异曲同工，即需要通过对社会中弱势群体的特别保护实现制度设计，最终满足实质意义上的社会正义，给予社会中最少受惠者最大化的利益。

新农合制度与城镇居民医疗保险一体化的改革，不仅仅是要实现罗尔斯《正义论》中有关正义的第一个原则，将广大农民并入整合的城乡居民医保体系，保证广大农民社会医疗福利的增益，更重要的是实现罗尔斯正义的第二个原则，对城乡基本医疗保险制度中特殊情形作特殊处理。医疗保险权利的有限性决定了城乡居民基本医保应定位于《社会保险法》所确立的"广覆盖、保基本"，给予所有城乡居民最基本的医疗保障，即"底线公平"，实现公民医保权利的一致性；同时，倾斜保护的理念也要求医疗保险的法制必须因地制宜，结合参保项目、参保人群、参保区域进行差别性设计，对学生、无收入的未成年人、老年人、极度贫困者等特殊群体制定区别性的处理规则。

整合城乡居民医保制度的过程中，区别性原理的适用主要表现在内部和外部两个方面：（1）在医保体系整合的内部，适度采用差异化策略，包括地区差异、群体差异、统筹模式差异等。全民采用统一标准的健康保险模式虽然是未来理想化的目标，但根据目前我国医保统筹层次的实际，《整合意见》提出的城乡医保制度原则上是以市级统筹为基础，这实际是考虑了不同区域之间的医保统筹基金发展不平衡而采取的差异处理；从各地实践来看，对参保对象中的特殊群体，如学生、老年人、困难群众等也采取了参保规则上的区别对待；从各地实际运行的整合方案来看，分档筹资、筹资与给付标准相挂钩的"一制多档"等不同的设计方式不仅能够体现权利义务的平衡，也能够体现投保人的主观投保意愿，实现个人不同医疗健康需求的满足。（2）从区别性原理的外部适用来看，在整合城乡居民医保体系的同时，要配合建立

---

① 博登海默.法理学法律哲学与法律方法［M］.邓正来，译.北京：中国政法大学出版社，2004：605.

和完善多层次的医疗保障制度，实现医疗保障权利的层次性搭配。在这个多层次的医疗保险体系中，居于核心位置的城乡基本医疗保险制度具有最强的广覆盖性，而位于底层的是针对贫困人群的医疗救助，位于最高层的是针对高收入人群的商业健康保险和补充医疗保险，满足不同收入阶层的就医需求。

　　城乡居民基本医保整合中的差别性原理的应用，其重要的社会功能在于弱化加剧的社会分层。社会分层是社会成员、社会群体因社会资源占有不同而产生的层化或差异现象。[1] 根据艾斯平—安德森福利主义的社会分层理论，不同类型的福利国家既有提供社会福利、促进社会平等的一面，同时它又是一个推进阶层化的机制。[2] 医保体制作为社会福利的一个核心内容，在追求平等化对待的基础上还要预防社会阶层固化的加剧。从社会分层理论的角度分析，城乡居民医保的整合一方面肯定了坚持城乡福利待遇均等化的改革思路，要改变传统的以城乡身份界限为导向的医保制度设计，以平等的人及其健康权作为整个医保制度改革的切入点，建立起真正意义上的"全面健保"；此外，这种制度变革也不能采用完全无差异的"一刀切"，那必将进一步加剧社会不平等。社会保障法律"必须承认社会成员之间不仅存在着阶层差异，而且存在着个体差异，他们对社会保障的需求并非是一致的，从而需要区别对待"。[3] 因此，整合城乡居民医保体系，必须要在坚持均等化的基础上进行一定的差异化处理来体现这种区别性，"通过对医疗保障的责任进行层次上的划分，进而在保障的水平和内容上体现出'有差异性的公平'，为多种制度并存产生的客观差异寻找一个合理的边界"[4]。

三、互助共济——社会连带主义

　　社会连带理论最初由法国社会学家杜尔凯姆提出，经由法国法社会学家

---

　　① 李强. 社会分层十讲［M］. 第二版. 北京：社会科学文献出版社，2011：1.
　　② 顾海，李佳佳. 中国城镇化进程中统筹城乡医疗保障制度研究：模式选择与效应评估［M］. 北京：中国劳动社会保障出版社，2013：40.
　　③ 郑功成. 社会保障学——理论、制度、实践与思辨［M］. 北京：商务印书馆，2012：382.
　　④ 严妮，胡瑞宁. 全民医保：基于城乡居民医保整合背景下的制度反思［J］. 社会保障研究，2017（3）：40－47.

狄骥（Léon Duguit）系统化后引入法学领域，创立社会连带主义法学。狄骥为代表的社会连带主义法学以社会连带关系的研究为基石。该学派认为，社会连带关系并不是行为规则，它是一个事实，一切人类社会的基本事实，① 社会连带关系是一切社会规范的基础。狄骥把社会连带关系分为两种：一种是求同的相互关联性，建立在"相似性"基础之上，即人们有共同需要，只能通过共同生活以满足这种需要；另一种是分工的相互关联性，建立在"劳动分工"基础之上，即人们有不同的能力和需要，必须通过相互交换服务以满足这些需要。狄骥认为，社会规范分三种，即经济规范、道德规范和法律规范。而法律规范构成了社会规范的最高部分，成为客观法或法律规则。客观法或法律规则与其他规范一样来自社会相互关联性，其个体性与社会性、持久性与一般性均在于相似性的联系或劳动分工的联系。

社会连带主义法学思想是社会保障法形成的思想源流之一，也是以基本医疗保险制度为代表的社会保险法律制度形成的理论基础，其核心思想是互助共济。社会保障法的方法论基础是"社会互助是保障人类生存与发展的最有效方法，社会互助需要强制性规则约束"②。在医疗关系中，之所以需要人与人之间的互助共济，首先在于面对来自疾病的风险，人们需要相互依存，存在着一种"求同的关联性"。疾病风险的高发性、高负担性、严重性都直接威胁着个体的生存，若想生存下去单独依靠自身的力量是无法完成的，只有相互合作，通过相互的扶助来抵御疾病风险，增加自己生存的能力，改善自身的处境。正是这种需要的共同性决定了人与人的互助共济，这也是狄骥所说的"连带关系是一切人类社会的基本事实"的原因。其次，社会连带关系会产生人们团结一致的机制。通过相互之间的协同和帮助建立起来的团结一致的机制需要每个人在共同体内履行各自的义务，有序地保障协同机制的运行，因为协同机制的良好运行是所有人共同的利益所在。也即，"在连带关系中，一个人的不幸影响所有的人，一个人的幸福使所有的人受惠。"③

---

① 沈宗灵. 现代西方法理学 ［M］. 北京：北京大学出版社，1992：252.
② 刘诚. 社会理性与社会保障法 ［J］. 广西社会科学，2003（10）：90 – 92.
③ 沈宗灵. 现代西方法理学 ［M］. 北京：北京大学出版社，1992：252.

在连带主义法学思想下形成的医疗保险法律制度全面贯彻了互助共济的理念，它通过多方负担原则构建起基本医疗保险基金，根据参保主体的医疗所需进行医疗保险待遇的给付，以共同抵御不可知的疾病风险。从医疗保险法律制度发展的进程来看，这种参保人之间的社会连带呈现出日益扩大化的趋势，逐步覆盖全体国民。因为疾病风险是人类共同面对的社会灾难，其本身就具有社会性的特征。它不仅直接带来个体经济上的损失和对个体健康的损害，有的疾病风险还会危及他人和整个社会的安全和秩序。从社会风险控制的角度，医疗保险应当建立在一个人口基数最大化的基础之上，以提高系统抵抗风险的能力。城乡基本医疗保险的整合，也需要按照社会连带主义的思想进行，一方面要强调所有参保个体的缴费义务，形成互助共济的医保基金，另一方面要不断优化支付制度的改革，改善医保基金收入和支出之间的平衡，确保"物尽其用"。城乡基本医保的整合不应仅仅是扩大覆盖人群，简单地实现横向的社会连带，还应坚持纵向社会连带的思想，通过商业保险机构等社会组织作为中介实现间接互助。"以社会组织为中介的连带扩大了社会成员团结互助的范围，即，使更大范围内的人们在生活保障的目标下团结了起来；规模性也使成员间的合作获得了可靠的依托。"① 社会组织作为参与中介进入"互助共济"系统，不仅是社会成员之间社会连带的需要，也是医疗保险社会化的基本要求。

社会连带主义法学解释了国家的法律建立在真实的社会生活之上的事实，也深刻洞悉了社会连带的最高社会规范应当是法律规范。"在社会连带学说之下的法律最高原则，是由于社会结合所产生的社会互赖。国家及人民都应该服从于以社会互赖为基础的法律原则。"② 因此，城乡基本医疗保险的制度整合，从走向上应最终走向法律制度的统合，应坚持社会连带主义法学"互助共济"的基本思想，对城乡居民基本医疗保险的风险分担机制进行再平衡。

---

① 董溯战.论作为社会保障法基础的社会连带［J］.现代法学，2007（1）：76–83.

② 黄维幸，涂尔干：提倡社会结合的理论大家.高鸿钧.马剑银.社会理论之法：解析与评析［M］.北京：清华大学出版社，2006：130–131.

第三节　城乡居民基本医疗保险整合实践的法学思考

在《整合意见》的强力推动下，经过 5 年的实践，目前绝大多数地区已经完成了城乡居民基本医保的整合工作，"六个统一"的政策目标已经基本实现，城乡统一的全民保体系已经初步建立并持续健康发展。根据统计数据，截至 2018 年底，城乡居民基本医保覆盖了 13.5 亿人，大病保险覆盖了 10.5 亿人，[①] 广大城乡居民在更公平的基础上平等享有医疗保险权利，缩小了城乡医保待遇差距，医疗保险的服务更加规范化，医疗资源的配置也趋向高效。

然而，整合的过程中也暴露出许多需要进一步审慎思考的问题。从目前城乡居民医保整合的实践来看，虽然在整体上实现了区域性的统一，在具体的制度要素方面呈现出了多样化的特征，这些多样化的制度要素在各地区以不同形式进行结合，形成了错综复杂的制度模式。"如此多元化的政策设计，明显不利于未来进一步推动三保合一、省级统筹乃至全国范围内的全民医疗保险制度整合。"[②] 因此，从全国统筹安排的角度来看，整合初步完成之后未来的整体路径，应当是继续深化整合制度改革，重点解决体制结构性变革产生的差异化加大的问题，逐步形成整合要素的统一。

一、关于管理机构的统一

有学者认为，有关城乡居民医保整合方面存在争议的核心问题是究竟将整合之后的城乡医保划归哪个部门统一管理。[③] 城镇居民医保与新型农村合作医疗本属于两个不同的体制，由人力资源社会保障部门和卫生部门分别独立管理。在进行制度整合的情况下，必然涉及部门利益归属上的矛盾。解决该问题，则需要一个相对独立且地位超然的机构。2018 年 5 月国务院机构改革

---

① 崔元苑．国家发改委：截至 2018 年底，城乡居民基本医保覆盖 13.5 亿人 [EB/OL]．(2019－05－07)［2020－05－02］health. people. com. cn/n1/2019/0507/c14739－31071234. html.

② 王超群．城乡居民基本医疗保险制度整合：基于 28 个省的政策比较 [J]．东岳论丛，2018 (11)：83－93.

③ 金维刚．城乡居民医保整合及其发展趋势 [J]．中国医疗保险，2016 (3)：35－38.

中成立的国家医疗保障局综合了原卫生行政部门对新农合和原社会保障行政部门对城镇居民医保的管理职能，应当是未来城乡居民医保管理机构的当然选择，这也解决了城乡居民基本医保整合中一个重要的制度性前提。未来国家医疗保障局应尽快进行行政化的垂直设立，履行城乡居民医保整合改革的管理职责，逐步建立全国统一的城乡居民医保信息平台，为下一阶段的整合工作奠定基础。

二、关于缴费模式改革

缴费模式问题可以说是城乡医保整合中的核心问题之一。作为过渡性的做法，很多地区采用了"一制多档"的缴费模式，其产生的直接结果是高缴费高待遇、低缴费低待遇。该模式"虽然适应城乡居民的缴费能力差别和医疗需求，但却没有实现真正公平"①。"一制多档"不仅带来公平性欠佳的问题，而且极易引发逆向选择问题，即老年人或者身体状况不好的参保者反而会选择高档次缴费来享有更多的医疗资源，进而带来医疗资源配置上新的不公平。而上海规定按照年龄划分档次，对较高年龄者进行高缴费，正是一种利益平衡的做法。因此，在条件具备的情况下，应尽快推动建立单一缴费标准的改革。此外，现有的缴费基准基本采用的均是定额制，这与城镇职工医保所采用的与收入挂钩的缴费制度差异较大，需要逐步探索建立个人缴费标准与城乡居民收入相挂钩的动态调整机制。

三、关于待遇保障问题

除了配合"一制多档"的缴费制改革，优化医保待遇的给付方式之外，城乡居民医保的整合还面临着其他深层次的问题：（1）医保目录整合方面的差异，反映到现实中就是医保给付待遇的差异。过去城镇居民医保与新农合医保目录的主要差异在于药品目录，诊疗服务目录和医疗服务设施目录差异

---

① 仇雨临，吴伟．城乡医疗保险制度整合发展：现状、问题与展望［J］．东岳论丛，2016（10）：30－36．

并不大。① 目前实施整合措施的地区，不少还没有实现省一级的城乡医保目录的完全统一，这的确严重影响了城乡居民医保给付待遇的不平等，是后续整合工作需要重点改进的地方。（2）统筹层次不同的问题也极大地影响了医保待遇的不均衡。首先由于新农合主要采用的是县级统筹层次，按照"筹资就低不就高，待遇就高不就低，目录就宽不就窄"的原则，提升统筹层次后会直接拉升给付待遇，造成统筹基金的支付压力；其次统筹层次的不同会严重影响医保基金调剂余缺的功能发挥，造成地方财政负担过重。因此，市级统筹向省级统筹过渡是一个需要因地制宜、量力而行的过程。（3）从制度上看，医保待遇的保障水平直接取决于医疗服务的价格，这也是城乡居民基本医保整合需要医保体制改革、卫生体制改革和药品流通体制改革"三医联动"的主要原因。有学者认为，付费制度是医改的核心，要实现医保机构的角色从"被动的埋单者"转型为"主动的团购者"，必须以多元付费方式的组合代替按项目付费的主导，促使医疗服务提供方展开良性的市场竞争。② 应当说，城乡医保整合中统一城乡居民医保定点机构管理办法，强化定点服务协议管理还不足以满足整合改革自身所产生的社会化需求，整合改革的深入推进需要卫生体制和药品流通体制改革的配套实施，形成制度的系统性、整体性、协同性，透过价格机制的传导降低医疗服务费用，提高城乡居民的医疗保障待遇。

四、参保主体的问题

在参保主体方面，目前主要存在两个问题：（1）参保单元问题。由于《整合意见》并未明确规定城乡居民医保的参保单元，各地区在整合实践中呈现出以家庭为单位参保和以居民个人为单位参保的两种模式，但以家庭为缴费单位的地区占据了主流。在过去的体制模式中，新农合采用以家庭为单位参保，城镇居民医疗保险也主要是以家庭为单位参保，整合后的城乡居民医

---

① 王超群. 城乡居民基本医疗保险制度整合：基于 28 个省的政策比较 [J]. 东岳论丛，2018 (11)：83 - 93.

② 顾昕. 医保付费改革是医改核心 [N]. 华夏时报，2012 - 03 - 26.

保以家庭为参保单元，具有制度转换的便捷性，应当是改革成本最小的选择。根据 2019 年国家医疗保障局、财政部《关于做好 2019 年城乡居民基本医疗保障工作的通知》中规定，"实行个人（家庭）账户的，应于 2020 年底前取消，向门诊统筹平稳过渡；已取消个人（家庭）账户的，不得恢复或变相设置"。城乡医保中个人账户的取消，也为统一以家庭为单元进行参保创造了条件。关于参保单元问题，我国有学者认为，家庭而非个人才是应对医疗费用风险的最小单元，家庭联保能够有效降低城镇家庭的医疗费用风险，解决城镇家庭的医疗费用后顾之忧，有助于我国城镇化的推进，有助于职工医疗保险和城乡居民医疗保险制度因筹资水平日趋接近而实现自然融合。[①] 因此，在未来的整合改革中，应进一步明确以居民家庭、学生学校为单位的参保单元。
（2）关于参保主体的认定标准问题。由于《整合意见》中并未明确规定参保主体的认定标准，由各地自行确定，在实践中也产生了两种典型性的标准。其中上海、浙江、重庆、广东等地明确规定了"本地户籍"的参保认定标准，而多数省份则规定了"除职工基本医疗保险应参保人员以外的其他所有城乡居民"标准。参保主体认定标准的差异化反映了地方政府的利益保护问题，本质上是城乡医保整合的区域化与统一化的矛盾。由于城乡居民医保基金的主要来源是地方财政，基于本地居民福利化的考虑，地方政府在城乡医保整合政策的制定中具有制度上天然的排他性。因此，在未来的整合改革中，需要由中央政府明确以"居住地"作为参保主体认定的唯一标准，以解决政策口径不一致而导致的限制劳动力自然流动和医保关系异地转移接续困难的难题。我国也有学者提出，应"以居住证为主，以职别为辅"确定参保人的范围和类别，即以"居住证"为标准界分参保者参加基本医保的"统筹单位"；以职别区分正式从业者、非正式从业者、无从业者等参保人类别。[②]

---

① 王超群，李珍. 中国医疗保险个人账户的制度性缺陷与改革路径 [J]. 华中农业大学学报：社会科学版，2019（2）：27 – 37.
② 孙淑云. 我国城乡基本医保的立法路径与整合逻辑 [J]. 河北大学学报：哲学社会科学版，2015（2）：116 – 122.

五、城乡居民医保与城镇职工医保的转换机制问题

虽然《整合意见》规定，农民工和灵活就业人员依法参加职工基本医疗保险，有困难的可按照当地规定参加城乡居民医保，但是并未明确两大社会保险的衔接问题。然而，城乡居民医保和城镇职工医保之间的转换是未来实施区域性统一医保制度的"接口"，枢纽型转换机制的欠缺会成为未来两保并轨的巨大障碍。因此，下一步的整合改革应逐步建立和完善转换机制，可通过"制定缴费年限折算办法，或是允许居民满足一定条件后可以选择参加职工保险"① 的方式对现行制度进行优化。

六、整合改革的法治化问题

如前所述，在城乡居民医保一体化的道路中强调立法先行、强化法治的保障，已经成为学者们的普遍共识。但是在实践中，地方政府在推进城乡医保整合改革的进程中，法治化的程度并不高。从目前地方政府实施城乡居民医保整合的情况来看，主要是通过法律形式的地方政府规章和政策形式的规范性文件进行推进。采用地方政府规章的地方主要以"办法""管理办法""暂行办法""实施办法"等形式发布，如《上海市城乡居民基本医疗保险办法》《深圳市社会医疗保险办法》《广州市城乡居民社会医疗保险办法》《中山市基本医疗保险办法》《河北省医疗保障基金监管办法》《河南省城乡居民基本医疗保险实施办法（试行）》《重庆市城乡居民大病医保暂行办法》《成都市城乡居民基本医疗保险暂行办法》《北京市城乡居民基本医疗保险办法》《安徽省城乡居民基本医疗保险实施办法》《海南省城乡居民基本医疗保险暂行办法》等；采用地方政府规范性文件的地区多以"实施意见""实施方案"等形式发布，如《河北省人民政府关于整合城乡居民基本医疗保险制度的实施意见》、《江苏省政府关于整合城乡居民基本医疗保险制度的实施意见》、《西安市整合城乡居民基本医疗保险制度实施方案》、湖北省《人民政府关于

---

① 王琬. 城乡医保制度整合研究：基于地方经验的考察 [J]. 学术交流，2018（1）：84－90.

城乡居民基本医疗保险制度的实施意见》等。有的地区则采用地方政府规章和政府规范性文件相结合的方式，如河南、安徽等地方政府。应当认识到，与政府部门规范性文件相比，以地方政府规章的形式发布本地城乡居民医保整合的制度性内容，更具有权威性、稳定性和公信力。在未来的整合改革中，应鼓励地方人民政府（尤其是省级人民政府）更多地采用法律文件的形式推进本地的城乡居民医保整合。2019年12月11日，天津市人大常委会表决通过了《天津市基本医疗保险条例》，自2020年3月1日起施行。这是我国首部省级层面涵盖职工基本医疗保险和城乡居民基本医疗保险的地方性法规，为未来城乡医疗保险一体化的法治保障进行了有益的探索和尝试。

综上分析，在以政策化手段推进的全国城乡居民医疗保险的整合实践中，并未完全解决整合所必需的制度性前提问题，从中央到地方的整合实践也普遍存在着法治化保障较弱的问题。理论上，社会整合存在文化整合、规范整合、信息整合、功能整合四大类型。法律的社会整合，是社会最重要的规范整合方式。法律整合是指"通过权利义务的方式来规范人们的行为，调整人民之间的利益关系的社会整合方式"①。法律整合具有有机整合的特点，能够最大化地实现医保整合的定性筛选、协调平衡和分配传承的功能；法律整合具有强制整合的特点，能够以权利和义务作为实施手段解决医保整合中强制参保这一基础性问题；法律整合还具有综合性整合的特点，能够有效统筹处理城乡居民医保整合带来的经济、政治和公共事业服务等一系列复杂问题。因此，城乡居民基本医疗保险整合的最优路径和最终路径应当是法律整合。

---

① 李瑜青等. 法律社会学导论［M］. 上海：上海大学出版社，2004：174.

第五章 城乡居民基本医疗保险整合中的利益平衡

第一节 社会医疗保险法的法益

一、法律视野中的"利益"

法益，即法律所保护的利益。在法理学的逻辑中，权利是利益的法律表现形式，利益就是基于一定社会基础而获得的社会内容和特性的需要，它反映和体现着人与人之间的社会关系。美国法社会学家罗斯科·庞德（Roscoe Pound）认为，利益，也就是人类社会中的个人提出的请求、需求或者需要。[①]利益法学派的代表德国法学家耶林（Rudolph von Jhering）在对概念法学的批评中，最早提出了"权利的基础是利益"的观点，并深刻影响了之后的权利义务理论。耶林透视了权利背后的利益基础，认为"权利来源于利益要求，权利乃法律所承认和保障的利益"[②]。

在耶林学术观点的基础上，庞德后续发展了利益法学派，他认为法律并不创造任何利益，法律的根本任务或者作用就在于承认、确定、实现和保障利益。实现这一任务的方式，一是承认个人的、公共的、社会的利益；二是确定应予承认的利益，并通过司法和行政活动加以实现；三是力求保障在划

---

① 庞德. 法理学：第三卷 [M]. 廖德宇，译. 北京：法律出版社，2007：18.

② 张文显. 法哲学范畴研究 [M]. 修订版. 北京：中国政法大学出版社，2001：203.

定范围内所承认的利益。① 庞德对利益进行了经典的分类，将利益划分为个人利益、公共利益和社会利益。在这种分类中，个人利益是那些直接涉及个人生活和从个人生活立场看待的请求、需求和欲望，包括人格利益、家庭关系利益和物质利益；公共利益是一种社会集团以政治社会的名义提出的，事关社会维持、社会活动和社会功能的请求和需求，庞德进而将公共利益限定为国家利益，划分为国家作为法人的利益和国家作为社会利益捍卫者的利益；社会利益是"即以文明社会中社会生活的名义提出的使每个人的自由都能获得保障的主张或要求"②，社会利益包括一般安全利益、社会组织安全利益、一般道德的利益、保护社会资源的利益等内容。

利益法学认为，利益具有主观性和客观性双重属性。利益的主观性对利益主体而言，它是利益的本质属性，是作为评价对象的利益。利益本质上是一种有利性，其判断主体只能是利益主体。对于利益主观性的认可，就是承认人的主观性，认可人的需求的多样性，是对利益主体人格尊严的尊重，这也是法律对利益进行调整的前提。"利益首先表现为主观的事实性利益，即特定主体与特定客体之间的实在联系性。"③ 利益具有的主观性必然带来非理性的特征。非理性下的行为人会越过边界，损及他人的自由与利益，进而形成利益冲突，这就为法律规范的形成提供了基础。利益的客观性体现在利益的社会性上。对于多数人来说的利益，可能对特定人来说则是"不利益"，利益的客观性使利益在一定程度上可以和主体感受分离。当代社会是人与人相互合作的社会，个人的欲望和主张不可能无限度地扩大，社会大多数人的一般性认知能够提供对于利益的标准性判断，也能够对个体的利益进行限制，因此利益的客观性是作为利益主观性的评价标准和限制标准存在的。"利益必须是能够满足社会成员生存、发展需要的客体对象。如果不能满足生活成员生

---

① 鄂振辉，等. 西方法律思想史 [M]. 北京：华夏出版社，2002：234.

② 庞德. 通过法律的社会控制、法律的任务 [M]. 沈宗灵，译. 北京：商务印书馆，1984：41.

③ 沃尔夫，巴霍夫，施托贝尔. 行政法：第一卷 [M]. 高家伟，译. 北京：商务印书馆，2002：325.

存、发展的需要，就不可能成为利益。"① 因此，利益的主观性和客观性是两个不同的范畴，前者的基础在于个体的多样性，后者的基础在于社会存在和社会需求。利益的主观性和客观性的双重属性决定了它们之间并不能相互否认和取消，对于利益主观性的承认是对个体尊重的必要，对利益客观性的承认是社会公平正义的需要。在利益冲突发生之时，作为对利益进行保护的规范，法律首先就需要界定优先保护的利益，限定个体自由的界限。"利益的客观性，确立了法律的评价标准；利益的主观性，确立了法律边界的考量界限。"②

二、社会法中利益冲突的解决

利益差别是利益冲突的原因。"利益冲突是利益主体基于利益差别和利益矛盾而产生的利益纠纷和利益争夺。"③ 利益的主观性和客观性特点决定了在现代社会中，利益的冲突几乎是无法避免的。而在诸多利益类型中，个人利益与社会利益之间的冲突是最突出和最显著的。

从法律秩序演进的过程来看，19 世纪以来的世界法律从过去强调对个体自由的保护逐步向更加强调社会合作、保护社会利益演进。而我国的法律也从不断的"公法私法化"的进程中，拓展社会存在的法律空间。可以说，以社会利益为本位的社会法，通过社会调节机制追求社会利益的最大化以及社会安全对现有法律体系的冲击和挑战，是进入 21 世纪后我国法律结构中最大的变化。"社会法使人们清楚地认识到个人的社会差异性和他们的社会强势与弱势地位，并由此首先通过法律照顾弱势群体，使对社会弱势群体的救济和社会超强群体的限制等成为可能。"④ 社会法以社会利益为本位，通过包括社会保障措施在内的社会协调机制维护社会安全，增进人类社会的共同福祉，促进社会的均衡发展，增强人类社会的合作协调能力。然而，社会利益的冲

---

① 张明楷. 法益初探 [M]. 北京：中国政法大学出版社，2003：169.
② 向春华. 社会保险法原理 [M]. 北京：中国检察出版社，2011：123.
③ 赵镇江. 法律社会学 [M]. 北京：北京大学出版社，1998：250.
④ 拉德布鲁赫. 法哲学 [M]. 王朴，译. 北京：法律出版社，2005：129.

突也是随着社会法的勃兴而产生的问题。"当前我国社会利益冲突的特殊性在于利益主体的多元化和逐利行为的多样性，以及满足主体需要的社会资源和财富的稀缺性和有限性，造成了当前我国社会利益冲突的不可避免性。"①

从社会利益与个人利益之间的关系来分析，社会利益与个人利益之间并不具有冲突的天然性和必然性，两者是密不可分、相互影响的。社会利益在本性上是一种个人利益，即社会利益归根结底是个人利益，而且社会法对于社会利益的追求本身就是对个人利益实现的促进。"社会本位同时看到了人格的抽象平等和具体不平等，关注社会利益，并在协调好个人利益与社会利益的基础上，最大限度地保障弱势群体利益进而实现对个体利益的推动。"② 因此，在社会法中，社会利益最终会表现为个人利益，其与个人利益本质上是一致的。每个个体在个人利益的追求中促进了社会利益的形成，而社会利益也不可能完全无视个人利益，限制个体的利益的诉求。法律的目的是平衡个人利益和社会利益，实现利己主义和利他主义的结合，从而建立起个人与社会的伙伴关系。③

虽然具有利益趋向的一致性，但个人利益与社会利益在现实中的冲突也是客观事实。在利益发生冲突时，对矛盾化解的最佳方式就是建立起一种社会调处机制，而法律无疑是所有调处机制中最重要和最有效的一个。"法律的主要作用之一就是调整及调和上述种种冲突的利益，无论是个人利益还是社会利益。"④ 法律对利益进行的调整首先要进行利益衡量，即对利益进行判断和评价，确定保护的利益重点。而在社会法中，社会利益本位决定了其应当将社会的整体安全作为基本着眼点，而倾斜保护的原理决定了它应当通过"倾斜立法"实行对弱势群体的优先保护，因为社会法本身就是社会利益整合的结果。法律调整的另一个功能就是利益的协调和平衡，在对利益冲突进行权衡和评价的基础上，法律应通过权利义务关系的再安排对冲突的利益进行

① 陆平辉. 论现阶段我国社会利益冲突的法律控制 [J]. 政治与法律，2003 (2)：21－27.
② 董保华. 社会保障的法学观 [M]. 北京：北京大学出版社，2005：37.
③ 张文显. 二十世纪西方法哲学思潮研究 [M]. 北京：法律出版社，2006：108.
④ 博登海默. 法理学法律哲学与法律方法 [M]. 邓正来，译. 北京：中国政法大学出版社，2004：413.

调和,"法律的利益平衡功能表现在对于各种利益的重要性作出估量,并为协调利益冲突提供标准和方法,从而使利益得以重整。"① 在社会法中,这种法律对利益的重整,是通过赋权上的变化对社会安全机制进行调整、对国民收入进行再分配和对福利制度进行改进来完成的。

简而言之,社会法对于利益冲突的解决,是遵循"冲突—衡量—平衡"的法律调整方向进行的,其最终的法益指向是个人利益与社会利益的统一。

三、社会医疗保险法的法益分析

社会保障法作为典型的社会法,其所保障的核心利益是被保障人基本生活维持与延续的利益。作为一种基本人权,我国《宪法》将社会保障权作为公民的基本权利加以保护,同时在社会法上,社会保障权也是一种社会权,而公民在社会保险法下所享有的医疗保险权,是社会保障权子权利社会保险权的类型之一。社会保险法所保护的是公民基本生活的利益,对公民基本生活中因遭遇疾病、年老、失业、工伤、生育等社会风险导致的经济损失进行补偿,因此这种基本生活利益主要体现为经济利益。而社会医疗保险法保障的是公民面对疾病风险时的医疗利益,这种医疗利益即包括主张医疗待遇补偿的利益和身体康健的利益,其指向既包括经济利益,也包括健康利益,但以前者为主。社会医疗保险法对于公民遭遇疾病风险时经济利益和健康利益的保护,体现了社会保险法基本生活保障的立法宗旨,同时这种基本生活保障也使公民的基本生活便利性得到提升,是对公民人格尊严和独立的尊重,对促进人的全面发展具有制度化的功能。

在社会医疗保险法律关系中,医疗保险待遇的行政给付行为是权利义务指向的对象,也是医疗保险法律规范的重点。因此,医疗保险法中的医疗行政给付,是社会医疗保险法所保障的最重要的利益。医疗行政给付的受益者,是医疗保险法中的受益主体,相应地,给予给付的主体,是医疗保险法中的授益主体。社会医疗保险法中的受益主体即医疗保险的被保险人,其所享有

---

① 董保华. 社会保障的法学观 [M]. 北京:北京大学出版社,2005:59.

的利益具有统一性和分散性结合的特点，从利益的客观性来看，这种利益体现为全体国民的医疗利益，从利益的主观性来看，这种利益又体现为个体有差异的医疗利益；社会医疗保险法中的受益主体还具有开放性的特点，随着医疗保险制度不断的社会化，其涵盖范围不断扩大，每一个公民均应纳入其中；医疗保险法中受益主体还具有平等性的特点，应享有医疗保险法下同样的法益，不应随职业、居住地点等变化而导致权益的不一致。在社会医疗保险关系中，授益主体主要是政府，其通过自身和具有授权关系的医疗保险的经办机构承担了医疗保险法下的义务。

另外，从医疗保险关系的参与方来看，还包括雇主、医疗机构（包括药店）、社会中介组织、商业机构（保险公司）等主体，这些主体参与了医疗保险活动，在医疗保险关系中均有各自的利益所在，但是他们在医疗保险关系的利益所在均不是医疗保险法所保护的法益。社会医疗保险法对于公民医疗利益的保护的侧重决定了它应当以被保险人（受益人）利益最大化为原则，对医疗保险关系中其他参与方的利益进行合理化的限制。

社会医疗保险法保护的法益，体现了对于全体国民健康权的保障，使社会医疗保险法成为我国社会安全法律体系中不可或缺的一部分。但医疗利益客观性的存在不可能使所有被保险人有差异的个体医疗利益均得到满足。面对全体国民的健康安全和参保个体差异化诉求之间的矛盾，社会医疗保险法的利益调整应秉承社会正义的理念，坚持社会法"倾斜保护"的基本原则，妥善处理医疗保险关系中各个群体之间的利益冲突。

第二节　城乡居民基本医保整合中利益冲突的调整思路

一、城乡居民医保的整合应以社会利益的保障为核心

自 2016 年 1 月国务院颁布《整合意见》，城乡居民基本医疗保险的整合工作迅速在全国各地推进。从法律渊源上，《整合意见》是作为《社会保险法》的配套改革规定推出的。城乡居民基本医疗保险的整合，是对新型农村

合作医疗制度和城镇居民医疗保险制度的制度整合，也涉及对《社会保险法》所确立的我国三元化基本医疗保险体制的巨大改变，因此是对现有医疗保险法律体系的重新洗牌。

社会医疗保险作为我国社会保障法的重要组成部分，应始终坚持以"社会利益"为本位。"社会本位是公权力与私权利的交汇，其中私权利是基础，公权力是保障和制约。"① 城乡居民基本医保的整合，一方面坚持了《社会保险法》"广覆盖、保基本"的基本原则，立足于最广大人民的生存权和健康权，以建立普遍公平的医保体系为目标；另一方面也在于不断调和旧有"碎片化"医疗体制形成的农村居民与城镇居民之间医疗保障权不平等而导致的利益冲突，其本身就是对旧有法律体制的打破与重塑。

医疗保险法本身就是把原本理应由个人所承担的"疾病"责任，上升到社会利益的高度，由国家和社会予以帮助。社会居民医疗权的保障，关乎居民的基本生活利益。"因病致贫""因病返贫"现象的出现，无一不是对社会居民基本生活利益的损害。"基本生活利益的满足，不仅是维护个人作为人之独立生存主体的必要保障，有利于实现人的自由与自立，亦有利于维护社会保障、促进社会和谐，推进国家的可持续发展，因而也是莫大的公共利益。"② 城乡居民基本医保的整合，实际上是在社会保险法框架下的一种整合，从利益表达的角度，就是要去调节医疗资源分配不均而导致的多元利益主体的利益失衡状态，以实现医疗服务公平的普惠制。"法律的利益平衡功能表现为，对各种利益重要性作出估价或衡量，以及为利益协调提供标准。"③ 因此，城乡居民基本医保的整合，应始终坚持社会本位，以社会利益的保障为中心，评估医保体系整合过程中参保人群不同利益主体的理性需求，以制定平衡各方利益主张的合理化规则与方案。

二、城乡居民医保的整合中利益冲突的解决思路

我国城乡居民基本医保的整合，其主要动因在于通过改革修复长期以来

① 董保华. 社会保障的法学观［M］. 北京：北京大学出版社，2005：43.
② 向春华. 社会保险法原理［M］. 北京：中国检察出版社，2011：169.
③ 付子党. 对利益问题的法律解释［J］. 法学家，2001（2）：32.

被割裂的医保体系。新农村合作医疗体制与城镇居民医保体制的长期并存，使城乡居民健康权的公平性备受质疑。两套体系的分别运行，浪费了大量的医疗资源，同时造成城乡经济社会发展的严重不均衡，破坏了中国社会的公平性基础。因此，"公平是城乡医疗保障制度整合的核心理念"①。通过《整合意见》的顶层设计，基本目标就是要建立一体化的城乡居民医保制度，为其未来与城镇职工医保体系进行对接，进而建立起统一的全民健康保险的目标夯实基础。作为对这种目标的回应，从筹资制度来看，"一制一档"制度应当是最理想化的标准。与"一制多档"相比，"一制一档"城乡居民医保更符合医疗服务均等化的要求。② 然而，"一制一档"的缴费方式及其对应的统一待遇给付模式虽然在形式上实现了城乡居民医疗服务的"均等化"，但其运行却存在一定程度制度上的难题。其一，由于目前的城乡居民医保是以个人缴费和政府补贴相结合的筹资模式，个人缴费部分很难超过总筹资额度的25％。与城镇职工医保采用个人账户与统筹账户结合的方式不同，城乡居民医保全部采用的是统筹账户模式，切断了与参保人员收入之间的联系。除非大幅度提高个人缴费额度，否则医保基金的支出将日益剧增，长期维持高位的支出会严重影响主要依靠财政补贴的医保基金的运行效率，既不符合社会保障法的"保障水平与经济发展相适应"原则，也不符合社保基金"收支平衡"的基本要求。其二，由于新农合和城镇居民医保两个系统的长期运行，造成了两个制度在筹资标准、统筹待遇、基金模式主要方面的差异非常明显。虽然整合措施打破了城乡居民之间的身份差异，实现了医保目录的统一和管理机构的统一，但既往形成的路径依赖依然存在。如果全部采用"一刀切"的筹资模式与统筹待遇标准，看似实现了形式平等，但在目前城乡医疗资源严重不均衡的条件下，统筹层次仍维持在县级统筹，跨区域的异地就医结算尚未真正搭建起来。形式意义上的平等虽然能够带来体系化的简单均等，却

---

① 仇雨临，王昭茜. 城乡居民基本医疗保险制度整合发展评析［J］. 中国医疗保险，2018（2）：16－20.

② 易沛，张伟. 城乡居民医保制度整合标准的可持续性研究基于"一制一档"与"一制多档"的比较［J］. 公共管理学报，2018（4）：80－90.

会必然造成实质意义上的不平等，弱化了保险基金"互助共济"的功能，产生新的利益不均衡冲突。

"一制多档"的模式，目前来看是适应我国现阶段经济社会发展的一种合理安排。它既统合了城乡居民的医保体制，又在统一的城乡医保体制内作差异化处理，是过渡阶段的一种制度性平衡。但是，"一制多档"作为过渡方案的使用，必然造成不同受益主体利益分配上的不均衡，造成受益主体与义务主体之间权利义务配比的不均衡。因此，城乡居民基本医保的整合主要需要解决的，就是要在统一的城乡医保制度框架内，最大程度调和相关利益主体的利益冲突，寻求制度上的最大公约数，以实现普遍性和差异性的统一。城乡居民基本医保整合中利益调整的基本思路，应当贯彻社会保障法"普遍性和区别性竞合"的原则，在赋予全体城乡居民医疗保障权的同时，"按城乡不同经济水平和生活水平，确定不同类型成员的保障标准"[1]。

第三节　整合过程中农村居民与城镇居民的利益平衡

统一的城乡居民基本医保制度是由新农合医疗制度与城镇居民医保制度整合而来的，原有的两个医保制度分别涵盖农村居民和城镇居民，且在缴费模式、统筹待遇方面存在巨大差异。如何在整合后的制度中使农村居民与城镇居民享有相对公平的医疗保障权，是整合的关键。

一、不同缴费和待遇模式下的利益失衡

（一）"一制一档"模式下的分析

从目前城镇居民医保整合的基本方向上看，在缴费方式上，选择"一制一档"的地区基本采用的是原新农合缴费标准向原城镇居民缴费标准靠拢的做法，以提高个人缴费部分的缴纳额度。但是，这种做法在实践中产生了很

---

[1] 张京萍. 社会保障法教程［M］. 第三版. 北京：首都经济贸易大学出版社，2011：54.

多问题。首先，个人缴费额度的逐年攀升，严重抑制了农村居民参保的积极性。"城乡居民医保整合后医保基金筹资水平急剧增长，但农村居民纯收入增长速度远低于筹资标准，快速增长的筹资标准可能给农村居民带来一定的缴费压力。"① 调研发现，从河南省郑州市、平顶山市、南阳市等地的农村居民的情况看，部分经办机构人员与农村居民均反映每年提高的个人缴费部分已经影响到了农村参保居民的缴费意愿。可以说，统一标准的整合，更多地适应了城市居民的就医需求，但对于原本就收入较低的农村居民来说，面对激励措施的变弱和缴费压力的增加，一定程度上会"用脚投票"，作出拒绝参保的逆向选择。其次，"一制一档"采用的所有参保对象缴费与统筹待遇标准统一的方式，极易导致农村医保统筹资金倒贴城市的现象出现。从既有研究数据的分析可以看出，虽然农村居民的缴费额度逐年上升，但是在医疗保健开支方面，农村居民却远落后于城市居民。② 每年缴纳的医疗基金是在城乡统筹区域统筹使用的，农村的医疗消费观念和消费水平与城市相比存在巨大差异，农村就近选择农村医疗服务机构和农村医疗服务价格相对较低，其结果可能会导致农村居民人均缴纳的保险费与人均医保基金支出的占比反而高于城市居民，出现奇特的倒贴现象。"城市居民和农村居民面临着收入差距、医疗消费需求差异、医疗服务价格差距等诸多不同，这些不同可能会造成城乡医保整合中农村补贴城市的逆向再分配。"③

（二）"一制多档"模式下的分析

在选择"一制多档"模式的地区，大多采用提供多个缴费档次给参保人进行选择，高缴费档次对应高待遇给付水平，进而形成了"一制二档""一制三档""一制四档"，甚至"一制五档"。应当说，"一制多档"模式考虑了城乡医保制度整合中影响因素的复杂性，以较为灵活的制度设计满足了不同参

---

①　蒋翠珍，罗传勇，曾国华. 城乡居民医保一体化背景下医疗费用变化：趋势与特征 [J]. 江西理工大学学报，2018（4）：115－120.

②　程毅，刘军. 城乡居民医疗保险新型模式：核心理念与策略选择——基于上海城乡居民医疗保险整合实践的反思 [J]. 华东理工大学学报社会科学版，2017（1）：108－116.

③　张栋. 城乡基本医疗保障制度整合：问题与反思 [J]. 中国卫生经济，2016（12）：21－23.

保人群的需求，是现有整合阶段较为适宜的一种模式选择。

然而，"多档"模式的存在，受制于现有城乡二元经济发展水平的不均衡，也容易产生城乡居民医疗保障权行使中的隐形不公平和利益分配中新的不均衡。首先，我国长期存在的城乡经济发展不均衡导致城乡居民的收入不均衡，这严重影响了城乡居民在投保时的缴费能力和参保需求。由于缴费档次具有可选择性，收入相对较低的农村居民通常会选择缴费较低的档次进入医保体系，而农村居民人均医疗保健支出占消费性支出的比例大于城市，这就会导致大量的农村的经济困难群体起初选择了低档次缴费但在需要巨额医疗费用支出时无法负担的局面，造成高收入参保的城市居民和低收入参保的农村居民的待遇差异加大，使医保整合的公平性目标落空。"这种整合方案使收入水平与保障水平呈正相关，很容易使不同收入阶层之间出现医保碎片化。"[1] 其次，由于存在多个档次的选择性，也易引发道德风险。慢性病病人和长期患病者可以利用档次的可选择性特点，根据自身需要的变化变换投保档次，在不同时期选择不同档次，损害了医保体系的整体公平性。最后，整合后的城乡居民医保依然并非强制投保，多个档位的设计更是赋予了投保人一定的选择权，但缴费的非强制性和过度的意思自治一方面违反了社会保险法的"强制保险"原则，使保障水平在参保人群之间呈现明显的差异性，另一方面也不利于未来与实施强制缴费的城镇职工医保体系的统合。可见，"一制多档"的问题，主要是由城乡发展不平衡进而产生的参保人群的收入不均衡产生的，其表现形式主要体现为城镇居民与农村居民的利益分配不均衡。

二、城乡居民利益不均衡下的制度调整

从以上分析可以看出，多档制的存在并非是城乡医保整合的终极选择，其制度设计也背离了公平性普惠制医疗保险的根本要求，只能作为过渡的整合措施阶段性使用。但是，在既有制度框架内，可以通过机制的调整，来进一步优化利益的分配，尽可能达到系统内的帕累托最优。

---

[1] 宋娟. 阶层视角下基本医疗保险制度的碎片化及整合研究 [J]. 中州学刊, 2017 (11)：62 – 67.

（一）在分档缴费模式下改造医保待遇支付项

为了在分档缴费和医保待遇之间建立起良性的平衡，应将医保待遇根据缴费档次的不同设定统一支付项和差别支付项，进一步细分医保待遇的给付类型。对于城乡居民经常享有的普通门诊医疗和住院医疗，无论城乡居民选择何种档次缴费，均无差别地享有统一标准的医保待遇，即普通门诊和住院医疗构成统一支付项；对于门诊慢性病和重特大疾病医疗，则应设定与缴费对应的报销档次，根据缴费档次分别享有有差别的医保待遇，即门诊慢性病和重特大疾病医疗构成差别支付项。在 2015 年《国务院办公厅关于全面实施城乡居民大病保险的意见》发布之后，各地均已经建立起了城乡居民的大病保险制度，实现了城乡居民大病医疗的"二次报销"。将重特大疾病医疗列入与缴费档次挂钩的差别支付项，有利于与现有大病保险制度的衔接，也可以根据参保居民的收入和缴费能力，相应提高医保待遇的给付水平，缩小不同缴费居民的医保待遇差距。

（二）完善"一制多档"制度内的配套改革

在对城乡医保待遇支付项改造的基础上，还应同时在制度内进行其他配套改革。第一，应进一步明确并严格限定不同缴费档次之间选择的转换条件。从缴费期间条件、既往病史等方面限制参保人在不同缴费档次之间的随意转换，以降低任意变更缴费档次所带来的道德风险问题。第二，确立"强制参保"的基本原则。在"一制多档"模式下，一方面要求统筹区域内的所有满足参保条件的城乡居民均要参保，另一方通过基层经办机构的宣传，向城乡居民普及不同档次缴费的待遇差异和档次转换条件，由参保人自由选择，将现阶段的医保强制性与自愿性原则进行结合，为未来的全民健康保险的实施创造条件。有学者建议，在提高财政缴费补助水平和医疗保障待遇水平基础上，将自愿参保改为依法强制参保，并在社会保险法修改中加以确认。① 第

---

① 谭中和. 如何建立公平可持续的医疗保障体系——以推进城乡医保整合为契机［J］. 中国医疗保险，2018（8）：6-9.

三，进一步完善跨区域就医的结算体系，建立信息化的医疗结算网络，提升跨区域就医的便捷性。

（三）对农村地区的医疗资源配置进行倾斜

"一制多档"模式下出现的城乡居民之间利益的失衡，其根源主要在于城乡居民收入的差异，但实际上，制约城乡居民医保待遇不公平的另一个重要因素是医疗资源在城乡之间配置的不平等。分级诊疗制度的实施，一定程度上的确可以达到将部分患者向基层医疗服务机构下沉的目的，但不解决城乡医疗服务的差异性，实质意义上的均等化无法实现。因此，整个城乡医保体系的整合，其落脚点还在于医疗与医药改革的同步推进。只有在农村地区不断完善医疗机构的医疗设施、配置优质的医疗服务人员、理顺医保经办机构与医疗服务机构的关系、提升医疗服务机构的诊疗水平、推进医药价格形成机制改革等，才能进一步缩小城乡之间医疗服务的差异，从整体上来实现医疗资源在城乡之间配置的科学化和均衡化。

第四节　整合过程中一般群体与特殊群体的利益平衡

城乡基本医保制度的整合，是覆盖统筹区域的全体城乡居民医保制度的改革。如果不能针对参保对象的差异性作出特殊政策安排，很难说这个改革是成功的。从城乡医保整合的进程来看，整合涉及一般性群体与特殊群体之间利益分配的不平衡问题。城乡医保整合中涉及的特殊利益相关主体大体包括儿童与学生、老年人、流动性人口、特殊困难群体等。

一、儿童与学生群体的利益平衡

统筹区域内的儿童和在本统筹区域就读的学生（包括中小学生和大学生），由于缺乏足够的缴费能力，几乎在全国所有地区的城乡医保整合政策中都作了单独的处理。其基本模式是，儿童与学生按照固定额缴费，大多低于统一个人缴费标准（"一制一档"区域）或者低于缴费的最低档标准（"一制多档"区域），但享有统一医保待遇（"一制一档"区域）或者最高缴费档次对应的医保待遇（"一制多档"区域）。有学者认为，这种制度选择主要考虑了中小学生过去参加低缴费高待遇的商业健康险和大学生公费医疗的历史原因，是既得利益的一种延续，"这种照顾制度内某个特殊群体利益的做法，显然不符合制度内所有居民团结互助、风险共担的社会保险原则，损害了医疗保险制度的公平性。"①

但是，在制度内保持儿童学生的低缴费和高待遇，其实正是基本医保公平性的体现。作为医保体系中的特殊群体，儿童学生属于无收入人群，过高的缴费额度无形中增加的实际是本身家庭的开支。社会保险法的"普遍性"原则要求每个国民都普遍地、无例外地享有社会保险待遇的权利。实际上，在社会保险法所隶属的社会法领域，并不要求权利与义务的对等性，而仅仅要求权利与义务的结合。社会法领域中有多项内容都具有权利与义务的单向性，例如社会救助制度。"'免费午餐'不仅是社会保障制度安排的必要内容，而且是整个社会稳定、协调发展的必要机制。"② 作为医疗保险涵盖对象的儿童与学生，是当然的弱势群体，应作"区别化"处理，其享有比一般性群体更加优惠的医保待遇正是社会保险法倾斜保护理念的体现，也符合基本医保改革追求实质正义的本意。

二、老年人群体的利益平衡

根据相关数据，2017 年底，我国老年人口（60 周岁及以上）有 2.41 亿人，占总人口的 17.3%。③ 可以预测，未来人口的进一步老龄化将给城乡居民医保基金的持续性健康运行带来巨大压力。城乡居民医保中参保的老年人与城镇职工医保中的老年人存在着明显差异，城镇职工医保中的老年人在退出劳动关系之后，不再缴纳医疗保险费，而在目前的各地城乡医保整合政策

---

①　王宗凡. 城乡居民医保制度差异和整合策略［J］. 中国社会保障，2017（10）：74－77.

②　郑功成. 社会保障学——理念、制度、实践和思辨［M］. 北京：商务印书馆，2000：270.

③　罗争光. 我国 60 岁及以上老年人口数量达 2.41 亿占总人口 17.3%［N/OL］. 2018－02－26，http：//www. xinhuanet. com//2018－02/26/c_ 1122456862. htm.

中，老年人均须缴费之后才能享受到医保待遇。与中青年人群相比，老年人的发病频率和医疗费支出都要更高。一方面，老年人是我国医疗保险的重点倾斜保护对象，需要特殊对待；另一方面，在老龄化社会的压力下，若采取过度的政策倾斜，又会危及医保基金的安全运行。因此，在城乡医保整合的框架下，如何处理老年人的医保利益会成为一个长期化的课题。

从各地城乡医保整合的实践来看，对于老年人这个特殊群体医疗保障权益的保护，也已经积累了一定的经验。例如，上海市的"一制多档"模式是以年龄作为标准来进行分档的，60周岁以上的老年人依据年龄被列入两个档次，分别是60~69周岁和70周岁以上。根据《上海市城乡居民基本医疗保险办法》，60周岁以上的老年人个人缴费比例低于60周岁以下的中青年人，且70周岁以上老年人的个人缴费部分低于60~69岁；在医保待遇方面，老年人的门诊急诊和住院待遇在分级诊疗中的支付比例在所有缴费档次中最高。可以说，"上海模式"在老年人医疗保障权益的保护方面，作出了有益的尝试，采用年龄作为档次划分依据也体现了医疗保险应有的强制性。还有，浙江省宁波市在城乡医保改革中也采取了向老年人适度倾斜的措施，提高了老年人医保筹资中的政府补贴额度，并调高了老年人住院医疗费的支付比例。应当说，在城乡医保整合过程中，对老年人特殊群体的适度利益倾斜，体现了国家和政府对老年人的关爱，也符合社会保险法的基本法益。

三、流动性人口的利益平衡

随着我国新型城镇化进程的加快，在城乡之间存在着大量的人口流动，随之带给城乡居民医保整合一系列的问题，其中最为突出的问题就是"身份识别"。城乡医保基本采用的是以"户籍"作为投保依据，地域管辖的特征明显，但同时又鼓励外来务工人员与大中小学生以居住证为依据在本地投保。投保标准的不一，一定程度上造成了大量重复投保、断保和漏报的发生。另外，大量流动性人口跨区域和跨行业的流动，增加了城乡医保在不同区域转接的障碍。城乡医保由于不设个人账户，统筹账户的医保基金无法在区域间自由转移，造成转入地区统筹账户支付压力增大。

城乡居民医保体系的整合，本身就是要打破城乡居民的身份藩篱，消除因城乡户籍分割而形成的歧视，以适应人口流动性的新要求。城乡医保的整合，不能因流动性而剥夺或者限制居民当然享有的医保利益。因此，在进一步深化户籍制度改革的基础上，应彻底取消农业户口与非农业户口的性质区分，全面建立居住证制度；同时改造现有的户籍制度，以常住户口、暂住户口、寄住户口三种管理形式为基础进行户籍登记；逐步实现以身份证为主，作为城乡居民医保的投保依据，并尽快提高城乡医保的统筹层次，实现医保信息的共享。针对医保接转难题，应进一步畅通不同区域、不同性质医保之间的转接机制，探索建立参保人群跨区域流动时的医保基金之间的分配方案和补偿方案，实现参保人员地点流动情形下的医保待遇的可转接、可持续。

四、特殊困难群体的利益平衡

城乡医保中的特殊困难群体，主要指城乡居民中的建档立卡贫困人口、特困人员救助供养对象、城乡低保户、困境儿童、低收入重度残疾人等。首先，应当明确的是，在整个社会保障系统中，对于特殊困难群体的物质帮助，在我国并非社会保险制度的主要任务，而是社会救助制度的价值指向和核心功能，主要依靠社会救助制度的实施来加以解决。但是，特殊困难群体是典型的弱势群体，多属于低收入阶层和贫困人口，疾病的威胁是其面临的主要生存障碍，极易发生"因病致贫""因病返贫"。因此，具有覆盖所有城乡居民的医保制度，不可能无视该群体所面临的这种社会风险，在制度设计中仅作一般性对待。

实践中，在精准扶贫的政策下，各地所开展的医保扶贫在扶贫工作中发挥了非常重要的作用，在制度上也创设了很多独特的扶贫机制。例如，在城乡医保和大病保险的基础上，河南省创设了困难群众大病补充保险制度，将建档立卡贫困人口、特困人员救助供养对象、城乡最低生活保障者纳入保障对象，并逐步延伸至困境儿童、低收入重度残疾人等困难群众；在筹资制度上，确立省级统筹，完全由各级财政按分级负担筹资比例；在支付制度上，按照医疗费用高低分段确定支付比例，对超过大病保险报销的支付部分，由困难群众大病补充保险实施"第三次报销",并对大病补充保险报销标准实行动态调整;在结算制度上,对困难群众在定点医疗机构住院治疗,实现了基本医疗保险、大病医疗保险、困难群众大病补充医疗保险等费用"一站式"结算。应当说,困难群众大病补充保险的"河南模式"打通了医疗保险与社会救助(医疗救助)之间联系的"任督二脉",在城乡居民医保制度中嵌入了"扶贫"要素,体现了社会保障法生存权保障的基本理念。

解决城乡医保体系中的特殊群体利益问题,归根结底还是要回到医疗保险与医疗救助的衔接上来。医疗救助制度解决的是特殊困难群体的极度贫困问题,是社会保障制度的底线性公平;而医疗保险制度则是利用保险原理,通过互助共济和社会调剂,保障社会成员的基本健康权益。理想的制度搭配,应当是充分考虑两个制度之间的互补,并进行相互渗透,实现健康扶贫与精准扶贫的有机衔接。在我国,医疗救助与医疗保险在业务归属上分属民政部门和人社部门,因此需要中央政府或者地方政府统一地制定特殊困难群体的医疗政策,统一特殊困难群体的认定标准,为贫困人口建立起信息共享、制度化、可持续的医疗保障体系。在城乡医保整合过程中,应充分发挥医疗保险的保险属性,采取政府购买服务的方式适度引入商业性保险机构,充分发挥市场机制的作用和商业保险机构专业优势,提高大病保险运行的效率和质量。而对于医疗救助而言,其具有权利义务的单向性,应特别强化国家与社会救助的法定化特征,突出它的最低保障性,形成与医疗保险制度的功能错位。

第五节 整合过程中利益平衡的深入思考

一、整合中个人利益与社会利益关系的再梳理

社会保障法实质上是对收入分配的一种社会调节,是国家对市场分配结果进行矫正的一种再分配,其必然要求对个人利益与社会利益之间的关系进行平衡。

从利益法学的角度分析，法律所包含的利益是以客观利益为主，同时对主观利益进行一定范围的保护。"作为利益保护和规范利益冲突的法律，核心即在于选择和确定所要保护的利益，或需要优先保护的利益，划定权力规制和个体自由的界限。"① 法律所保护的利益，本质上是个人利益，但法律保护的又不是单纯的个人利益，其通常是作为社会利益的个人利益。作为社会整体利益的社会利益，是绝大多数人的利益，是代表全体社会成员整体社会安全的一种诉求满足。

城乡居民医保的整合，其保障的是全体城乡居民基本医疗保险权，其利益落脚点是全体城乡居民的个人利益。但基本医疗保险法律所保护的，又不仅仅是居民个体的健康利益，而是符合绝大多数城乡居民健康福祉增进的长远利益和根本利益，它远远超越了城乡居民的个体利益。应当说，基本医疗保险法律中的个人利益与社会利益具有一致性，其归根结底都指向个人利益。医疗保险法律制度中的社会利益，既是城乡居民个人内在基本健康需求多样化的统一，也凝结了整个社会对利益正当性评价的一种标准。整个基本医疗保险法律的制定，保障了医疗保险法律关系中确定的城乡居民的法定基本医疗权益，在个体利益满足的基础上又促进了整个社会的福利。

基于利益本身具有主观性和客观性的特点，城乡基本医保整合中也必然存在个人利益与社会利益的冲突。一方面，城乡基本医保制度的整合是以个人利益与社会利益的冲突为基础建立的，另一方面，城乡基本医保制度的整合也在不断地协调着个人利益与社会利益的冲突。

二、城乡医保整合中个人利益与社会利益的调和

作为社会利益的代表者，政府在城乡居民医保整合中扮演着特殊的角色，拥有身份上的多重性：（1）作为改革方案的设计者，中央和地方政府通过顶层设计来制定全国和地方的城乡医保整合政策；（2）作为执行者，政府推进城乡医保政策的实施，管理医保基金，负责医保资金的筹措和支付；（3）作

---

① 向春华. 社会保险法原理［M］. 北京：中国检察出版社，2011：123.

为医保资金的负担者，政府的财政资金承担着大部分医保支付；（4）作为协调者，政府统筹安排本地区医保资金的使用，在不同区域之间进行余缺调剂；（5）作为监督者，政府监管医疗服务机构的医疗服务，监督医保基金的运行。政府在改革中所具有的身份多重性，使其拥有了极大的对法权关系的配置权，存在滥用权力侵害个体自由权的可能。"政府作为有组织的社会力量在转型过程中起着支配作用，政府的自由裁量权既是改革的推动力也是改革的对象。"①

从利益法学的角度分析，政府及医疗保险的行政机关和经办机构，一方面是社会利益的代表者，另一方面则更多地以义务主体的面貌出现，承担着授益主体的责任。政府在城乡医保整合中的这一特性，决定了必须要通过法律的手段来对政府的行为进行规范，强化其义务属性。政府部门及其执法人员不同的利益趋向、权力缺乏制约性的问题都会使政府的实际功能的发挥与社会利益之间发生偏差。"政府作为民意支撑的组织是公共利益的最主要的提供者、代表者和维护者，但在规范机制缺位时也是公共利益最大的潜在侵害者。"② 因此，城乡居民医保整合中的利益协调，应严格按照法治原则，以制定法的形式对社会医疗保险的行政部门及经办机构人员的权利和义务作出明确规定，划定政府行为的边界。"种种相互冲突的利益，无论是个人利益还是社会利益。这在某种程度上必须通过颁布一些评价各种利益的重要性和提供调整各种利益中途标准的一般性规则方能实现。"③ 也就是，需要在实体法和程序法上为政府行为设定清晰的规则，才能确保全体国民基本医疗保险权益的实现。庞德很早之前就思考过权力滥用问题，他认为，只有法律才是防止任何权力使用过程中专断滥用的手段，而判断权力滥用和合理使用的界限就是"它是否能以最低程度的利益牺牲确保利益的最大化"④。

以利益观的角度审视我国城乡基本医保整合中的个人利益与社会利益平衡问题，其解决的根本路径是要建立一个完全法治化的基本医疗保险制度。

---

① 锁凌燕. 转型期中国医疗保险体系中的政府与市场 ［M］. 北京：北京大学出版社，2010：4.
② 胡鸿高. 论公共利益的法律界定——从要素解释的路径 ［J］. 中国法学，2008（4）：56 – 67.
③ 博登海默. 法理学：法律哲学与法律方法 ［M］. 邓正来，译. 北京：中国政法大学出版社，2004：413.
④ 吴经熊. 法律哲学研究 ［M］. 北京：清华大学出版社，2005：292.

在中央政府已经设立国家医疗保障局，新医保体制逐步形成的背景下，统一医保规则的制定权已经有了明确的基础。随着城乡居民医保整合改革的深入，应加快《社会保险法》的修订工作，以整合型基本医保立法的思路制定基本医保改革的细则，将管理体制、医保征缴、待遇给付、医疗服务、基金监管等核心要素纳入统一的实施机制，实现基本医疗保险制度整合的完全法治化，使政府成为社会利益的真正代表者。

第六章　比较法视野下的
医疗保障一体化发展

比较法是研究世界不同法律制度之间关系的研究方法，是法学常用的一种研究方法。按照美国比较法学家威格摩尔（John H. Wigmore）对于比较法的认识，比较法存在叙述的比较法、评价的比较法和沿革的比较法三个层次①：叙述的比较法仅对各国法律体系的特点加以事实描述，并不作评价；评价的比较法则在分析法律制度的基础上，指出制度之间的差异，以便未来进行立法改革；沿革的比较法则从历史的角度比较多种法律制度规范与编年史关系的演变过程。本章将对世界典型国家的医疗保障法律制度进行规范的比较和功能的比较，拓展研究的视野，确认不同医疗保障法律制度的共同性和差异性，进一步深化对我国现有医疗保障法律制度的认识，为我国医疗保障城乡一体化中法律制度的改革提供一种理性的思路。

第一节　世界医疗保障模式比较

世界各个国家的医疗保障制度存在巨大的差异性，究其原因，这些制度的形成一方面与本国政治、经济、文化因素具有内在的密切关联性，另一方面是各个国家不同阶段历史条件逐步变化的结果。因此，这些本土综合性因素形成的医疗保障制度在体系上存在一定的不可比较性。但是这些看上去多样化的医疗保障制度仍存在许多共同性或者相似性的比较基础，如覆盖人群、

---

① 朱景文. 比较法总论 [M]. 第二版. 北京：中国人民大学出版社，2008：9.

政府责任、保障待遇等。以此为据，本书将世界范围内的医疗保障模式分为四类：社会医疗保险模式、全民健康保险模式、市场主导型医疗保障模式和个人储蓄医疗保障模式。

一、市场主导型医疗保障模式

市场主导型医保模式的典型代表国家是美国。美国长期以来形成了以商业医疗保险为主体，以政府的医疗照顾和医疗救助为补充的医疗保障制度。在市场主导型的医疗保险的保障模式中，国民的医疗保障主要依靠私营的医疗保险市场提供。在美国，65 岁以下的在职人员及其家属的医疗保健和日常治疗主要由市场医疗保险提供。在发达的商业健康保险市场上，多个商业性保险公司相互竞争，根据市场需求开发多个健康保险产品，国民可以自由选择参加商业保险，医疗保障的供求关系完全由市场进行调解。市场主导型的医疗保险模式是基于信赖市场的原理来进行的市场化运作，对医疗保险市场的发达程度要求较高，主要针对收入较高人群，具有市场竞争带来的效率性，是一种"现收现付制"的管理模式。市场医疗保险由不同的医疗险产品组成。一般而言，各种医疗险产品可归纳为五类：基本住院费用险、基本外科费用险、基本医疗服务费用险、主要医疗费和综合医疗险。① 商业性医疗保险机构由于在国家的医疗保障中具有重要地位，对于其准入资格和运作的监管通常极其严格，在美国，医疗保险机构的监督和管理是由联邦政府、州政府和民间自律性机构三个层次通过各自制定规范和方案来实施的。

由于市场主导型医疗保障模式，完全依赖对市场的依靠，极易造成公平性的欠佳，尤其是特殊人群无法纳入其中，因此美国在商业保险为主体的基础上，还引入了公共医疗保险。公共医疗保险包括医疗照顾计划（Medicare）、医疗救助计划（Medicaid），以及儿童健康保险计划（State Children's Health Insurance Program，SCHIP）三部分对商业健康保险进行补充。医疗照顾计划是美国联邦政府为 65 岁或以上老年人，不足 65 岁但有长期残障的人士或者

---

① 乌日图. 医疗保障制度国际比较研究及政策选择［D］. 北京：中国社会科学院博士论文，2003：96.

是永久性肾脏衰竭患者提供的政府医疗保险。医疗照顾计划由联邦政府管理，各州实行统一的政策，共分 A、B、C、D 四类。其中 A 类是住院保险，具有强制性，资金筹集主要来源于政府征收的医疗照顾税，而 B、C、D 三类则是自愿性的。医疗救助计划由联邦政府和州政府共同实施，其目的是免除低收入人群及特定困难人群参加医疗照顾计划的缴费及自付费用部分。联邦政府规定的必须救助人群包括三类：一是社会救助对象，主要是需抚养孩子家庭救助项目（Aid to Family with Dependent Children，AFDC）和补充保障收入救助家庭项目（Supplemental Security Income，SSI）覆盖的人群。前者主要救助贫困单亲家庭或一方失业家庭，后者主要救助穷人、盲人和残疾人。二是家庭收入不超过联邦贫困标准 133% 的 6 岁以下儿童和孕妇。三是某些医疗照顾计划受益者和特殊保护人群。儿童、老年人、残疾人以及怀孕女性是医疗救助计划最主要的受益人群。儿童健康保险计划由联邦政府提供主要资金，各州政府负责配套资金和具体管理。其受益对象主要是年龄在 19 周岁以下，不符合医疗救助准入条件、没有任何保险、家庭收入不到联邦贫困标准三分之一的儿童及青少年。在奥巴马总统进行医改之前，医疗照顾计划、医疗救助计划和儿童健康保险计划分别涵盖了美国全国总人口的 13.8%、13.2%、2.4%。①

二、全民健康保险型模式

全民健康保险是指主要由国家以税收方式筹集医疗保险基金，通过国家财政预算拨款和专项基金的形式向医疗机构分配基金资金，由医疗机构向国民提供免费或低收费医疗服务的模式。全民健康保险的典型国家包括英国、加拿大、瑞典、澳大利亚等。我国台湾地区也采用这种模式。全民健康保险，是一种福利型制度，由国家或地区免费提供，其本质上是一种国家卫生服务保障制度。从机制上看，医疗费用由管理部门直接支付给医疗服务机构或者医生，不存在中间环节，市场机制不发生对它的作用。全民健康保险的项目

---

① 刘喜堂，张琳. 美国低收入人群的医疗保障 [J]. 中国民政，2015（3）：39–41.

包括预防保健、疾病诊治和护理康复等一揽子卫生保健服务的医疗保障制度，保障较为全面，保障水平也较高。全民健康保险模式一般由卫生部门统一负责医疗保险卫生政策的制定与执行，开展医疗保险、提供医疗服务，是一种卫生、保险、福利"三位一体"的模式。由于由统一机构负责全民健康保险，不与市场直接产生关联，该模式被普遍认为有益于缩小不同地区间卫生服务的不平等，具有良好的公平性，但由于个人不承担或者较少承担医疗费用，缺乏医疗资源的市场调节，激励性和效率较差，会直接推高医疗消费水平，容易导致财政资金维持医疗保险基金运作的困难。医疗服务的有限性也导致医疗公共产品的供给紧张，进而导致诊疗和住院等待期较长。

从体系构成上看，全民健保模式多形成诊疗服务的层次化，以英国为例，英国的国家医疗服务体系（National Health Service，NHS）包括初级卫生保健服务（全科医师提供）、地级服务（由政府提供的社区服务）和医院服务（专科医疗服务）三级服务体制。[①] 在三级服务体系中，初级卫生保健服务是整个 NHS 的基础，政府卫生部门从全科医师处为国民购买初级保健服务，全科医生是初级卫生保健服务的中心。加拿大与英国类似，医保服务体系分社区诊所（包括社区医疗卫生服务中心和全科诊所等）、专科诊所和综合医院（多为急症医院）三级，医生分家庭医生和专科医生两类，《加拿大卫生法》规定，就医应先由社区诊所的家庭医生进行首诊，并由其决定转诊至专科诊所或综合医院，否则患者不能享受免费医疗服务或医保待遇。[②]

除了覆盖全体国民的卫生服务主体体系之外，全民健康保险模式的国家和地区还普遍存在辅助性的医疗保障作为补充。例如，英国在 NHS 之外还存在社会医疗救助、商业健康保险。其中，社会医疗救助体系的主要救济人群是老年人、身体欠佳者、享受政府津贴者、税收抵免者和低收入者。救助内容主要包括在 NHS 免费范围外救助对象自担的费用。商业健康保险，其存在主要用于满足公民对医疗服务的不同层次的需求，可分为三类：一是普通的

---

① 张遥，张淑玲．英国商业健康保险经验借鉴［J］．保险研究，2010（2）：124 – 127.
② 许飞琼，郭心洁．加拿大医疗保险制度及借鉴［J］．中国医疗保险，2018（8）：68 – 72.

商业健康保险；二是重大疾病保险；三是永久性或长期医疗保险。① 加拿大与英国类似，除了公共医疗保险制度之外，还存在公共补充保险计划及商业医疗保险制度。

三、社会医疗保险型模式

社会医疗保险型模式是国家通过立法强制实施，由雇主和个人按照一定比例缴纳保险费建立医疗保险基金，向雇员（包括家属）支付医疗保险费的医疗保险制度。社会医疗保险型模式的代表国家和地区是德国、法国、日本、西班牙等。我国也属于此类型。社会医疗保险遵循社会保险的一般原理，突出医疗保险的强制性、共济性和补偿性：强制性是指社会医疗保险由国家通过法律强制设立，应参保的法定人员均应参保；共济性是指医疗保险基金在参保人员之间进行互助共济；补偿性是指医疗保险待遇只支付医疗费用中的一部分费用，而非全部。社会医疗保险型模式中，医保基金采用现收现付模式，"以收定支、收支平衡"。社会医疗保险型模式的缴费主要由雇主和个人缴费，缴费与个人的职业和收入挂钩，高收入者需缴纳更高的保险费，以确保互助功能的发挥。由于对法定参保人进行强制参保并以此为基础将医疗保险连带扩大至参保人的亲属和其他社会群体，该模式也具有比较广的覆盖性。该模式一般由独立的社会化的医疗保险机构作为公共事业单位负责医疗保险基金的管理，向医疗服务机构支付医疗费用，社会医疗保险机构对医疗机构一般通过协议方式确定医疗费用的结算。

社会医疗保险型模式中的政府通常对社会医疗保险的管理拥有较大程度的控制权，同时通过社会化的医疗保险机构又与医疗市场保持着紧密的连接，具有市场化的特征，在国家宏观调控的基础上实现与市场的有机结合。也有学者把这种模式称为政府主导、市场参与的"混合型"医疗保障模式②。以德国法定的社会医疗保险体制为例，一方面，国家行政机关对医疗服务相关

---

① 吉宏颖. 英国医疗保障的政府与市场定位 [J]. 中国医疗保险，2014（1）：67 – 70.

② 胡宏伟，邓大松. 新历史学派、德国实践与我国医疗改革——兼论我国医疗保障改革设想 [J]. 陕西行政学院学报，2007（4）：5 – 11.

事务的调节，体现出政府调控的作用，另一方面，医保资金筹集主要是通过社会保险费用缴纳的方式，医疗服务既由公共机构也由私人机构来提供，医疗保险机构与医疗服务提供者（医生和医院）签订医疗服务合同，体现出一定的市场化的特点。① 社会医疗保险型模式国家的医疗服务也具有体系化的特征，如德国的医疗服务提供一般可分成三大部分：（1）由私人开业医生提供的初级医疗和次级门诊医疗服务。（2）由医院提供的住院医疗服务，按所有权可分成联邦和州政府医院、非营利医院和私人营利医院三大类；按业务种类分，又可分为综合性医院、精神病院和护理、康复院三大类。（3）由公共机构提供的公共卫生服务。②

在社会医疗保险型模式国家中，法定强制的社会医疗保险并非是唯一的存在，医疗保障也多呈现出多层次性。德国医疗保险体系就包括法定医疗保险（Statutory health insurance，SHI）、私人医疗保险（Private health insurance，PHI）以及法定长期护理保险（Statutory long - term care insurance，SLCL）三个主要部分。③ 私人医疗保险是法定医疗保险机构和商业健康险的补充，主要为收入超过法定医疗保险义务投保界限并自愿加入其中的高收入者、自雇者以及特殊的少数人群提供补充的医疗保险。法国的医疗保障体系由强制性的基本医疗保险制度、自愿性补充医疗保险与医疗救助制度构成。其中补充医疗保险主要包括互助型补充医疗保险、商业补充医疗保险和其他集体性补充医疗保险合同等，由投保人自愿选择，其中互助型补充医疗保险在补充性医疗保险市场的占比超过一半。法国针对低收入人群所设置的医疗救助制度主要由医疗保险普惠制度（Couterture Maladie Universelle，CMU）和补充医疗救助津贴（Attestation de Conformite Sanitaire，ACS）构成。④ 日本为了应对日益

① 隋学礼. 德国医保的特色——国家调控与市场化运行［J］. 北京航空航天大学学报：社会科学版，2014（3）：80.

② 丁纯. 德国医疗保障制度：现状、问题与改革［J］. 欧洲研究，2007（6）：106 – 119.

③ 李乐乐，张知新，王辰. 德国医疗保险制度对我国统筹发展的借鉴与思考［J］. 中国医院管理，2016（11）：94 – 96.

④ 孙菊，陈致勃. 法国低收入人群医疗保障制度及经验启示［J］. 中国卫生经济，2017（9）：94 – 96.

严重的社会老龄化危机，于 2008 年在健康保险体制的基础上建立了高龄老年人医疗保险制度，保险对象是 75 岁以上的老人或 65 岁以上不满 75 岁的卧病在床的老年人，并将其从医疗保险制度中分离转出，独立运营。[①]

四、储蓄型医疗保障模式

储蓄型医疗保障模式是指依法强制由雇员和雇主缴费建立以家庭为单位的医疗储蓄基金，用于支付家庭成员日后患病费用的一种医疗保障制度。储蓄型医疗保障模式又被称为"个人积累型医疗保障模式"或者"强制储蓄型医疗保障模式"，其代表国家和地区包括新加坡、马来西亚等，尤以新加坡最为典型。储蓄型医疗保障模式是建立在个人责任的基础之上的，医疗储蓄筹资强调个人时间纵向平衡。[②] 为了防止医保费用的代际转移，其要求个人提前为未来的医疗费用支出进行储蓄，政府的责任主要是建立法定医疗制度并给予医疗机构一定的医疗补贴。储蓄型医疗保障模式的核心是个人账户，个人账户中的储蓄主要用于个人和家庭医疗费用的纵向积累，不具有社会医疗保险所具有的共济性特点。个人或者家庭成员享受医疗服务水平越高，个人付费部分也越多。

新加坡储蓄型医疗保障制度的基本框架包括四个部分：政府补贴（Subsidy）、保健储蓄计划（Medisave）、终身健保计划（Medishield Life）和保健基金计划（Medifund），简称"S + 3M 制度"。政府对基本医疗提供大量补贴，各个医疗机构根据成本自行制定医疗服务价格，政府直接对这一价格按照一定比例进行补贴，公民按照补贴后的价格支付医疗费用。政府负担比重是按住院病人和门诊医疗分别制定补贴标准的。补贴内容：一是基本的门诊费用，每名患者平均获得 50% 的医药津贴，18 岁以下和 65 岁以上患者还可享有医药费的半价折扣。二是住院费用，政府对公立医院按病房等级提供医疗津贴，

---

① 李三秀. 日本医疗保障制度体系及其经验借鉴 [J]. 财经科学，2017（6）：92 – 108.
② 姚岚，熊先军. 医疗保障学 [M]. 第 2 版. 北京：人民卫生出版社，2013：279.

病房等级越低，医疗津贴越高。① 保健储蓄计划是强制性中央公积金制度的组成部分，覆盖所有在职人员，由雇主、雇员双方按照工资的一定比例建立保健储蓄基金，用于支付投保人及其家庭成员的住院及部分门诊费用，即通过公积金的方式转化为医疗储蓄。新加坡的中央公积金账户共分为普通账户、保健储蓄账户和特别账户三个账户，其中普通账户主要用于购买住房、教育和投资，保健储蓄账户供支付医疗费用，特别账户为退休养老。终身健保计划也称健保双全计划，其实质是大病保险计划，主要了补偿巨额医疗费用，具有社会保险性质，采用自愿参加原则。健保双全计划具有激励和约束机制，制定了精细的索赔限额，设计了较高的医疗费用自付部分和共付部分（参保人只有在支付医疗费用自付部分和共付部分之后，才能获得健保双全计划的补偿），中央公积金局在计算偿付金额之前还会进行医疗费用的预分配。② 保健基金计划类似于医疗救助制度，是保健储蓄计划的重要补充，其目的主要是资助保健储蓄仍不足以支付医疗费的贫困国民，使其病有所医。在"S +3M 制度"的基础上，新加坡还存在针对老年人的乐龄健保计划，这是一项严重残疾保险计划，主要是给那些需要长期护理的人提供基本现金津贴，尤其针对老年时期出现的失能现象。乐龄健保计划由新加坡卫生部指定的私人保险公司运营，目前有两种方案，一种是"乐龄 300"，另一种是"乐龄 400"，前者每月支付 300 新加坡元津贴，最多支付 60 个月；后者每月支付 400 新加坡元，最高支付 72 个月。所有参加了保健储蓄计划的新加坡公民和永久居住居民在 40 岁的时候自动加入该计划，一直缴费到 65 岁。③

新加坡的医疗机构分为"两级医疗网"：提供初级医疗服务的是社区医院和一般诊所，住院服务属于综合性或专科性的大医院。从产权属性来分析，前者基础性保健服务（如常见病、多发病、简单的医疗服务等）的 80% 由私人诊所提供，20% 技术服务难度较高的住院病人则由政府公立机构的综合门

---

① 丁一磊. 新加坡健康保障制度演变的特点及启示 [J]. 中国卫生政策研究，2018（10）：34 – 42.

② 廖晓诚. 新加坡医疗保障体系运行机制及现状评述 [J]. 东南亚纵横，2014（12）：45 – 51.

③ 黄国武，吴先国. 新加坡医疗保障制度演进中政府与市场作用研究 [J]. 社会保障研究，2016（2）：129 – 141.

诊提供。二级综合医疗服务的 80% 由政府公立综合性或专科性医院提供，20% 由私人医院提供。[①]

第二节　世界典型国家医疗保障法律制度的发展

从国际医疗保障的发展来看，法律制度的建立是推动医疗保障迅速发展的主要原因。18 世纪末期的德国以俾斯麦（Otto Eduard Leopold von Bismarck）为领导的政府最早通过立法把医疗保险作为一种强制性保障制度。1883 年的德国《劳工疾病保险法》不仅是世界上第一部疾病保险法，也是最早的社会保险法，开创了医疗保障立法的先河，为以后许多国家相关法律的制定起到了示范作用。之后，欧洲各国纷纷建立了本国的医疗保障法律制度。奥地利于 1888 年、匈牙利于 1891 年、比利时于 1894 年、挪威于 1909 年、英国于 1911 年、法国于 1928 年都颁布了本国法律、实施了医保保险制度。1935 年美国制定了《社会保障法案》，经过修正后的《社会保障法案》以法典的形式确立了一整套包括老年保险、残疾和医疗保险、失业保险、健康和福利在内的社会保险制度，推动了美国社会保险事业的发展。1952 年国际劳工大会通过了《社会保障最低标准公约》（第 102 号公约），确立了医疗保健和疾病补助标准的国际标准；1969 年国际劳工大会通过了《医疗和疾病津贴公约》（第 130 号公约），将医疗保险的被保险人范围扩大至所有经济活动人口和居民。可以说，医疗保障的法律化已经成为国际社会普遍的做法。本节将以世界比较典型国家的医疗保障立法为例，分析它们的发展过程。

一、美国的医疗保障法律及其发展

美国的医疗保障体系在发达国家中属于"另类"的存在。受本国政治、经济和文化传统的深刻影响，美国逐渐形成了以私营医疗保险为主体、以政府医疗照顾和医疗救助为补充的医疗保障制度，与英国的全民免费医疗保险

---

① 常修泽. 新加坡医疗卫生体制的四点启示 [J]. 学习月刊，2007（7）：38.

和德国的社会医疗保险体制存在本质不同。

1935 年罗斯福新政时推出的《社会保障法案》在内容中最初并没有涵盖健康保险，虽然在该法案的草案中包含了医疗保险的内容，但由于受到强烈反对而不得不删除。批评的意见普遍认为医疗问题是个人问题，政府的干预将会导致官僚主义、限制医生自由、破坏医患关系。1944 年，罗斯福（Franklin Delano Roosevelt）总统提议在宪法中加入"第二权利法案"，将获得医疗保健医疗、就业、住房和教育确定为美国公民与生俱来的基本权利。罗斯福总统的思想被其继任者承继，1945 年杜鲁门（Harry S. Truman）总统向国会提交了全民健康保险法案，但被否决。经过不懈努力，约翰逊（Lyndon Baines Johnson）总统将重点瞄准老年人和残疾人以及低收入贫困者的医疗保险制度，终于在 1965 年使《社会保障法案》（修正案）在国会获得通过。修正后的《社会保障法案》涵盖了医疗照顾计划和医疗救助计划两部分，前者主要针对老年人和残疾人，后者则重点帮助特别贫困人群，如贫困线以下者、儿童、孕妇等。《社会保障法案》（修正案）在美国医疗保障制度历史上具有里程碑的意义，它确立了美国之后整体的医疗保障的体系结构。

历经半个世纪的美国医疗保障体系，在 20 世纪末遇到了一系列问题，医疗费用飞涨、医疗服务可及性差且质量不高，尤其是覆盖率极低，严重影响了大众生活。克林顿（William Jefferson Clinton）总统在 1993 年向国会提交了以建立全国统一的医疗保险体制为核心的《医疗保障法案》，其基本内容如下：（1）拓展医保范围，强制雇主补助员工购买商业医疗保险，保险费由雇主承担80%、员工承担20%，政府对小企业、失业者和穷人提供医疗补贴；（2）建立将分散患者联合起来的中介组织——健康同盟（Health Alliance），在与医院、保险公司和医生的谈判中发挥整体优势。[1] 但克林顿的《医疗保障法案》最终被国会否决。除了改革的复杂性和多种利益群体的反对外，根植于美国社会传统的个人自由主义和对政府不干预的思想，是改革失败的主要原因。克林顿虽然没有完成美国的医疗保障改革，但在其任期内通过了 1996

---

① 张晓，黄明安. 医疗保险国际比较［M］. 北京：科学出版社，2015：95.

年的《健康保险可携带性与责任法案》（*Health Insurance Portability and Accountability Act*）和 1997 年的《州儿童健康保险计划》（*State Children's Health Insurance Program*）两部法案。前者对保险公司加强了规制，并明确了医疗保险的可携带性，后者作为《社会保障法案》第 16 条的一部分，规定由联邦政府资助州政府将健康保险的范围扩展到儿童。这被认为是自医疗照顾和医疗救助制度实施以来美国在医疗保险改革方面取得的最大进步。①

奥巴马（Barack Hussein Obama）在 2009 年任美国总统后，面对医疗保险费飞涨和缺乏医疗保险的人数有增无减的情况，重新启动了医疗改革。奥巴马选择了一种折中的医疗改革方案，主要内容如下：一是扩大覆盖范围，以私营医疗保险为基础，逐渐实现普遍覆盖。规定雇佣超过 50 名员工的企业必须为员工购买医疗保险；政府将对为员工购买医疗保险的小企业减免税收，低收入者会得到联邦政府的补贴，中产阶级参加私营医疗保险将享受税收减免；子女可以享用父母的医保服务至 26 岁。二是加强对保险公司的监管，要求保险公司不得以投保者过往病史为由拒保或者收取高额保费；不得在投保人患病后单方面终止保险合同；不得对投保人终身保险赔付金额设置上限等。三是建立以州为基础的医疗保险交易所，小企业和个人可在交易所里通过联合议价，享受与大公司员工或联邦政府雇员同样优惠的保险费率。② 2010 年 3 月 21 日晚，美国众议院对《医疗保险改革法案》的最终版本进行了投票，通过了《患者保护与平价医疗法案》（*Patient Protection and Affordable Care Act*，PPACA）。后续经过美国的违宪审查程序，美国联邦最高法院于 2012 年 6 月 28 日以 5:4 的结果裁定《患者保护与平价医疗法案》的核心内容不违宪，使其正式成为具有效力的法律。《患者保护与平价医疗法案》不仅仅是美国医疗保险制度的重大变革，也对美国的人权保障、民主化变革和法治发展产生重要的影响。奥巴马的医保改革扩大医保覆盖面，将 4600 万无医保人员中的 3200 万人纳入医保覆盖范围，从而使医疗保障覆盖率达到 95%；通过法案，政府为困难群体提供补助，将医疗援助计划扩大到联邦界定的贫困水准为

---

① 张奇林. 美国医疗保障制度评估 [J]. 美国研究，2005（1）：94–111.
② 朱铭来，陈妍，王梦雯. 美国医疗保障制度改革述评 [J]. 保险研究，2010（11）：36–48.

133%的人群；对未按规定购买医疗保险的雇主和个人强制征缴罚款税；建立州健康福利交易所和小企业健康选择项目交易所，即保险购买市场，对通过州健康福利交易所参保的人群，政府提供补贴和费用分担；加强对商业保险的监管力度，规定保险公司必须提供由联邦政府要求的最低医疗保险组合；将财政税收作为医改的主要杠杆和筹资渠道，减免中产阶级税收以鼓励其参保；改善医疗服务质量，强化对医疗服务成本的控制，鼓励以服务质量为基础补偿卫生保健提供者，不再使用传统的按照服务项目和数量的支付方式，减少多余的医疗服务等。① 可以说，通过《患者保护与平价医疗法案》，奥巴马的新医保改革改变了美国传统意义上医疗保障由市场完全主导的模式，将法律的强制性因素注入体制，重新建立了一套以私营健康保险为主、政府干预、公私相结合的医保模式，也开启了美国全民健康保险的时代。

二、德国的医疗保障法律及其发展

德国是世界上最早建立社会医疗保障制度的国家。1883 年德国以俾斯麦为领导的政府颁布了世界上第一部医疗保险的立法——《劳工疾病保险法》。《劳工疾病保险法》与 1884 年颁布的《劳工伤害保险法》、1889 年颁布的《残疾和老年保险法》并称为"帝国三法"，创造了与福利国家模式对应的俾斯麦社会保障模式。德国的医疗保障制度以法定强制保险为主、私人自愿保险为辅，法定医疗保险内容齐备，社会组织在德国医疗保险体制中发挥着重要作用。1975 年的《德国社会法典》第五卷"法定医疗保险"以法律形式将社会医保确立为医保体制的支柱和核心，并明确了法定医保人员范围、结构原则、缴费义务、服务范围和保险组织形式等内容。在《劳工疾病保险法》的基础上，德国于 20 世纪 60 年代又颁布了《疾病保险所联合会新条例》、《保险所医生权利新条例》以及《养老金领取者疾病保险新条例》，这些法律共同构成了德国现代医疗保障法律制度的基础。1972 年德国出台了《农民医疗保险法》，将农民纳入法定保险体系。1977 年颁布《疾病保险费用控制法》

---

① 袁伟. 美国医疗保险制度考察报告 [J]. 中国医疗保险，2015（10）：68 - 73.

对医疗费用的支出进行控制，强调特定情况下家庭护理的义务以减少住院治疗费用，达到一定收入水平的家属不再享受免费医保以及提高患者药品费用共付比例等。①

从 20 世纪 80 年代末开始，为应对日益增长的医疗费用开支，德国开始对本国的社会医疗保险体系进行改革。1988 年德国颁布了《医疗保障体系结构性改革法》，旨在创建一个法定医疗保险内部对各方均有效的激励机制。1993 年德国颁布《卫生健康结构法》，改变卫生服务模式，对社会保险费的支出实施总额预付制，以控制医疗机构的过度供给，并要求医疗保险基金组织必须对所有的投保者开放，允许投保人自由选择投保的基金组织。为了满足高龄老人的护理需求，1995 年德国颁布实施了《护理保险法》，要求实施普遍的强制性的长期护理社会保障，对各年龄人口的家庭护理和护理院护理服务进行覆盖，个人收入水平低于强制医疗门槛的必须加入强制性长期护理社会保险体系，高收入者则有权利选择加入社会保险体系或购买强制性商业保险。在社会护理制度于 1995 年被纳入《社会法典》之后，德国完成整个国家社会保障体系的最后一块拼图，长期护理保险与医疗保险、事故保险、养老保险、失业保险并列成为德国社会保障体系的五大支柱。

2003 年德国政府通过《法定医疗保险现代化法》，这是第二次世界大战以后德国医疗保险体系最大规模的一项改革，主要针对法定医疗保险的支付体系进行。根据 2004 年生效的《法定医疗保险现代化法》，在法定医疗保险中建立药品参考价格制度，控制第三方付费者保险公司的药费支出，监管医保支付。根据药品零售价比例分担费用，患者承担费用方式如下：适用参考定价药且药价高于参考价格，则高出参考价部分的费用由患者完全支付；适用参考价药且药价低于参考价，以及不适用参考价药，由患者按比例分担药费。同时，增加医生参与控降药费责任，减少医生处方量，尤其是非处方药和辅助药，减轻医保基金药费支付压力。②

① 龚文君，周健宇. 德国"混合型"医疗保障模式的理念、实践与启示 [J]. 理论界，2012 (4)：189 – 192.

② 周毅. 德国医疗保障体制改革经验及启示 [J]. 学习与探索，2012 (2)：110 – 112.

默克尔总理（Angela Dorothea Merkel）在上台后，加快了对法定医疗保险的改革步伐。2007 年 4 月 1 日，德国通过了《法定疾病保险——强化竞争法》，拉开了新一轮医保改革的大幕。2007 年医改法案对法定医疗保险体系的改革主要包括四个方面：结构方面的改革、组织方面的改革、融资方面的改革和私人保险机构的改革。[①]具体内容如下：（1）全体强制参保，从 2007 年 4 月开始，所有的德国人必须选择参加传统型法定健康保险或商业健康保险；疾病基金会有义务向参保人提供多种形式的健康保险合同，使参保人了解医疗网络和费用情况并进行选择。商业健康保险机构也有义务与参保人签订基本医保合同，不得拒保。（2）强化自由竞争。一是建立"以发病率为基础的风险平衡机制"（Morbidity – based Categories Complement），引入更加公平的竞争规则。该制度在原先风险结构补偿因子（主要考虑年龄、性别、丧失工作能力等因素）的基础上，加入了对疾病因子的考虑，能够更全面地分析影响医药费用支出结构的因素，从而使风险平衡资金在各疾病基金会之间进行更加公平的分配，推动医疗保险机构间公平竞争。二是推动医疗基金会和商业健康保险机构之间的平等竞争，规定两者都要向参保人提供基本健康保险合同。三是参保人可以自由选择商业健康保险机构。法案要求商业健康保险参保人的老年医疗准备金的可携带性，参保人一旦退出该商业保险机构，老年医疗准备金可转入其选择的另外一家商业保险机构。四是引入选择性合约，基金会可以参加集体合约，也可以自由选择医疗服务机构并与之签署选择性合约，以此推动管理式医疗。[②]（3）组织机构改革。医疗保险公司从 2007 年 4 月 1 日起可以跨越不同的保险类型进行合并或兼并。从 2008 年 7 月 1 日，所有医疗保险公司在联邦层面上的联合会都将转变为民法主体。由全国医疗保险公司最高联合会，即全部医疗保险公司联邦层面的最高机构将变成公法主体，代表各个医疗保险公司行使共同的自我管理权限。从 2009 年 1 月 1 日

---

① 弗里德里希. 社会保险改革中的立法与利益平衡：2007 年德国医疗卫生改革 [J]. 社会保障研究，2007（1）：25 – 34.

② 阎建军. 国际基本医疗保障制度改革趋同：对"第三条道路"的解析 [J]. 金融评论，2013（3）：9 – 24.

起，法定医疗保险的资金筹集统一由新设立的医疗健康基金负责。① 医保缴费按照统一的缴费率征收，征收的保险费和税金通过健康基金分发到法定医疗保险机构，与此同时，保险机构可以额外收取参保人收入 1% 的保费。(4) 付费方式改变。在医院偿付机制上，对医院和开业医生实行总额付费方式。医院和门诊均实行总额预算控制，将过去的按日付费方式全面改为按病种付费方式，医院根据所治疗的病例从保险机构获得收入。②

2016 年，德国颁布了《安全数字通信和医疗应用法（E – Health – Gesetz 电子健康法）》，通过立法形式全面推进医疗数字化进程。③

德国自 20 世纪 70 年代末开始的医疗保障改革，改革的目标从最初的遏制医疗费用增长、稳定缴费率，向调整医保结构、健全竞争机制、转变筹资方式、减轻参保人经济负担，实现法定医保公平与效率的均衡发展的全面改造深入推进。2007 年的医改法案打破了传统法律架构下的法定医疗保险和私人医疗保险的界限，体现了国家调控和市场化之间的结合。

三、英国的医疗保障法律及其发展

英国是全球最早确立全民医疗保障模式的国家。早在 1911 年英国就通过了《失业保险与健康保险法》，规定了员工必须参加医疗保险，但是该法律仅保障初级医疗，而且将大量的非劳动力人群排斥在制度之外。1936 年英国颁布《国民健康保险法》，正式确立了医疗保险制度。在"贝弗里奇报告"建立"从摇篮到坟墓"福利国家理念的影响下，1946 年英国颁布了《国民保险法》，规定每个公民都享有失业、生育、死亡、孤寡、退休等方面的保障。同年，英国正式颁布了《国民健康服务法》，实行全民免费医疗，无论劳动者还是非劳动者，无论个人支付能力的大小，都可以得到国家免费全方位的医疗服务。《国民健康服务法》于 1948 年正式实施，标志着英国全面建立起了全

---

① 隋学礼. 德国医保的特色——国家调控与市场化运行 [J]. 北京航空航天大学学报：社会科学版，2014（3）：6 – 12，80.

② 杨晓慧. 德国医保启示录 [J]. 中国医院院长，2016（2）：54 – 55.

③ 中国医疗保险研究会 中国劳动和社会保障科学研究院. 部分国家（地区）最新医疗保障改革研究（2017 年报告）[M]. 北京：经济科学出版社，2018：146.

民医疗保险制度。1948 年英国颁布《国民救助法》，这意味着从 1601 年开始长期实施的《济贫法》的终结，标志着社会救助制度的正式建立。《国民健康服务法》和《国民救助法》的颁布实施，与之前社会保障领域的其他立法共同构筑了英国完整的社会保障制度系统和对公民社会保障权利的全面保障，也使英国确立了收入均等化、就业充分化、福利普遍化、福利设施体系化的福利国家社会保障模式。

由于福利国家理论奉行国家承担医疗保障的完全责任，由国家提供所有人都能享受到的、以需要而非支付能力为基础的全面服务。英国的全民健保制度在实施过程中一直都面临运行效率低下、国有资产流失以及医疗支出的快速上涨的问题，导致政府财政危机加剧。为了解决以上问题，从撒切尔夫人（Margaret Hilda Thatcher）开始的三届政府，英国开始进行医疗保障的改革。改革的主要方向如下：一是确立国家有限责任原则，医疗费用实行国家和个人共同负担；二是确保医疗服务公平原则，通过进一步规范医疗保障制度，防止各类寻租行为的发生；三是充分挖掘医疗资源，通过发挥私人医院在国民医疗保障中的作用，鼓励私人医院和国立医疗机构展开公平竞争。[①]1990 年英国通过《国家卫生保健服务和社区保健法》，该部法案是英国全民免费医疗制度实施 40 多年来最大的一次变革。其基本内容如下：（1）引入"内部市场"，实行医疗卫生服务的买办分立，卫生局的职能由原来的管理医院和提供服务转变为卫生保健服务的购买者。（2）公立医院与政府卫生部门脱钩，成为独立核算、自我管理与经营的国有自治组织。（3）建立了内部市场竞争机制。参保人拥有自由选择全科医生的权利，全科医生之间通过提高服务质量和效率竞争参保人，竞争能力强的全科医生还可以获得医疗服务购买者的资格；由医院为主组成的全民医疗服务联合体作为医疗服务的提供者，必须通过相互间的竞争赢得与服务购买者的服务合同，获得运营和补偿资金。创建内部市场、推动市场主体参与、形成市场机制，成为英国全民医疗保险

---

① 高连克，杨淑琴. 英国医疗保障制度变迁及其启示 [J]. 北方论丛，2005 (4)：110 – 113.

体系改革的核心所在。① 1997 年 12 月，由布莱尔（Anthony Charles Lynton Blair）领导的政府发布了新的《国民健康服务白皮书》，提出"增加医疗经费来源；明确病人权利和完善评价指标；提高服务效率和质量；改革内部市场、代理和计划机制；降低管理成本；建立卫生服务地区"。

2012 年 3 月，由卡梅伦（David William Donald Cameron）推动的《卫生与社会保健法案》在英国议会获得通过，正式成为法律。《卫生与社会保健法案》是 1990 年"内部市场化"改革的深入，该法案明确规定：第一，成立新的政府机构——NHS 管理委员会（NHS Commissioning Board），负责对医师受托管理公会实施监管，并负责管理初级医疗保健服务。第二，英国基层的社区全科医生将被赋予更大的权力。他们将和新组建的各全科医生公会一起负责为患者安排就诊的医疗机构名单，决定每年 800 亿英镑的医疗卫生拨款的使用。第三，将国家医疗服务系统（NHS）的公共卫生职能交给了地方行政当局负责。在 2013 年前，撤销全部 151 个负责管理医疗卫生拨款的初级医疗机构，由医师受托管理公会取而代之，以减少中间环节。第四，加强医疗机构之间的竞争，允许私营医疗部门、志愿者组织，与国家医疗保险服务系统定点医院，在提供医疗服务方面展开竞争，让患者有更多的选择。②③

简而言之，通过一系列法案的推进，英国在全民健保的福利制度基础上，不断通过市场的竞争强化市场的辅助作用。虽然英国社会保障改革的"私有化"特点与市场机制、个人责任的适度引入，并没有从根本上动摇政府的主导责任，④ 但通过法律巩固的改革成果保证了全民健保的医疗保障法律制度与社会经济之间的协调发展，促进了英国医疗保障体制的持续性发展。

---

① 蒋菲. 国际医疗保障制度市场参与改革的经验及启示——以美、英、德为例［J］. 特区经济，2012（9）：105 – 109.

② 何佳馨. 公私联动多元并举的医疗保险法律改革论［J］. 中外法学，2012（3）：578 – 593.

③ 阎建军. 国际基本医疗保障制度改革趋同：对"第三条道路"的解析［J］. 金融评论，2013（3）：9 – 24.

④ 杨思斌. 英国社会保障法的历史演变及其对中国的启示［J］. 中州学刊，2008（3）：79 – 81.

第三节　国际法律实践对我国医疗保障城乡一体化的启示

"他山之石，可以攻玉。"国际医疗保障法律的实践给我们提供了更广阔的视角审视我国医疗保障法律的现状和面对的挑战。在比较法上，探究比较对象的共同性，即"比较的第三项"对于我们移植外国法律具有重要意义。比较法律存在的价值如下：在对外国法进行鉴别、认同、调适、整合的基础上，分析其为本国法律所用的同构性和兼容性，进而进行引进、吸收、采纳和摄取，使之成为本国法律的有机组成。各国的法律制度之间相互沟通、相互渗透、相互吸收，从而逐渐成为一个协调发展、趋近接近的法律格局，是当代世界法制现代化进程的客观趋势。[①] 医疗保障的城乡一体化，是我国社会保障制度的巨大变革，也必然引发整个社会保障法律制度的转型和法律结构的再调整，比较法国际视野所提供的"公分母"，恰恰是我们探索现代化医疗保障法治化道路上的助推器和助燃剂。

一、法律是医疗保障城乡一体化的最佳路径和方式

世界社会保障制度发展的历史告诉我们，立法先行是社会保障制度建立的必要条件。国家通过社会保障制度所建立起来的社会安全网络，是为了预防公民因年老、疾病、工伤、失业等工业社会的风险陷入生存困境。而社会利益本位的社会保障法从诞生之日起就以公民基本人权的保障为其价值追求，以法律所独有的强制性和规范性回应来自国家和社会的双重需求。一方面，公民社会保障权利的确认和实现，本身就是社会保障法律实施的结果；另一方面，国家对社会保障关系的介入和干预，也只能以法律的形式加以实现。这一点，从发达国家医疗保障制度建立和变化的过程中可见一斑。可以说，无论是英国的"全民健保"制度，还是德国的社会保险制度，甚或是美国的市场主导型医保制度，其制度变革的历史实质上都是一部法制史，法律成为

---

① 公丕祥. 法制现代化的理论逻辑 [M]. 北京：中国政法大学出版社，1999：368.

制度变迁的主要形式和推动力。这洞窥了医疗保障改革背后的一个基本规律：立法先行。即使如英国、美国这样的判例法国家，在涉及全民健康权的医疗保障改革问题上，依然采用了成文法的方式明确医保制度内的社会关系，确立相关利益主体的权利义务。因为法律作为一种社会矛盾调和的工具，本身就是相关利益主体博弈的产物，代表着不同利益主张者的诉求。

我国的社会保障制度脱胎于计划经济。社会保障法律也明显呈现出"公法私法化"的特征，政策性的属性明显。在现实中，除了作为社会保险的基本法《社会保险法》是由全国人大常委会颁布的正式法律，对医疗保险制度作出了概括性和原则性的规定之外，医疗保障行政法规层面的法律几乎乏善可陈。在具体操作中，以"意见""通知"等形式存在的政策性文件替代了法律本应的功能，损害了医疗保障制度的严肃性和权威性。"我国医疗保险制度在行政法规层面的缺位，导致医疗保险的'低位运行'，充斥着大量未经立法程序检验的部门规范性文件，制度的连续性和可预测性无法形成，甚至存在严重的以下位法变更上位法规定的不法操作。"① 良法之治的最基本要求就是建立一个相对完善的法律体系。而我国的医疗保障法律目前存在"上位法缺位、下位法混乱"的问题，显示出与整个国家正在进行的医疗保障城乡一体化巨大变革的极度不适应。在城乡居民基本医疗保险的整合实践中，我们看到了大量各自为政的地方性法律和地方性政策文件。虽然这些规则迥异的地方性规定大体反映了不同地区实施整合改革的灵活性和差异性，但缺乏统一基本规则的引领明显使整合改革在实施中陷入了"地方化"和规则"碎片化"的沼泽，不仅产生了不同地区之间医保关系转接中的摩擦，而且为后续区域化城乡居民医保向全国统一的城乡居民医保的过渡埋下了隐患。

医疗保障关系由于涉及整个国家的居民、用人单位、医保机构、医疗服务机构以及政府医保管理机构之间关系的调整，并且医保体系本身所具有的多层次性和复杂性，仅仅依靠对《社会保险法》的修订回应一体化改革的需求并不现实。有的学者提出单独制定"医疗保障法"的观点值得赞同。"包括

---

① 林嘉，于汇. 医疗保险法治化的法理探讨和对策建议 [J]. 中国医疗保险，2017（12）：11 - 14.

医疗保险、医疗救助和非营利性医疗保障、商业性健康保险在内的医疗保障制度体系不仅是独立的制度安排，也是一个多层次的完整体系，分散立法不利于医疗保障各项具体制度的衔接，也不利于统一的管理主体管理职能的实现，更不利于完整地解决全体人民疾病医疗的后顾之忧。"① 制定一部独立的"医疗保障法"、确立相对统一的覆盖城乡全体居民的医保规则，不仅是对既有城乡居民医保整合规则"地方化"和"碎片化"的破局，还可以有效解决"强制性参保"这个重大制度整合难题，使疾病风险在健康和非健康人群之间、低收入和高收入人群之间实现横向转移。更为重要的是，"医疗保障法"对医疗保障体制进行的一体化制度安排，能够形成基本医疗保险、医疗救助、基本公共卫生、补充医疗保险等多层次的医疗保障体系，协调处理医疗保障体制与卫生体制、医药流通体制的衔接，从而为居民医疗保障权的实现提供持续稳定化的保障。

二、坚持公平优先、兼顾效率的立法理念

纵观西方国家医疗保障法律制度发展历程，一条核心线索就是始终在公平与效率、国家和市场之间寻求平衡点。

市场主导型的美国通过奥巴马的医改法案不断增强既有体系的公平性，以强制性参保的方式拓展医疗保险的覆盖面，建立医疗保险交易市场并对参保群体提供补贴和费用分担，在制度上建立起了一种"权利—责任"医疗保障机制。奥巴马医改法案改变了长期把国民健康保险视为一种"个人主义"和"自由主义"传统主导下的个人责任的做法，而是将其确立为一项重要的社会责任；美国政府也不再把健康保险视为一种商品或者商业利益，而是确立为一项法定的公民权利，同时也是一项社会义务，是政府、公民和雇主的一项法定义务。美国医保改革的进程，其实也是探寻医疗保险领域政府干预与自由市场的适度的制度构架的进程，通过这种适当的制度构架，建立多元

---

① 向春华. 全面推进社会保障法制化——访全国人大常委会委员、中国社会保障学会会长郑功成 [J]. 中国社会保障，2019（3）：16 - 19.

利益和权利诉求得以包容、互动与合作的公共政策合法性基础。① 反观英国和德国，通过法案推进的改革无一不在强化医保体制运行的效率性，强化市场竞争的机制。德国通过《法定疾病保险——强化竞争法》，推动医疗基金会和商业健康保险机构之间的平等竞争，引入商业健康保险机构参与医疗保险服务，引入选择性合约制度给予疾病基金会更大的选择权以实施管理式医疗；英国的医保改革始终围绕"内部市场"展开，实施管办分开，强化医疗机构之间的竞争，赋予全科医生更多的医疗资源分配权，打破政府对医疗资源的高度行政管理垄断地位。英、美、德对于本国医疗保障体制的改革探索，不同程度地体现了医疗保障中公平与效率的结合，政府责任与市场机制功能的界分，在改革的思路上体现出了一定的趋同性。有的学者把这种介于"政府"与"市场"之间的趋同改革模式称为"医疗保障制度发展的第三条道路"。②

在我国统一公平的"全民医保"目标实现的过程中，首先应当毫不动摇地坚持"公平优先"的基本理念，这是由《社会保险法》"广覆盖、保基本"的立法原则决定的，也是由医疗保障法律制度中医疗保障权的平等保护价值目标决定的。我国的医疗保障体制，从模式上看，更近似于德国，是以社会医疗保险为核心构架起来的。社会医疗保险制度本身就是对公民基本医疗权益的保障，其首要原则即"非歧视性"。社会正义理念在医疗保险法中的体现，首先就表现为所有公民医疗保险权的无差异保护。如果不能坚持"公平优先"的基本理念，就会侵蚀医疗保障法律制度平等保护公民医疗权益的基石，损害基本医疗保险服务的可及性，颠覆"全民医保"制度建立的意义。"公平优先"的理念要求医疗保障法律制度的改革应当立足于国家的医疗保障义务，以强制性的普惠制为基础改革给付结构，全面建立起"病有所医"的医疗保障体系，以满足每个公民的基本医疗需求。然而，对于公平性的强化并非要求国家完全承担起医保的法律责任，回到单一的行政化管理模式之中。

---

① 何佳馨. 美国医疗保险制度改革的历史考察与理论检省［J］. 法制与社会发展，2014（4）：127 – 142.

② 阎建军. 国际基本医疗保障制度改革趋同：对"第三条道路"的解析［J］. 金融评论，2013，5（3）：9 – 24.

从西方国家医保改革立法走过的道路可以看出，不引入市场的参与、发挥市场参与的核心作用、控制医保费用的支出，将重新回到计划经济时代低效运行的医保模式，"全民医保"目标的实现也只能变成一句空话。"选择性和竞争性是市场参与的关键要素。参保人的选择性和参与主体的竞争性，是医疗保障制度市场参与中具有基础性作用的关键要素，两者之间是相互依存、相互促进关系。"① 从提高医保参保人参与医保市场的角度出发，应重视立法中公民医保参与的选择权，优化"分级诊疗制度"改革，提升参保人对于医疗保险服务机构选择的空间，优化公民职业身份、地区身份转变时的医保制度衔接；从市场竞争机制的作用出发，尝试学习德国引入私营医疗保险机构进入医疗保险市场的做法，大力拓展和创新商业保险公司参与大病保险模式，建立起多元化良性竞争的医保格局，学习美国管理医疗中将私营医疗服务机构导入社会保险、医疗照顾计划和医疗资助计划的做法，鼓励私营医疗服务机构积极参与医疗救助和公共基本卫生服务；从医保资源配置的角度，应深化医疗保险支付方式改革，学习德国医疗体制中的公共型契约模式，"建立医疗保险机构契约化购买医疗服务的新机制，激励医疗机构向参保人提供高成本—效益比的医疗服务"②，使医疗资源的配置更加均衡化。通过立法实施的医保选择权的赋予和市场竞争机制的建立，能够有效地促进医保服务效率的提高，以市场竞争拉低医疗服务的价格，保障公民的医疗保障需求在更便捷和更高效的服务中被满足。

三、坚持医疗保障的多层次发展

发达国家医疗保障制度及其立法的发展的主要经验之一就是医疗保障的多层次性。

医疗保障的多层次性，首先是医疗保险的多层次性。除了美国的市场主导型和新加坡的个人储蓄型的医疗保障模式，世界上绝大多数国家和地区的

---

① 蒋菲. 国际医疗保障制度市场参与改革的经验及启示——以美、英、德为例［J］. 特区经济，2012（9）：105 – 109.

② 杨娉. 医疗保障体制及政府与市场的边界［J］. 金融发展研究，2017（9）：53 – 60.

医疗保障制度都肯定了国家的法定医疗保险应当承担医疗保障的核心保障作用。但不同国家在法定医疗保险之外，均普遍性地采纳了补充型医疗保险，以形成医疗保险的层次化结构。从补充医疗保险与法定医疗保险之间关系的角度分析，一般的补充型医疗保险可以分为法定医保的替代型、附加型（待遇附加型或待遇补充型），以及就诊服务的增补型或优选型三种功能定位。①替代型补充医疗保险由于在功能上具有替代法定医疗保险的功能，它与法定医疗保险之间会形成一定的竞争关系。附加型保险主要存在于法定医疗保险保障水平相对较低的国家，是对法定医疗保险的额外待遇补充。增补型补充医疗保险提供被主体医疗保险除外的或未被覆盖的全部或部分保障。②英国在法定的国家医疗服务体系（NHS）之外，形成的是以私人医疗保险为主的附加型补充医疗保险制度；德国在法定疾病保险之外，基本上是以私人医疗保险作为替代型和附加型混合的一种补充医疗保险；由于美国的私营医疗保险是其主体结构，因此其是以医疗照顾计划为主的一种替代型和附加型混合的补充医疗保险；新加坡由于以个人储蓄作为法定保险，因此形成了由健保双全计划、乐龄健保计划和商业保险共同作为附加型和增补型混合的补充医疗保险模式。补充型医疗保险是法定医疗保险的有益补充，它不仅能够满足国民就医的多元化需求、提供多元化的服务，而且能够弥补法定医疗保险只保障基本面的缺陷。补充型医疗保险还丰富了医疗资金的筹资渠道，有学者测算，英国、德国、美国、新加坡的补充医疗保险作为这些国医药卫生费用的筹资渠道之一，所筹集的医药卫生费用占卫生支出的15%～20%。③

在我国的医疗保险体系中，除了基本医疗保险之外，还存在多层次的补充型医疗保险。《社会保险法》的立法原则也确定了我国社会保险多层次发展的方针。从类型上看，我国不存在替代型的补充医疗保险，目前补充医疗保险的类型主要是附加型和增补型，其中职工互助医疗保险、商业补充医疗保

---

① 余小豆，袁涛．多层次医疗保障的国际比较与启示［J］．中国医疗保险，2019（3）：68－72.

② 贾洪波，刘玮玮，丁淑娟．再论补充医疗保险制度的含义和分类［J］．中国卫生经济，2012（11）：22－24.

③ 贾洪波．补充医疗保险的实际运作：四个国家比较［J］．改革，2012（11）：144－153.

险具有附加型的特点，而公务员的医疗补助、企业的补充医疗保险、大额医疗补助基本上属于增补型补充医疗保险。在医疗保障城乡一体化的进程中，根据国际经验，应通过立法明确我国医疗保险的多层次结构，肯定补充医疗保险作为基本医疗保险辅助性补充的法律定位，并鼓励多种类型的补充医疗保险的发展，在规定上为补充医疗保险留下制度空间。在制度设计上，应重点关注补充医疗保险与基本医疗保险之间的衔接，并在补充医疗保险内部建立有效的不同类型补充医疗保险的协调机制。

医疗保障体系的多层次不仅仅单独指向医疗保险的多层次，还包括整个医疗保障体系的多层次，即医疗保险与医疗救助之间形成错落有致的搭配。实际上，英、法等国的医疗救助制度，美国的医疗照顾计划和医疗救助计划，新加坡的保健基金计划等都与我国的医疗救助制度基本功能类似。因此我国城乡一体化的医疗保障立法应妥善处理医疗保险与医疗救助之间的关系。首先，应将医疗救助保障功能定位为"托底线"，与基本医疗保险"保基本"的功能相区分，将其设定为"助力社会贫困人员能够获得个体无力支付的基本医疗保障"。[①] 其次，应以精准扶贫作为连接点，将精准医疗救助与基本医疗保险相衔接，纳入统一的有层次的医疗保障体系中加以对待。"精准医疗救助的方式应主要是将因病致贫的贫困人口纳入基本医疗保险"[②]，精准医疗救助应通过全额或部分代缴医疗保险费的方式，确保所有因病致贫的贫困人群都能够被纳入城乡居民基本医疗保险制度体系中，真正发挥医疗救助在医疗保障体系中位于底层的"托底线"功能。最后，多层次的医疗保障体系中的重要一环还包括基本公共卫生服务。现实中，卫生保健服务的缺失，增加了民众患病的风险，也极易导致因病致贫现象的发生。这里可以借鉴德国《护理保险法》的做法，在立法中明确建立起具有普惠性的卫生保健服务制度，形成与基本医疗保险和医疗救助制度之间的层次搭配。

---

① 张晓. 医疗救助与基本医保的关联和边界 [J]. 中国医疗保险，2019（7）：20 - 21.
② 乌日图. 社会保障顶层设计亟待明确的三大问题 [J]. 社会保障研究，2018（3）：3 - 14.

四、坚持医疗保障的社会化原则

从西方国家医疗保障立法的基本发展趋势来看，都不同程度地体现了医疗保障的社会化原则。美国虽然是私营医疗保险为主导型的医疗保障模式，但社会化一直是其制度发展的一个基本特征。最早期的美国私立医疗保险项目就是 1929 年创设的"双蓝计划"，即非营利性组织管理的"蓝十字"（Blue Cross）和"蓝盾"（Blue Shield）计划。"双蓝计划"在美国医疗保障事业中发挥了巨大的作用。至 21 世纪初，"蓝十字"和"蓝盾"组织在全美已经有了 74 个相互独立经营的分支机构，雇员超 12 万人，为全美国 70% 的工业企业提供保险，有将近 1 亿人接受它们所提供的医疗保险服务，全年健康保险资金总额达到 1040 亿美元。[1] 而负责整个运营和管理的"蓝十字"和"蓝盾"组织实际上只是一个健康保险的中介组织。而 2010 年奥巴马医改法案，也通过管理式保健继续强化美国医保的社会化性质。管理式保健是指"通过第三方介入医疗行为，以收入激励和直接控制方式，使患者能够从医疗服务提供者那里获得受控制的、合适的、有所值的医疗服务"[2]。奥巴马医改法案通过设立以州为基础的医疗保险交易所这一第三方组织，为个人和小企业提供符合联邦和州标准的私人医疗保险，同时也为低收入人群提供联邦穷人医疗救助保险。[3] 可见，社会化组织在美国医疗保障体系中具有非常重要的地位。而英国从 20 世纪 90 年代开始实施的一系列医保法案，其核心都围绕"内部市场"展开。英国的"内部市场"改革，始于公共集成模式的解构，将原来混为一体的医疗服务的筹资、购买和提供分开。[4] 通过一系列改革，英国将筹资义务由原来单一的 NHS 体系转变为地方化、分权化的卫生局；将医疗服务购买全部外包给多元主体；在医疗服务购买者与提供者之间引入公共

---

① 段昆. 当代美国保险 [M]. 上海：复旦大学出版社，2001：158.

② 张晓，黄明安. 医疗保险国际比较 [M]. 北京：科学出版社，2015：97.

③ 刘晓红. 艰难中前行的奥巴马政府医疗改革 [J]. 世界经济与政治论坛，2014（4）：156 – 172.

④ 蒋菲. 国际医疗保障制度市场参与改革的经验及启示——以美、英、德为例 [J]. 特区经济，2012（9）：105 – 109.

化契约化的安排；全科医生被赋予更大的权利，参与到医疗保险管理中。其改革带有明显而深刻的社会化痕迹。

而与我国同样采用医疗保险模式的德国，其医疗保险制度及其法律变革的主要特征之一就是"自治管理"。德国社会医疗保险模式中重要特点就是医保经办机构作为参保人和医疗给付机构之外的第三方向给付机构购买医疗服务。早在1988年德国颁布的《健康改革法》中，就将法定医疗保险的运营机构定位为自治管理的、具有权利能力的公法法人，并设立不同类型的医保基金会。国家仅以法律确定给付范围与最低给付标准，并进行合法性审查，并不负责直接实施医保管理。各类医保基金会经注册后具有独立的法律地位，无须听从国家的行政指令，可以以自己的名义履行职能。而在2009年《法定疾病保险——强化竞争法》实施之后，医疗产品合同由供需两方团体通过社会化的集体谈判确定，进一步凸显了"管办分离"，解决了医保市场中信息严重不对称的问题，也克服了医保产品价格不合理的弊端。"在医疗产品定价与费用结算方面，德国法定医保领域的改革实现了管理体制的'管办分离'：单个基金会与给付者之间不发生任何联系，一切与价格和结算相关的事项均由两者的联合会通过社会化的集体谈判确定。在特殊的给付领域，国家采取强制性规范保障医疗产品的低价。这样的制度设计使医保经办者得以监督、制约医疗服务提供方的行为，平衡医患之间的利益，从根本上维护参保者的权益。"① 可见，德国的医保基金会作为医保经办机构，充当了医保参保人与医疗服务提供者之间的中介，实际上成为一个带有公法性质的社会组织。

我国的基本医疗保险体制中，政府一直扮演着规则制定者和参与者的"双重角色"。这种双重职责的管理模式使政府实际上成为医保体系运行的垄断者。而运行上职责的冲突，又推高了管理成本，导致医保基金运行效率低下。借鉴西方国家，尤其是德国医疗保障运行社会化的经验，未来城乡一体化医疗保障的立法应确立医保经办机构社会组织法人的性质，实施严格意义上的"管办分离"，厘清医保行政管理部门和医保经办机构之间的边界。对于

---

　　① 娄宇. "管办分离"与"有序竞争"——德国社会医保经办机构法律改革述评与对中国的借鉴意义 [J]. 比较法研究，2013（5）：124－137.

有的学者提出的，在统一医保"大部制"管理体制之下，改革医保管理与医保经办"政事不分""管办不分"的体制局限，着力构建法人化的医保经办体制，由城乡医保参保人、政府、雇主、学者、专家等选举同数代表组成管理委员会，作为各个统筹层次医保经办机构的最高权力机关的观点，[①] 值得赞同。在医保管理行政部门和经办部门关系的处理上，虽然理论上存在委托代理关系、相互竞争关系、共保联盟三种选项[②]，但从我国医疗体制的既有实际出发，应在法律上明确界定两者之间的法律关系性质为行政委托代理关系，以行政合同划定两者之间的权利义务界限，构建一个"管办分离"、相互制约的运行机制。在具体操作上，应鼓励社会力量对医保市场中供需两方的介入，形成稳定的集体谈判和集体协商模式。

城乡一体化的医疗保障法律实施"管办分离"的社会化，其根本原因是由医疗保障法律的社会法属性所决定的。作为"私法公法化"和"公法私法化"产物，社会法的出现形成了法律调整上的二元结构。"私法是与市民社会相适应，公法是与政治国家相适应，社会法则是与团体社会相适应。"[③] 在社会法对社会关系所进行的宏观、中观和微观三个层次的调整中，中观调整无疑最具有社会法的典型性意义。而中观调整的基础，则需要社会社团组织的发展来予以支撑。在市民社会与政治国家的中间地带，社会保障法的核心特征之一应是社团组织的壮大和勃兴。

五、坚持倾斜保护的立法原则

对特殊群体的倾斜保护是国际医疗保障制度的通常做法，在比较法的角度，我们可以看到，虽然不同国家的医疗保障模式大相径庭，但是在对医保制度的一些特殊对象，均采用了差异化的做法加以区别对待。

美国在私营化的健康保险体系之外，通过公共医疗保险体系对弱势群体

---

① 孙淑云，郎杰燕. 中国城乡医保"碎片化"建制的路径依赖及其突破之道［J］. 中国行政管理，2018（10）：73－77.

② 吴海波. 社会医疗保险管办分离：理论依据、制度框架与路径选择［J］. 保险研究，2014（1）：108－113.

③ 董保华，等. 社会法原论［M］. 北京：中国政法大学出版社，2001：212.

进行保护，公共医疗保险体系包括医疗照顾计划、医疗救助计划，以及儿童健康保险计划三部分，其涵盖对象主要包括老年人、残疾人、儿童、怀孕妇女、极度贫困者，救助方式主要是免除相关医疗费用或者提供资金支持。英国在 NHS 之外的社会医疗救助体系的主要救济人群是老年人、身体欠佳者、享受政府津贴者、税收抵免者和低收入者，救助内容主要是减免相关费用。法国针对低收入人群所设置的医疗救助制度主要由医疗保险普惠制度和补充医疗救助津贴构成。日本则在健康保险体制的基础上建立了高龄老年人医疗保险制度。新加坡的保健基金计划主要资助保健储蓄不足以支付医疗费的贫困国民，乐龄健保计划则针对严重残疾需要长期护理的老年人提供基本现金津贴。

　　社会保障制度的产生，是人类工业社会化的结果，其制度设计之初主要是为了解决工业社会化产生的一系列社会风险。而工业社会化中的社会风险，从表现上看，主要集中于社会的弱势群体。我国医疗保障的城乡一体化，是全民基本医疗保障权利的实现过程，医疗保障法律对于实质正义的追求，意味着在权利保护的制度设计上必须照顾到弱势群体的特别利益。将倾斜保护作为医疗保障立法的基本原则，是医疗保障城乡一体化的题中应有之义。医保制度对于特殊群体的保护，首推医疗救助制度，甚至有的学者认为，医疗救助制度建设的好坏是真正决定一个国家医疗保障制度是否公平的核心[①]。通过医疗保障立法确定医疗救助的基本对象和核心标准，应是未来覆盖城乡居民的医疗保障法的基本任务之一。我国于 2014 年实施的《社会救助暂行办法》将医疗救助的对象界定为三类群体：最低生活保障家庭成员、特困供养人员、县级以上人民政府规定的其他特殊困难人员。这一范围界定模式，对于前两类群体，最低生活保障家庭成员和特困供养人员，法律直接界定了其认定标准，而将第三种情况通过立法的授权性规范给予了县级以上人民政府。应当说，这种"固定标准"＋"自由裁量标准"的设计，虽然具有立法的确定性和灵活性相结合的优点，但在实践中已经远远落后于城乡医疗保障一体

---

① 赵大海．我国医疗保障制度改革走向的论证［J］．江西社会科学，2014（4）：189-193.

化发展的现状。2017 年 2 月民政部在通知中明确将建档立卡农村贫困人口全部纳入重特大疾病医疗救助，也是在无形中扩大医疗救助的覆盖范围。从医保扶贫对象精准识别的角度来看，其对象范围重点应包括三类人群：因贫致病人群、边缘贫困人群、灾难性卫生支出人群①，现有的法律框架并不能全部加以涵盖。此外，贫困人群的界定还涉及区域性差异、病种和病因差异、年龄差异（尤其是老人与儿童）、收入差异等因素，需要综合考量制定更为精确的认定标准。在医疗救助对象明确化的基础上，应制定更为清晰化的医疗救助给付程序，与基本医疗保险和大病保险程序进行有效对接。城乡医疗保障的一体化是医疗救助与基本医疗保险的一体化，两者相辅相成。在制度设计中，应以基本医疗保险为中心，将医疗救助的筹资、待遇标准、给付方式、给付程序、救助信息等内容全面接入基本医疗保险系统，其中给付程序的对接应是法律首先明确确定的。

在基本医疗保险体系中，对于特殊群体的照顾应立足于个人利益与社会利益的平衡。在城乡居民基本医疗保险整合中，在过渡阶段应在法律上允许各地针对老年人、儿童、学生、城市务工人员等特殊参保对象，采用有别于一般参保对象的缴费待遇。②

---

① 温兴生. 医保精准扶贫实施策略探讨 [J]. 中国医疗保险，2017（4）：15–18.
② 此处详见本书第五章城乡居民基本医疗保险整合中的利益平衡。

第七章 城乡居民基本医疗保险整合的实证研究

——基于"二省三地"实地调研的分析

第一节 城乡居民基本医疗保险整合调研概述

一、调研的背景

在 2016 年 1 月《国务院关于整合城乡居民基本医疗保险制度的意见》发布之后,全国各地区的城乡居民基本医疗保险的整合工作有序推进。由于《整合意见》赋予了各地一定程度的权限,各地在贯彻《整合意见》的过程中依据本地区的实际情况均制定了与本地区相适宜的整合规则以推进新农村合作医疗与城镇居民医保的整合。

为了考察城乡居民基本医保整合工作在实际运行中的效果,发现整合中存在的问题并及时检视整合规则的制度设计,我们选择了 HN 省的 P 市、N 市和 HB 省的 X 市,在 2017 年 8 月至 2019 年 3 月之间深入三个地区的农村和乡镇进行了"田野调查"。

HN 省和 HB 省分别于 2016 年和 2017 年由省人民政府发布了全省的城乡居民基本医疗保险整合的意见,不同的是,HN 省在 2017 年还出台了全省城乡居民基本医疗保险的实施办法,以地方性规章的形式确立了全省的整合规则。两个省份的整合规则基本贯彻了国务院《整合意见》要求的"六个统一",在覆盖范围、筹资政策、保障待遇、医保目录、定点管理和基金管理六个方面进行了全省范围内的统一。但两个省份之间的整合规则，归纳起来仍然有几点不同之处：（1）在统筹层次上，两省均提出了市级统筹的基本要求。但 HN 省确立了"分县运行"的原则，即以市本级（含市辖区，下同）、所辖县（市）为单位分别负责城乡居民医保相关工作。（2）在参保范围上，两省均规定不属于城镇职工基本医疗保险参保范围的城乡居民，应参加统筹地区城乡居民基本医疗保险。但在具体参保人群上，HN 省明确规定了城乡居民基本医疗保险的参保对象为农村居民、城镇非从业居民、大中专学生、国家和省规定的其他人员；HB 省则只是通过反向限制的规则确定不属于城镇职工基本医疗保险参保范围的城乡居民以及各级政府规定的其他人员，应参加统筹地区城乡居民基本医疗保险。（3）在筹资模式上，两省均确立了原则上城乡居民以家庭为单位、在校学生以学校为单位参加城乡居民基本医疗保险的方式。HN 省规定各省辖市可结合当地实际，确定个人缴费标准和财政补贴标准，但不得低于省人力资源社会保障部门、财政部门规定的最低标准。HB 省则只是要求统筹地区内统一筹资标准。（4）在保障待遇方面，HN 省统一了全省城乡居民的普通门诊医疗待遇、门诊慢性病医疗待遇、重特大疾病医疗待遇、住院医疗待遇；HB 省则规定医保保障待遇包括普通门诊医疗待遇、门诊慢性病医疗待遇、住院医疗待遇，重大疾病救治政策由各统筹地区结合本地实际制定。HN 省允许暂不具备建立门诊统筹制度条件的，可仍采取家庭账户（个人账户）方式支付普通门诊医疗费用。（5）在医保待遇的特殊处理方面，HN 省规定 14 周岁以下（含 14 周岁）参保居民起付标准减半，其他参保居民年度内在县级以上（含县级）医院第二次及以后住院，起付标准减半；HB 省则规定鼓励城乡居民连续参保，对连续参保的，原则上在医疗保险待遇上给予激励，具体政策由各统筹地区制定。（6）新生儿医疗待遇方面，HN 省规定新生儿出生当年，随参加基本医疗保险的父母自动获取参保资格并享受城乡居民医保待遇，办理手续后新生儿从出生之日起享受当年城乡居民医保待遇；HB 省规定对符合国家生育政策的新生儿，若出生时不在缴费时限内，原则上可以办理城乡居民基本医疗保险参保手续，享受城乡居民基本医疗保险待遇，具体办法由各统筹地区制定。（7）在医疗费计算制度上，两省都建立了"一站式"即时结算的医疗费报销机制。但 HN 省明确规定允许暂不具备即时结算条件的，医疗费用由本人先行垫付，出院后到参保地医保经办机构按规定报销。（8）在医保基金的管理方面，HN 省在统一的医保整合的省级地方性规章中予以明确，HB 省则首先由省级人社部门单独制定了城乡居民医保基金的暂行办法，后续又制定了省级的行政规章。

三个调研地区中，HN 省 P 市和 HB 省 X 市的人民政府均发布了本市范围内城乡居民基本医疗保险整合的通知或者实施意见，而 HN 省 N 市的人民政府则制定了本市的城乡居民基本医疗保险实施办法。

二、调研的研究方法

首先，从法学研究的角度看，本次调研的研究方法是一种实证的分析方法。实证的分析方法是法学研究经常使用的一种分析方法。所谓的"实证"包括三个基本含义：第一，对于抽象而言，它是具体实在的；第二，对于绝对客体而言，它是相对主观的；第三，对于保守性而言，它是积极建设型的。与价值分析方法不同，实证分析方法论认为，"法律科学基本上是一种解释的学问，人的行为的法律意义只是在与法律规范相关的解释之中存在，法律规范的功能就如同一幅解释的图表"①，因此实证分析方法实质上是从解释论上对制定法下的法律规范进行的一种描述和理解，是一种"超越现实的逻辑"。在国务院《整合意见》的推动下，全国各个地区已经建立起了一套相对成型的城乡居民基本医疗保险整合的规则体系。如何认识这些规则所产生规范性和效力性，需要认识主体参与分析规则之间的关系，探求这些制度规范背后的"实证法"。因此，本调研的研究立足于城乡居民基本医疗保险整合的制度规范的基础，从法律的规范性、秩序性、效力性等角度分析既有整合规则的实证性，使用的是一种实证主义的分析方法。

其次，本调研的研究，还是一种社会分析方法的研究。"法发展的重心不在立法、不在法学，也不在司法判决，而在于社会本身。"② 法学的社会分析

---

① 胡玉鸿．法学方法论导论［M］．济南：山东人民出版社，2002：162.
② 张文显．二十世纪西方法哲学思潮研究［M］．北京：法律出版社，2006：111.

方法论者认为，法学更加注重社会本身对法律的影响，因为在制定法之外，实际支配着人类社会生活、作为人类行为真正决定因素的，是那些现实生活中实际起到法的作用的类法规则，即"活法"。"'活法'论摆脱了从社会的某一方面研究法律的局限性，将法律分析的重点引向了更广阔的社会生活，分析的主要对象不再是法律文献和法律原则，而是法律所赖以生存的社会条件和社会环境。"① 城乡居民基本医疗保险的制度整合，是国家力量对社会保障制度变迁的一种推动，但同时也要受到各种社会因素的制约。因此，法学对医疗保障城乡一体化的研究，必须回到社会分析方法的路径上，回到对法学实然问题而非应然问题的关注，回到现实规则实证性的经验总结。"经验科学的任务不是获取规范的理想，而是现实中规范和理想是如何运作的实际过程。"② 只有通过对整合规则社会影响因素的分析，通过对制度经验的不断总结和检讨，才能将城乡居民医保整合这种改变城乡经济、社会结构的变革真正放置于中国社会的大背景之中进行思考。社会分析方法所独有的客观性和社会性，将有助于提炼那些整合中真正发挥作用的法则，有助于深入探究整合规则背后个人利益与社会利益的平衡。

三、调研对象和调研方式

(一) 调研对象

本次调研的调研对象分为两类：一类是在县城医院、乡镇医院、农村诊所等医疗服务机构正在接受就医服务的城镇居民；另一类则是提供医保管理服务的工作人员，包括县、乡级医保管理部门的管理人员、县、乡级医院（卫生院）负责医保工作的工作人员、农村诊所的医生等。

之所以这样对调研对象进行划分，主要是这两类群体基本上代表了医疗保险法律关系中的两类不同的主体，其一是医疗保险的需求方，其二是医疗保险服务的供给方。

---

① 赵震江. 法律社会学 [M]. 北京：北京大学出版社，1998：15.
② 白建军. 论法律实证分析 [J]. 中国法学，2000 (4)：29-39.

（二）调研方式

根据不同的调研对象，本次调研采用了不同的调研方式。对于正在就医、接受医保服务的城镇居民，主要是以发放调研问卷、填写问卷的方式进行，间接辅以询问方式。对于提供医保管理服务的工作人员，则主要以实地座谈的方式，提出问题，由其对所提出的问题进行解答和解释，并辅助以填写问卷方式。

对于正在就医、接受医保服务的城镇居民的问卷，设计了与医保政策相关的 17 个问题，采用选择题的方式拟出，由填写调研问卷者作答。对于答案较为多元化的问卷问题，采用了多项选择题的问卷方式。本次对参保群众的调研问卷没有选择目前较为流行的网上调查的方式，而是在调研过程中由调研的参与人员直接到县城、乡镇医院（卫生院）和村组织的就医诊所由参保群众现场填写。之所以舍弃成本最低的网上调研方式，主要有两点考虑：一是网上问卷的调研对象相对年轻化，无法有效地覆盖所有年龄段的调研人群，且网上调研问卷的填写者有可能并非城乡医保的参保人群，而属于城镇职工医保的参保者，与调研目的相悖；二是网上的调研人群未必都接受过医疗保险服务，会导致所填写问卷的真实性缺失。因此，对于就医群众的问卷调查采用了最原始的"田野调查"方式，即面对面方式。这种调研方式也间接导致问卷数量并不太多。本次调研共向正在就医的城乡居民发放问卷 160 余份，回收有效问卷 133 份。除了取样样本数量较少的问题之外，面对面问卷调查的另一问题是参与问卷调查的一部分群众对问卷调查还有较大的排斥感和怀疑性，这也会导致他们很可能在问卷填写过程中部分隐藏了自己的真实感受，间接影响了问卷的分析结果。

对于医保管理和服务机构的工作人员，由于他们大多直接或者间接从事与医保有关的工作，对城乡居民医保的政策较为熟悉和了解，一般能够比较迅速地对问题作出解答，能够更好从宏观层面把握本地区居民的医保现状和存在的问题，因此采用座谈的方式，能够比较快地将讨论主题带入调研的情景。调研中，一部分从事医保管理工作的工作人员，基于所在行政管理岗位职责的原因，对本地区城乡基本医保整合中存在的问题，不排除在有的时候采取回避或者隐瞒的态度，没有完全披露真实情况。本次调研共与"二省三地"共计8位负责医保管理和服务的工作人员进行了座谈，收回有效问卷8份。

第二节　城乡居民基本医疗保险整合调研分析

本次调研以对就医群众的调查问卷数据为基础，结合医保管理服务人员的座谈研讨情况，对城乡居民基本医保整合后的基本情况进行了整体性分析。

一、基础调研数据

（一）调研对象的性别

调研共计回收有效调研问卷133份。根据问卷填写情况，接受调研的群众之中，男性59人，女性74人，比例为44.4:55.6（见图7.1）。

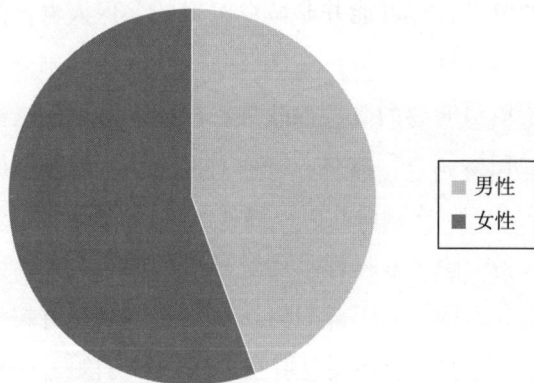

图7.1　调研对象性别比例

（二）调研对象的身份

133名调研对象中，农民身份的有103人，城镇居民身份的有30人，比例为77.4:22.6（见图7.2）。

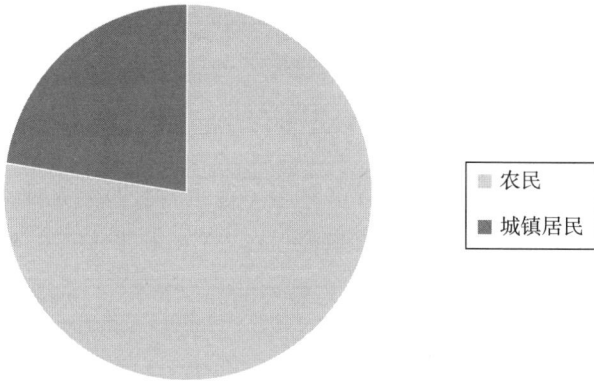

图 7.2　调研对象身份比例

（三）调研对象的年龄

调研问卷将被调研者分为四个年龄段：18 周岁以下，18～60 周岁，60～70 周岁，70 周岁以上。在填写调研问卷的 133 人中，18 周岁以下 2 人；18～60 周岁 88 人；60～70 周岁 27 人；70 周岁以上 16 人。四个年龄段比例分别为 1.5:66.2:20.3:12.0（见图 7.3）。由于调研样本的采集场所主要在乡镇的医院（卫生院）和乡村诊所，只有一处在县城医院，所以就医人群中以农民身份者居多，农民身份中，又以 18～60 周岁的人群居多。

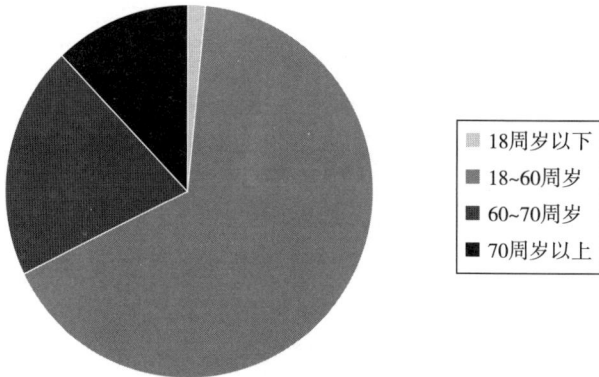

图 7.3　调研对象年龄比例

二、缴费与结算

(一) 个人缴费额度评价

三地调研的时间存在一定差异，对 HN 省的调研时间是在 2018 年缴费时段，P 市区域和 N 市区域内的城乡居民医保 2018 年当年个人缴费费用是 220 元。对 HB 省的调研时间是在 2019 年缴费时段，X 市区域内的城乡居民医保 2019 年当年个人缴费费用也是 220 元。

问卷对缴费额度的高低标准提供了"较高""适中""较低"三个评价标准。133 份问卷中，3 份问卷未填写该项，有效填写的问卷为 130 份。其中，填写"较高"的 48 份；填写"适中"的 59 份；填写"较低"的 23 份。三者之间的比例为 36.9:45.4:17.7（见图 7.4）。从统计结果看，持"偏低"和"适中"评价的达到 63% 以上，表明大部分群众接受目前的缴费额度。问卷调研过程中，参与问卷的一些群众和部分医保管理人员反映，本地区城乡医保个人缴费额度逐年连续增加，一些群众觉得额度偏高，也给征缴工作带来了一定难度。问卷对该项的统计结果，与调研时的感官感受基本一致。

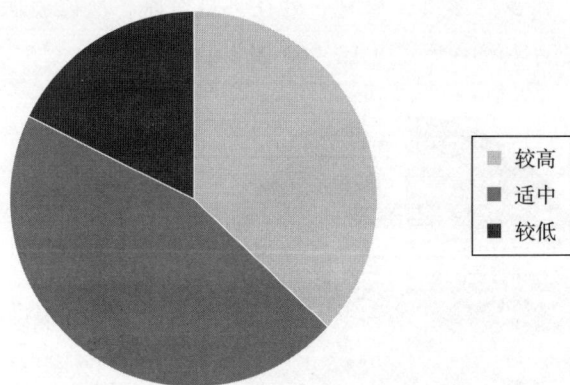

图 7.4　个人缴费标准评价

（二）医保费用结算方式

从医保参保人的角度，医保费用的结算存在即时结算和先行垫付、后续报销两种情况。即时结算模式下，参保人就医或者住院时只需预交自费部分，就医或者住院结束后结清自费部分即可；而先行垫付、后续报销模式则是指参保人就医时需要先行垫付全部医疗费用，就医或者住院结束后取得医疗票据后，持医疗票据去医保经办机构报销医保负担部分的费用。HN 省和 HB 省虽然在规范性文件中均提出了"一站式"及时结算，但受制于政策推进的进度、网络系统软硬件设施的配套等原因，调研时仍存在无法完全实现"一站式"结算的情况。调研中的部分地区虽然本区域内能够实施"一站式"结算，但在异地就医住院费用结算时无法实现即时结算，仍需要参保者先行垫付。在 133 份调研问卷中，5 份弃权未进行选择，填写有效选项的共计 128 份。其中，选择"一站式"即时结算的 56 人，选择"先行垫付"的 72 人（见图7.5），两者比例为 43.7∶56.3。

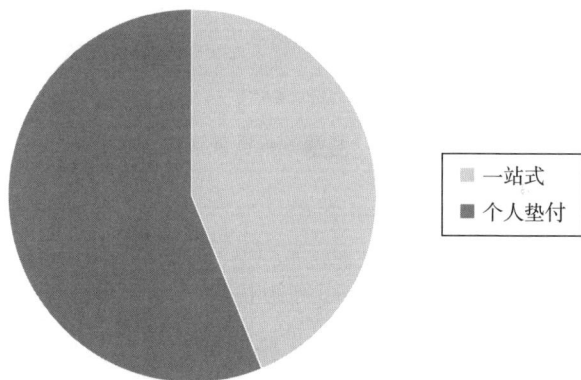

图 7.5　医保费用结算方式

三、就医意愿

本次调研的核心问题之一就是城乡居民参保者的就医意愿选择。在分级诊疗制度推行的大背景下，城乡居民的就医意愿会受到多大程度的影响？又有哪些因素会决定就医者对医疗机构的选择？这是调研分析的重点。

（一）普通疾病、慢性病就医意愿

关于普通疾病、慢性疾病的就医意愿，问卷提供了三个选项：乡村医院（诊所）、县级医院、市级以上医院。从问卷该项选择情况来看，133 份问卷中，74 人选择乡村医院（诊所），42 人选择县级医院，17 人选择市级医院。三者之间的人数比例为 55.6∶31.6∶12.8（见图 7.6）。可见，对于普通疾病，多数人还是会就近选择医疗机构就诊。

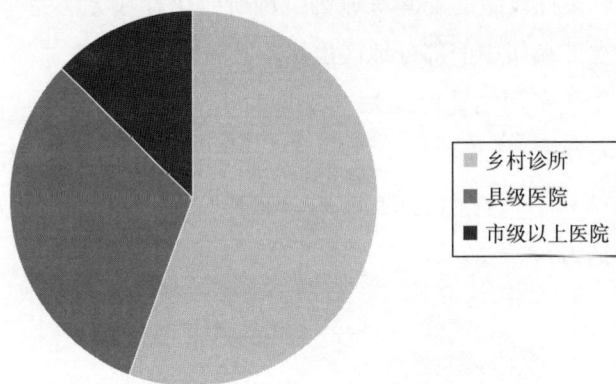

乡村诊所
县级医院
市级以上医院

图 7.6　普通疾病就医意愿

（二）重特大疾病就医意愿

针对重特大疾病的就医选择，问卷提供了四个选项：县级医院、市级医院、省级医院和省外知名医院。从 133 份问卷来看，其中 38 人选择县级医院，37 人选择市级医院，53 人选择省级医院，5 人选择省外知名医院。四者之间的比例为 28.6∶27.8∶39.8∶3.8（见图 7.7）。调研统计数据显示，对于重特大疾病，多数城乡居民选择更信赖大医院，市级以上医院的选择比例达到了 71.4%，而选择县级医院的不足三分之一。

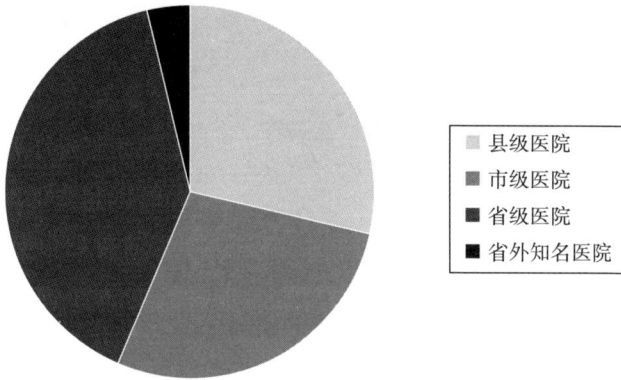

图 7.7　重特大疾病就医意愿

（三）就医意愿影响因素

关于就医意愿的影响因素，问卷提供了五个选项：治疗费用、报销比例、距离远近、医疗机构（医生）知名度和其他原因。因为通常情况下，就医意愿会受多个因素影响，为突出影响因素选择中的优先性，本项内容的题干中使用了"主要影响因素"的表述，以便鼓励填写者尽量填写一个答案，同时也允许个别作答者选择多个答案。

从 133 份问卷对该项目的选择情况来看，多数被调查人填写了一个选项，还有少数人填写了两个以上的选项。其中，治疗费用有 43 人选择；报销比例有 43 人选择；距离远近有 43 人选择；医疗机构或者医生的知名度有 49 人选择，其他原因有 2 人选择，各选项选择人数占总调研人数的比分别为 32.3%，32.3%，32.3%，36.8%，1.5%（见图 7.8）。2 个选择其他原因的被调查人在问卷空白处填写的其他原因包括交通便利和得病情况。

由于是对就医意愿的一般性判断，问卷没有再去区分不同疾病的情况。该项调研统计的结果与预想的有不小出入。在预想中，分级诊疗制度的实施会使医保报销比例随着医疗机构级别的提升而降低，应是影响就医意愿的首要因素。但统计数据显示，分级诊疗对就医意愿的影响力还是有限的，参保居民并未显示出对医疗费用和报销比例的足够敏感度，这与一些学者通过模

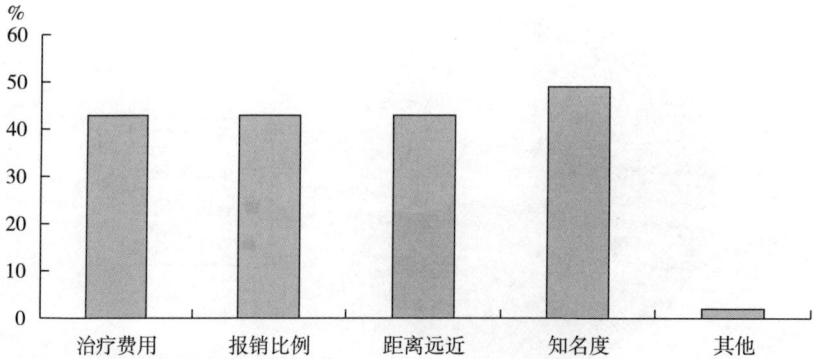

图 7.8　就医意愿影响因素

型测算出来的大部分患者对于医疗服务价格的反应较为敏感的结论①，存在一定的偏差。而知名医院的医疗服务水平，仍然是不少参保人优先考虑的选择因素。

（四）非医保报销项目选择意愿

就医过程中，患者经常面临医保用药诊疗和非医保用药诊疗的问题。针对该问题，问卷提出了"医生建议你使用医疗保险不能报销的医疗项目时，你会作出何种选择"的问题。该问题下设三个选择项：完全拒绝、接受部分报销项目、完全接受医生建议。在 133 份问卷中，选择完全拒绝的有 14 人、选择接受部分报销项目的有 89 人、完全接受医生建议的有 30 人，三者人数所占比例为 10.5:66.9:22.6（见图 7.9）。

根据调研统计，大部分患者就医时会尊重或者部分尊重医生非医保和治疗的建议，只有约十分之一的患者会完全拒绝非医保用药和诊疗。但对于医生的非医保用药诊疗建议，仍然有三分之二的参保者保持了足够的警惕，显示出对医疗服务机构和医生的不完全信任。

---

① 赵绍阳，臧文斌. 全民医保实施效果的实证评估 [M]. 成都：西南财经大学出版社，2016：119.

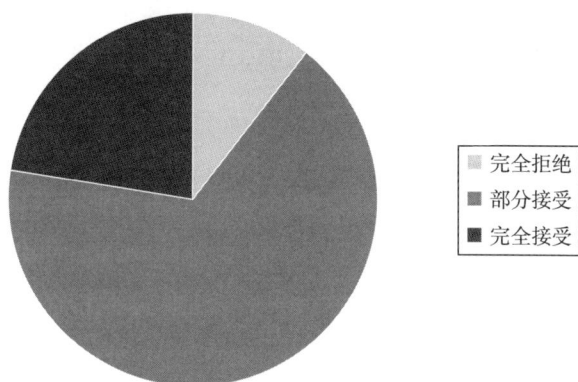

图 7.9　非医保报销项目选择

四、医疗服务的可及性

医疗服务的可及性是衡量医疗保险均等化和公平性的重要指标之一。问卷对于医疗服务的可及度提出了"您所在地的乡镇或者社区能够满足您一般性的医疗需求"的问题，下设三个选项：完全能、基本上能、不能。对于这个问题，133 份问卷中，选择完全能的有 2 人，基本上能的 109 人，不能的有 22 人，人数比例为 1.5:82.0:16.5（见图 7.10）。

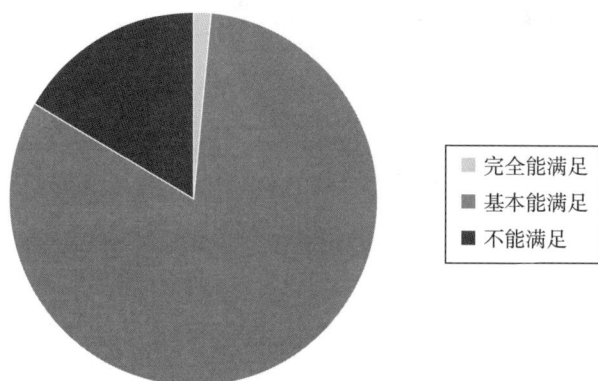

图 7.10　医疗服务可及性

根据统计数据，接受问卷的绝大部分城乡居民认为基层的医疗机构能够解决日常的基本医疗需求。这肯定了我国医疗卫生体制改革的成果,基层医疗卫生服务水平和服务条件正在逐步改善,也表明分级诊疗制度的设计有其制度的合理性基础。

五、城乡居民医保待遇满意度

对于城乡居民医保待遇的满意度,问卷设计了两个问题:报销待遇的满意度和与城镇职工居民医保待遇比较后的感官认识。

(一)报销比例满意度

对于住院报销比例满意度,问卷设计了四个选项:非常满意、比较满意、一般满意、不满意。在 133 份问卷中,2 人选择非常满意,29 人选择比较满意,73 人选择一般满意,29 人选择不满意。四个选项的人数比例为 1.5:21.8:54.9:21.8(见图 7.11)。

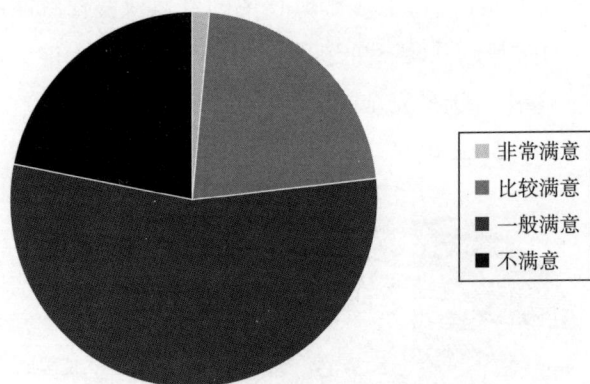

图 7.11 报销比例满意度

根据问卷统计数据分析,近两成被调研者对城乡居民医保的住院报销比例不满意,略低于比较满意以上的被调研者的人数。但整体上,被调研者还是对城乡居民医保的报销比例保持了正向评价。由于实施了分级诊疗制度,不同级别医疗机构的报销比例差异较大。但据向调研的问卷填写者和医保行政服务人员了解,他们普遍主观感受的住院报销比例为 70% 左右,这与国务院在《整合意见》中提出的"政策范围内住院费用支付比例保持在75%左右"的要求差别不大，也与 HN 省和 HB 省政策上的规定基本吻合。

（二）与城镇职工医保的比较

问卷提出了"城乡居民医保待遇与城镇职工医保待遇进行比较"的问题，设计了三个选项：无差别、城乡医保待遇更好、城乡医保待遇更差。133 份问卷中（3 人未选择），三者的选择人数分别为 40 人、11 人和 79 人，人数比例为 30.0:8.3:59.4（见图 7.12）。

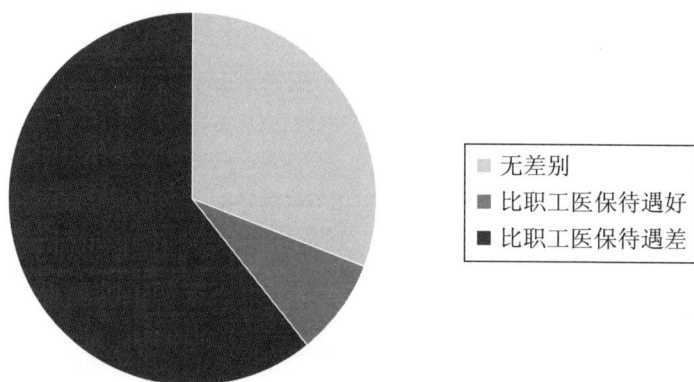

图 7.12　与职工医保待遇比较的感官认识

可以看出，将近六成的城乡居民意识到了城乡居民医保与城镇职工医保的报销比例之间存在差距。

六、就医支出情况

关于就医支出情况，问卷设计了两个问题：第一个是家庭成员每年看病支出与家庭支出的占比，第二个是就医支出的主要方向。

（一）就医支出与家庭支出占比

问卷就该项设定了五个比例：<25%，25%～50%，50%～75%，75%～100%以及>100%。133 份问卷中，有 1 份未填写，剩余 132 份问卷中，选择<

25% 有 76 人；选择 25%～50% 的为 44 人；选择 50%～75% 有 11 人；选择 75%～100% 为 0 人；选择入不敷出（＞100%）的为 1 人。五个选择的人数比例为 57.6:33.3:8.3:0:0.8（见图 7.13）。

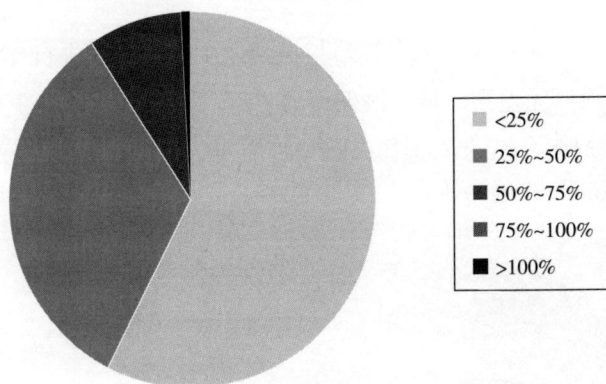

图 7.13　就医支出与家庭支出比

　　分析统计数据，可以看出，近六成的被调查者每年的就医开支少于家庭开支的 25%，表明城乡居民医保制度的持续实施大大减少了城乡尤其是农村地区家庭的支出，"因病致贫""因病返贫"问题得到了极大的缓解。但仍有 9.4% 的被调查者家庭就医开支超过了全年家庭总支出的 50%，这个统计结果大大超出预想，显示健康贫困问题仍未得到根本解决。医保精准扶贫仍需进行制度优化，医疗救助制度，尤其农村医疗救助制度仍有扩大覆盖面和持续性改进的必要。

（二）医疗开支去向结构

　　就家庭医疗开支的主要去向，问卷提供了三个选项：门诊及慢性病、住院大病、重特大疾病，允许被调查者进行多项选择。从 133 份问卷来看，46 人选择了门诊及慢性病，122 人选择了住院大病，87 人选择了重特大疾病，以上三个选项人数与总人数占比分别为 34.6%，91.7% 和 65.4%（见图 7.14）。

　　分析调研数据，有超过九成的被调研对象家庭的主要医疗开支流向了大

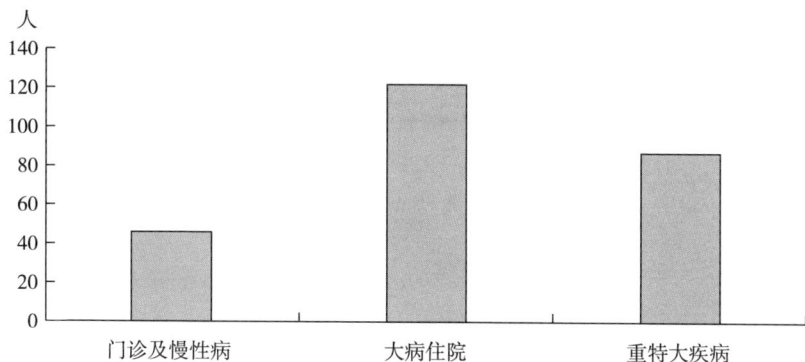

图 7.14 医疗开支去向结构

病住院，显示大病保险仍然是城乡居民医疗保险中最核心的构成，也最为重要。比较令人惊讶的是有将近三分之二的被调查者选择了重特大疾病这个支出流向。分析其原因，一方面是部分被调查者对于城乡居民医保制度中的"重特大疾病"的界定标准不是十分清楚，使该比例有虚高的嫌疑；另一方面也显示严重性疾病在家庭医疗开支中比例攀高，极易引发健康贫困问题。

从调研统计结果来看，大病仍然是困扰城乡居民家庭负担支出的一个重要因素。从其他学者通过统计模型测算出来的结论看，大病冲击显著降低了家庭的收入水平，增加了家庭的医疗负担，如果不考虑其他非经济的负担，大病冲击对家庭造成的经济总负担大致相当于平均收入水平的 20%。① 这与调研数据显示的结论基本一致。

七、其他医疗保险选择意愿

就城乡居民的其他医疗保险选择意愿，调研问卷共设定了两个问题：第一个是如果进大城市务工，是否会变更城乡医保为城镇职工医保；第二个是投保商业性健康保险的意愿。

---

① 赵绍阳，臧文斌. 全民医保实施效果的实证评估 [M]. 成都：西南财经大学出版社，2016：193.

（一）变更为城镇职工医保的意愿

在进大城市务工是否会变更为城镇职工医保的问题上，问卷给出两个选项：会以及不会。在该问题项上，133 份调研问卷，2 人未填写，剩余 131 份问卷中，选择会变更的为 54 人，选择不会变更的为 77 人，两者的人数比例为 41.2:58.8（见图 7.15）。

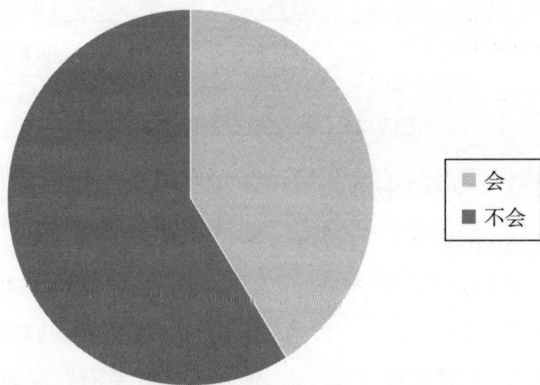

图 7.15　进城务工变更医保意愿

如前面调查数据显示的结果，近六成的被调查者认为城乡居民医保的待遇不如城镇职工医保，那么似乎应该得出进大城市务工的群体应当更接受变更为城镇职工医保的选择。但是对变更医保意愿的调研显示，只有四成左右的城乡居民会选择在大城市务工期间变更为城镇职工医保。这与了解到的现实中的情况也基本相符。究其原因，一是被调研者（多数是农村居民）还保有很强的身份认同感和本土情结；二是被调研者中的部分人认为本土居民的城乡居民医保具有某种特定的福利属性；三是部分被调研者进入大城市务工并不具有长期的规划性。

（二）投保商业健康保险的意愿

针对城乡居民投稿商业健康保险的意愿这个调研项，问卷设计了五个选项，分别是"会，已经投保""会，经济状况好的话会考虑""不会，没必要""不会，额外支出太高""因其他原因不会投保"。在 133 份调研问卷中，24 人选择"会，已经投保"；71 人选择"会，经济状况变好后会考虑"；18 人选择"不会，没必要"；18 人选择"不会，额外支出太高"；2 人选择"因其他原因不会投保"。五个选择之间的人数比例为 18.0∶53.4∶13.5∶13.5∶1.5①（见图 7.16）。

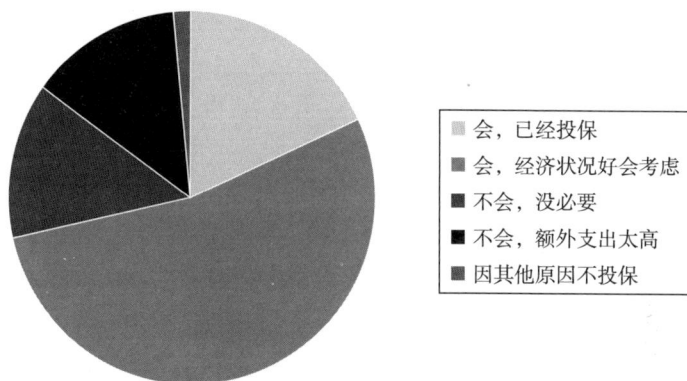

图 7.16　投保商业健康保险的意愿

从以上统计数据可以看出，大部分城乡居民具有比较强的投保商业健康保险的意愿，愿意投保（包括已经投保）的比例占到了被统计人数的 70% 以上，这些居民认识到了基本医疗保险尚不足以应付可能的医疗风险。但是，收入经济状况仍然是影响城乡居民投保商业保险的重要原因之一，有超过半数的被调查者因收入状况而决定是否投保商业健康保险。

八、医保信息的获取渠道

无论是被调查的普通城乡居民还是医保的管理服务人员，在调研交流过程中均表示医保政策的宣传力度还不够。调查问卷就医保信息获取渠道提供了五个选择：住所地医保管理机构、医院就医时询问、亲戚朋友介绍、医保报销时经办机构询问、新闻媒体报道，五个选择项允许进行多项选择。在 133

---

①　为保证数据的严谨性，本节数据精确至小数点后一位的结果，因此可能出现加权总和不为百分之百的情况。

份调研问卷中，46 人选择了住所地医保管理机构，71 人选择了医院就医时询问，41 人选择了亲戚朋友介绍，63 人选择了医保报销时询问，58 人选择了新闻媒体报道，五个选择的人数占总调研人数比分别为 34.6%、53.4%、30.8%、47.4%和 43.6%（见图 7.17）。

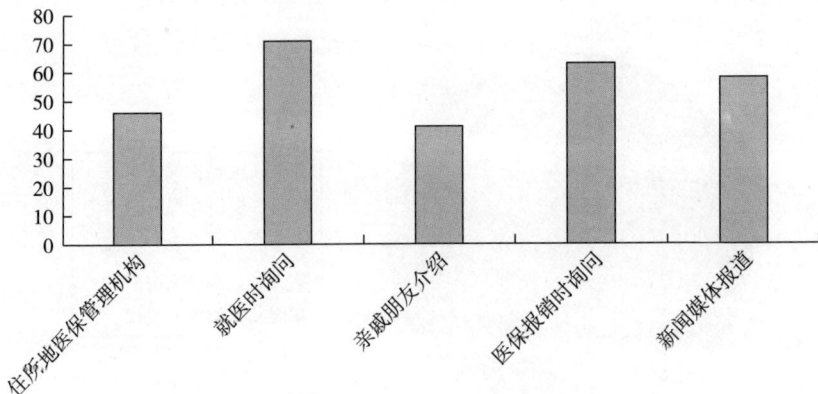

图 7.17　医保信息获取渠道

从数据显示来看，就医时向医生和医疗机构询问是被调查者获取医保信息最主要的渠道，医保报销时询问排在第二位。这显示被调查者的医保信息主要还是在医保待遇享有时通过自己主动的询问获得，非医保使用状态下对于医保信息的掌握并不充分。

第三节　问题的发现

对"二省三地"城乡居民基本医保整合实施情况的调研，是用一种更实证的、更具体化的视角检验整合规则的社会效果，与理论化的研究的确存在很大的差异。调研发现，大多数城乡居民对于城乡居民医保的整合体现出了主观上的认同，整体上作出了正向的评价。然而，发现问题是社会调研的主要目的，也是进一步优化制度制定和实施的前提。通过调研活动，结合调研问卷和访谈情况，我们尝试整理了城乡居民基本医疗保险整合后在制度规则层面出现的一些问题。诚然，一个局部性的、样本有限的社会调查，并不能完全涵盖城乡医保规则实施中显现的问题，但基于调研数据所做的制度性规则分析的尝试，能够帮助触及医保规则的社会性面向。

一、关于自愿性缴费问题

调研发现，持续增加的个人缴费额度一定程度上损害了缴费积极性。以HN省为例，2016年实施医保整合初年，该省城乡居民个人缴费额度人均为150元，2017年上升为180元，2018年上升为220元，2019年达到了250元，HB省的情况与此类似。HN与HB两省在我国整体上属于欠发达地区，两省人均地区生产总值（人均GDP）排名在我国常年基本位于15~20名。此外，两省广大农村地区家庭人口数量较多，逐年攀升的医保个人缴费额度，尤其对部分农村家庭带来了一定程度的支出压力。相关研究也表明，城镇居民和农村居民的缴费意愿集中在少数费用较低的区间[①]，对于较高的缴费支出态度上并不积极。虽然城乡居民医保的政府补贴额度每年几乎都在同比例增长，城乡居民的医保待遇的公平性和受益性都在不断增强，但由于个人缴费支出具有直观性，还是一定程度上影响了城乡居民尤其是部分农村地区居民的缴费积极性。

二、关于门诊统筹问题

在既有医保政策中，被调研的"二省三地"还没有真正地实施门诊统筹。虽然门诊统筹模式已经在省级规范性文件中加以明确，但被调研地区基本上仍然采用了个人（家庭）账户模式，对于门诊医疗待遇按照人头进行设计，设定了报销最高限额和50%~60%的支付比例。虽然国家医疗保障局与财政部下发的《关于做好2019年城乡居民基本医疗保障工作的通知》已经提出，实行个人（家庭）账户的，应于2020年底前取消，向门诊统筹平稳过渡。但预计部分地区还需要一定的过渡期逐步取消个人账户。有学者已经在研究中发现，农村户籍人口受医疗资源价格因素影响较大，即使出现需要住院治疗

---

① 仇雨临，翟绍果.城乡医疗保障制度统筹发展研究［M］.北京：中国经济出版社，2012：115.

的重症情况，也倾向于进行门诊治疗，门诊就诊次数高于"城镇灵活就业人口"和"城镇正式就业人口"，产生门诊治疗费用较高，实际住院次数反而较少。① 这与本次调研中有关医疗服务可及性的数据统计结果是比较相符的。目前实施的门诊按照年度报销限额设置最高支付标准的做法，对体弱多病的中老年而言完全不够用，难以有效释放合理的医疗需求，对于身强体健的青壮年而言又显得绰绰有余，还会形成年度报销额未用尽政策规定的限额、出现年底集中拿药的道德风险问题，不利于门诊基金的安全运行。②

三、关于分级诊疗制度

随着 2015 年《国务院办公厅关于推进分级诊疗制度建设的指导意见》的发布，我国开始在全国范围内推行分级诊疗制度。国务院的指导意见确定了"基层首诊、双向转诊、急慢分治、上下联动"的基本方略，以提高基层医疗服务能力为重点，以常见病、多发病、慢性病分级诊疗为突破口，调整医疗资源的系统配置，引导优质医疗资源下沉基层。从调研数据的分析可以看出，分级诊疗制度一定程度达到了缓解大中型医疗机构就医压力的功能，其制度设计也具有合理性的基础。但调研的数据也显示，分级诊疗与医保制度的结合仍存在比较大的问题。从就医意愿来看，仍然有超过三分之一的被调研者主要选择医疗服务质量较好的知名的大医院就诊；对于普通疾病和慢性疾病，选择县级以上医院就诊的人数高达被调研者的 40% 以上，分级诊疗对于城乡基本医保人群的分流效果并非十分理想。目前，在城乡居民医保中，分级诊疗对于医疗资源的配置方式仍采用比较单一的医疗报销比例的差异化方式，对部分医疗价格不敏感患者人群的分流作用相当有限。

四、关于医疗救助的问题

在医疗保障体系中，医疗救助主要是通过满足最低层次人群的就医需求，

---

① 秦立建、李孟刚. 新医改背景下城乡医保一体化意愿与公共财政支持 [M]. 北京：经济科学出版社，2015：124.

② 张帅. 城乡居民医保门诊统筹优化路径研究——基于成都市温江区的实地调研 [J]. 保险职业学院学报，2019 (2)：30-33.

进而实现"托底线"的功能。"医疗救助制度保障贫困人群和贫困边缘人群在发生疾病经济风险时，能够不因支付能力限制而使医疗服务可及性受损，另外要阻断因病致贫的恶性循环链。"① 医疗救助实际作用的发挥，需要与基本医疗保险服务之间形成衔接。从调研数据显示的情况看，虽然医疗救助在阻却因病致贫恶性循环链中发挥了基本保障作用，但仍存在一些问题。被调研对象中，有近十分之一的被调查者医疗开支对家庭开支的占比超过了 50%，超过半数被调查者的医疗开支主要用于重特大疾病医疗费用，也就是说被调查者中仍然有相当比例人群属于贫困边缘人群，在现行基本医疗保险体制下易导致陷入"健康贫困"。医疗救助制度的人群覆盖度、救助精准度仍然存在进一步优化改进的空间。

五、关于医保目录的问题

所调研的 HN 省和 HB 省均在全省范围内统一了基本医疗保险药品目录、诊疗项目目录和医疗服务设施范围及支付标准，显示出地方政府推进城乡居民基本医保待遇均等化的决心。但是在调研过程中，参保群众和医疗机构服务人员均对统一后的医保目录的范围提出了很多质疑。在 HN 省 P 市调研过程中，部分参保群众对门诊治疗过程中部分常用药没有被纳入医保目录表示疑惑，例如常用中成感冒药之一的"感冒通"没有被纳入医保目录，但同为中成药但价格偏高的"连花清瘟"却被纳入了医保目录；在 HN 省 N 市调研过程中，部分基层医疗服务机构的医生反映本地老龄化严重，就医人群中老年人比例很大，但老年人常用的一些治疗脑血管的常用药品却没有被纳入药品目录；HN 省 P 市一位乡镇卫生院负责医保工作的人员反映，所在乡卫生院被纳入医保的药品经常使用的仅有 50% 左右，导致很多有就医用药偏好的患者不得不自费负担门诊医药费。因此，仅仅统一医保目录并不能完全实现就医待遇的均等化和受益性公平，还需要不断对医疗目录的覆盖范围和目录药品的共用性进行精细化的调研和设计。

---

① 姚岚，熊先军. 医疗保障学［M］. 第 2 版. 北京：人民卫生出版社，2013：294.

六、关于医保稽核问题

本次调研共走访了"二省三地"共计四家乡村诊所、乡镇医院（卫生院）和县级医院，与六位医疗机构负责医保工作的工作人员进行了座谈，了解了当地的医保稽核情况。据座谈人员反映，当地很少发生因医保引起的纠纷，而最常见的医保纠纷之一就是医保稽核问题。医保稽核是指医保行政监管部门对参保人在定点医疗机构就医、定点零售药店购药，按照基本医疗保险规定享受经济补偿待遇的稽查和复核。医保稽核是维护医保参保人合法权益，确保医疗保险基金资金安全的重要控制措施。在基层医疗服务机构中，医保稽核人员检查的重点就是患者的"挂床"行为①。调研的基层医疗机构，目前很多都采用了较为先进的对住院病人进行腕带二维码扫描检查是否有"挂床"行为发生。一旦查实"挂床"行为，参保人的医保待遇会受到严重影响，直至取消医疗费报销资格，自身承受相应经济损失，医疗机构也会相应受到处罚，严重的会被取消医保资格。但不少基层医疗机构医保管理人员反映，目前的医保稽核虽看似严格，但稽核频次过少，多数只是进行简单抽查，不能有效发现"挂床"等违法违规行为。腕带二维码扫描也可以通过他人代为扫码等方式而进行规避。稽核方式的单一化和抽查的随意化导致医保稽核无法对医保费用进行有效的监控。

第四节 基于调研结论的建议

虽然在调研过程中发现了很多城乡居民基本医保整合后的问题，但是由于研究视野和研究方法的缘故，本部分仅就法学研究的视角尝试提出如下建议。诸如医保基金监管、医保待遇给付标准等问题，本书将在其他章节进行分析。

---

① 挂床，又称挂床住院、假住院，是指患者办理住院手续后不在医院住或连续三天没有诊疗费用。挂床是一种欺诈骗取医保资金的行为。

一、推进城乡基本医保的法治化

目前全国范围内的城乡居民基本医保的整合工作，整体上基本是以政策化的路径来推进的，虽然部分地区也形成了具有一定法律约束力的制度性规范。但是，在整合工作基本完成之后，调研发现目前单一政策化的体系建设显露出诸多问题：欠缺强制缴费原则使依赖缴费自愿为基础的医保基金面临越来越难的个人缴费压力；医保支付标准的不统一、不标准不仅导致各地区医保待遇新的差异化现象，甚至在一个省内不同统筹地区之间都出现了医保待遇横向的不公平；医疗救助作为居民健康权的"底线性"保障，本身与基本医保具有功能上错位互补的作用，但只是在政策上强化两者之间的衔接，并不能有效地实现界限分明的"责权明确"，使两者始终以一种较为松散的形式产生联结，无法发挥出合力的作用；医保基金的监督管理是基金安全运行的保障，但流于形式化的医保稽核对于费用控制和欺诈行为的防范方面效果并不十分理想，医保基金监督管理的规范性差强人意；城乡基本医保整合后，政策上的变化巨大，城乡居民尤其是农村居民的健康权意识虽然已经觉醒，但政策规则的易变性影响了农民主动融入国家医疗保障体制的主动性。一系列的问题表明，政策属性强烈的城乡居民医保制度，已经无法与国家医疗保障制度的改革进行有效衔接。

2020 年 2 月 25 日发布的《中共中央 国务院关于深化医疗保障制度改革的意见》是我国医疗保障改革的又一里程碑式的事件。该意见明确提出了"提高医保治理社会化、法治化、标准化、智能化水平"的要求，要"推进法定医疗保障制度更加成熟定型"。而城乡居民基本医保的法治化无疑是医疗保障制度法治化的重要一环。在表现形式上，城乡居民基本医疗保障的法治化首先表现为立法化。《中共中央 国务院关于深化医疗保障制度改革的意见》中明确了"加强医疗保障领域立法工作，加快形成与医疗保障改革相衔接、有利于制度定型完善的法律法规体系"。城乡居民基本医疗保障制度作为我国两大基本医疗保险制度之一，在未来的医疗保障立法中应首先明确其基础性保障层次的法律地位，进而建立起一套贯穿缴费、支付、运行、监督管理、与其他医疗保障制度相衔接的完整法律制度。城乡居民基本医疗制度的立法能够有效解决政策性文件无法完全克服的强制性缴费难题，对基本医保体系中已经成熟的基本给付待遇部分进行制度化定型，对医保基金的安全运行建立起权责明确的规范监管操作体系，确立城乡居民基本医保与医疗救助、补充医疗保险之间制度化衔接的机制，能够增强城乡居民对于基本医保制度权威性、稳定性、公平受益性的信心。

从调研显示的城乡居民基本医保整合的实践来看，法治化的条件已经基本具备。近年来，我国农村地区经济社会持续健康发展，城乡居民经济收入差距减小，农民健康保障意识显著提高。在制度整合实践中，区域统筹、分级诊疗、大病统筹、医疗救助、"一站式"结算等基础性制度日臻完善且保障功能被城乡居民广为接受和认同。在社会心理层面，城乡居民基本医疗保险制度的法治化已经具备基础性条件，不存在大的障碍。

二、确立法定的强制性缴费制

强制性是社会保险法的基本原则之一。首先，对于社会医疗保险而言，如果欠缺法定的强制性缴费，在性质上就与一般的商业性健康保险无异，无法发挥出对国民基本健康权的保障作用。在基本医疗保险法律制度中确立强制性缴费，其制度功能上首先有利于克服社会医疗保险市场中的逆向选择，限制优质参保人的自由进出；其次，强制性缴费的实施将有利于摊平社会医疗保险的运行成本和管理成本，提高医疗保险基金的运行效率；最后，强制性缴费也是社会保险的权利与义务相结合原则的集中体现，符合社会保险法的基本原理。

在我国既有的《社会保险法》中，对于城镇职工的医疗保险有着法定的强制性要求。《社会保险法》第二十三条明确规定，"职工应当参加职工基本医疗保险，由用人单位和职工按照国家规定共同缴纳基本医疗保险费"。但是对于城镇居民医疗保险和新型农村合作医疗，则欠缺类似强制性缴费的表述。在国务院发布的《整合意见》中，依旧沿用了过去城镇居民和新农合政策体制下的自愿缴费原则。虽然在实践中，个人缴费的比例不高，政府不断通过提高财政补贴的方式激励个人的参保行为，以此来抵消逆向选择的不良后果，但也因此产生了很大的副作用。"试图一味地通过财政补贴来解决逆向选择问题，不仅政府财力难以为继，同时也不利于强化个人的缴费责任，不利于医保基金的可持续增长。"① 因此，无论是从医疗保险法的基本原理还是基本医疗保险基金的运行效率角度考虑，法定的强制缴费都是一种必然的选择。调研的实践也表明，大多数城乡居民能够意识到缴费与医保待遇之间的关联性，具有较强的缴费意愿，而极少数贫困者或者贫困边缘人员的强制缴费问题，可以通过优化医疗救助制度与基本医疗制度的衔接加以解决。法定的强制缴费能够使城乡居民树立和确立对医疗保险法律制度正确的价值观念，产生法实施的正向效应。

三、确立门诊统筹的基本模式

调研表明，门诊医疗在城乡居民就医需求的满足过程中具有无法替代的功能。尤其对于部分农村居民而言，对门诊医疗的依赖性更强。而个人（家庭）账户在实际运行中缺乏个人积累的性质，不能够发挥出基本医疗保险"保基本"和风险共济的效能。《中共中央　国务院关于深化医疗保障制度改革的意见》也明确指出了未来改革的方向："逐步将门诊医疗费用纳入基本医疗保险统筹基金支付范围，改革职工基本医疗保险个人账户，建立健全门诊共济保障机制。"从解决城乡居民尤其是农村居民最关心最需要问题的角度出发，未来医疗保障的立法，应当在制度规范中明确门诊统筹的基本模式。

门诊统筹模式在立法中的确立，能够与医保改革的进程形成呼应。门诊统筹，从筹资角度，可以体现社会保险互助共济的要求，有利于提高社保资金使用效率，降低筹资水平；从支付角度，门诊统筹提高了社会保险的公平性，有利于提高社会保险的吸引力，并减少因病致贫问题的发生；② 从社会保障法的角度，门诊统筹模式在法律上的确立，肯定了基本公共卫生服务中的公民权利，使基本医疗保险权的实现路径由过去的大病统筹为重心向前延伸，

---

① 温兴生. 中国医疗保险学［M］. 北京：经济科学出版社，2019：23.
② 于广军，杨丽. 门诊统筹是医疗保险的必然要求［J］. 中国医疗保险，2010（10）：26－27.

拓展了统筹的覆盖面，有利于发挥基层医疗机构在国民健康保健、疾病防治中的巨大作用。门诊统筹制度模式的确立，才能够真正架构起门诊统筹、大病统筹、医疗救助三重保障的医保模式。

四、继续推进分级诊疗制度的统一化与标准化

分级诊疗制度的核心是"基层首诊、双向转诊"。虽然《国务院办公厅关于推进分级诊疗制度建设的指导意见》确定了分级诊疗的基本目标，实施措施等基本要求，但分级诊疗制度本身是一个复杂的系统，它不仅关乎与基本医保制度的协调，还需要合理配置医疗资源、共享区域医疗信息、提升基层医疗机构的医疗卫生服务能力、健全医疗服务和医药价格。目前城乡居民医保中的分级诊疗制度，过分依赖报销比例差异化这一手段进行患者分流。"在弱基层的现实无法根本上改变的情况下，越是医疗水平差距大的地区患者的就医权益受损就越大，因为他们为了治好疾病而不得不选择报销比例低且路程远的医疗机构，这使得相关的改革背离了分级诊疗和医保制度的初衷。"[①]因此，只有不断加大对基层医疗机构的医疗卫生资源倾斜、专业医疗人员培养，不断提升基层医疗机构的服务能力，才能够把分级诊疗的制度优势体现出来。

从制度优化的角度，目前分级诊疗与基本医保制度的结合在实施过程中的主要问题来自标准不一。完全赋予地方分级诊疗标准的制定权，导致不同地区之间分级诊疗的阶梯跨度不统一，形成了医保待遇上不公平的"阶梯差"。在未来的立法上，应进一步标准化分级诊疗的基本规范，统一医疗机构的级别划分标准，在推进基层全科医生体系构建的基础上，进一步统一规范分级诊疗制度的转诊目录。"双向转诊"目前存在两个难点：一是不同级别医院之间没有建立起患者就诊和检查信息的共享平台；二是转诊尤其是上级医院向下级医院转诊，会导致病人"流失"，触及医疗机构的自身利益。[②] 分级

---

① 申曙光，杜灵. 我们需要什么样的分级诊疗？[J] 社会保障评论，2019（4）：70－82.

② 何佳馨. 新中国医疗保障立法 70 年——以分级诊疗的制度设计与进步为中心 [J]. 法学，2019（10）：75－92.

诊疗的优化路径：一是应当搭建区域一体化的医疗信息共享平台；二是完善转诊中的利益分配和利益平衡机制。

五、完善医疗救助与城乡居民医保的有机衔接

医疗救助在城乡居民医疗保障体系中发挥着"兜底"的作用，是城乡居民基本医保制度效能发挥的有益辅助和补充。但调研发现，目前的医疗救助在覆盖面和精准度上仍有较大欠缺。

在立法上，首先应明确医疗救助保障功能的不可替代性，其次应建立医疗救助与城乡居民医保有机衔接的机制：（1）应进一步拓展医疗救助的覆盖人群，"从绝对贫困向相对贫困拓展，在覆盖了所有的五保户、特困户、城乡低保户的基础上，逐步将保障制度延伸到低收入人群和因病致贫人群等特殊困难群体"①。调研显示，在城乡地区相对贫困人群的医疗支出已经严重影响部分家庭的生活质量，既有法律对于医疗救助对象的严格认定标准已经大大滞后于城乡居民基本医保整合后的实际，迫切需要进行调整，以形成与城乡基本医疗保险制度功能上的有机错位。（2）在扩大覆盖人群的基础上，应进一步区分重点救助对象与一般救助对象，对绝对贫困人群和相对贫困人群的救助标准依据病种、支付能力、家庭收支状况等因素进行差异化处理，对相对贫困人群进行救助等级的划定，超出医保报销范围的费用按等级进行补助，建立化解因病致贫返贫的长效机制。（3）提高医疗救助的精准度，弱化医疗救助的泛福利化趋势。调研发现，个别的医疗救助对象小病大治、拖欠个人负担费用等不正常现象。为了避免医疗救助领域的逆向选择问题的发生，应明确医疗救助管理的精细化和保障的适度性。最后医疗救助与城乡居民医保的有机衔接需要搭建信息共享的平台，在地方经验总结的基础上实现一体化的经办结算。"一体化经办结算的关键是系统互联、信息共享，建立贫困人群

---

① 朱铭来，胡祁. 中国医疗救助的对象认定与资金需求测算［J］. 社会保障评论，2019（3）：132 - 146.

数据库。"① 一体化经办结算体系的建立，能够实现对医疗救助对象和家庭医疗支出的准确统计，也可以进一步降低医疗救助家计调查的成本。

六、完善医保目录的动态调整机制

医保目录关乎医疗保险的待遇给付范围，与城乡居民的就医需求密切关联。调研结果表明，部分城乡居民对于目前医保目录所涵盖的药品范围多有意见。在现行医保目录的政策体系下，虽然中央政府制定有《国家基本医疗保险、工伤保险和生育保险药品目录》，但仍允许地方政府在此基础上进行15%范围的调整，这也间接导致地区间医保待遇的差异化。

未来医疗保障的立法应坚持医保目录的动态调整原则，所谓动态调整，即周期性地进行医保目录中药品的进入和退出：（1）应进一步创新医保目录的药品准入管理，区分新药和非新药设定准入周期、准入条件和准入程序。创新药在准入时，要综合考虑其是否较目录内药品具有较强的疗效优势、药物经济学优势，是否会出现医保基金风险，最后横向比较国际参考价，通过谈判的方式将其纳入医保目录。② 借鉴日本等国家有关药品目录管理的经验，"应使创新性较强的药品准入周期短于创新性较差的药品及仿制药"③。（2）坚持临床需求的调整原则，明确调整周期固定化。由于临床需求变化较快，过长的医保目录调整周期不利于药品目录与临床实践的匹配度，也不利于目录药品的"优胜劣汰"，无法促进医药企业的有效竞争；而过短的调整周期又会破坏相关医保主体对于药品使用的正常预期，不利于制度的稳定。因此，建议确定2年左右的调整周期为宜。（3）医保待遇支付标准应随药品的市场价格进行动态调整。由于受原材料、市场需求等因素的影响，进入医保目录的药品的市场价格在一定期限内变动较大，如果一直维持医保待遇给付

---

① 陈仰东. 基本医保与医疗救助 分清功能、有机衔接、一体经办 [J]. 中国医疗保险, 2019 (7)：21 – 22.

② 马爱霞，张籍元，钱焊森，李洪超. 医保支付价背景下药物经济学评价的应用探索 [J]. 中国卫生经济, 2018 (2)：74 – 76.

③ 王煜昊，徐伟，李赛赛，路娜娜，刘朝一，孟令萱. 日本医保药品目录动态调整机制研究及对我国的启示 [J]. 中国卫生经济, 2019 (9)：93 – 96.

标准的固定化，会造成目录药品给付价格与购进价格的不匹配，使医保基金的运行失去效率性。因此，建议改变现有政策的做法，与医保药品的准入谈判制度相协调，明确医保目录调整中医保待遇给付标准调整的同时动态化。（4）完善医保目录的退出制度，建立"负面清单"。从长期来看，我国目前对医保目录采用的"正面清单"模式不能适应未来医学技术和居民就医需求的变化。"相对狭窄的目录范围必然以牺牲满足临床需求多样化、多层次和可选择性为代价。"① 因此，应当尽快建立动态化的医保目录"负面清单"，及时将缺乏临床治疗效果、副作用严重、禁止使用、无法保证供应等条件作为医保药品目录的"退出标准"，进入"负面清单"。

最后，从未来"全民医保"待遇公平的角度，应在立法上明确医保目录的调整权限由中央政府的卫生行政管理部门统一负责，以实现《中共中央国务院关于深化医疗保障制度改革的意见》中提出的"合理划分中央与地方目录调整职责和权限，各地区不得自行制定目录或调整医保用药限定支付范围，逐步实现全国医保用药范围基本统一"的目标。

---

① 陈昊. 医保目录调整：审慎进出 吐故纳新［J］. 中国卫生，2019（5）：89－91.

第八章　基本医疗保险基金
法律问题研究

第一节　基本医疗保险基金法概论

一、基本医疗保险基金的法律界定

在我国的社会保障制度中，基本医疗保险基金隶属于社会保障基金中的社会保险基金。社会保障基金是根据国家立法，通过各种特定渠道建立的用于实施社会保障制度的专项资金。社会保障基金是社会保障事业的物质基础，也是社会保障制度的核心内容。社会保障基金的构成要素主要包括基金的筹集、使用和投资运行等。可以说，一个国家社会保障制度的实施就是围绕社会保障基金的筹集、管理、投资、支付等环节而设计的。我国的社会保障基金，主要包括社会保险基金、社会救助基金和社会福利基金，其中核心是社会保险基金。

我国的社会保险基金包括基本养老保险基金、基本医疗保险基金、工伤保险基金、失业保险基金和生育保险基金。基本医疗保险基金是社会保险基金的一个重要类型。所谓基本医疗保险基金，是指为保障参保人的基本医疗待遇，根据国家法律法规的规定由医疗保险的经办机构向相关主体筹集的用于基本医疗保险待遇给付的专项基金。根据《社会保险法》的规定，我国的基本医疗保险设立基本医疗保险基金，实施基金管理。2018 年修订的《社会保险法》规定"基本医疗保险基金与生育保险基金合并建账及核算"。基本医疗保险基金是专门用于减少被保障者利用医疗服务经济障碍的基金。其设立的目的在于凭借社会力量对遭遇疾病风险的社会人群提供医疗费用的补偿。基本医疗保险基金是我国医疗保险制度的根本、源泉和基础。与社会保障基金在社会保障制度中的地位相对应，基本医疗保险基金也是我国基本医疗保险制度的核心。在医疗保险法律制度中，基本医疗保险基金法律制度居于中心位置，它本质上调整的是因基本医疗保险基金的筹集、支付、管理而产生的国民收入的再分配关系。基本医疗保险基金关系，经由法律的调整，形成了相关主体的权利义务关系。基本医疗保险制度的存在与基本医疗保险基金法律制度的实施，是这种法律关系形成的基础。我国目前存在城镇职工基本医疗保险基金和城乡居民基本医疗保险基金两大基金类型。从基金的角度而言，医疗保险制度的一体化，实质是城乡居民基本医保基金与城镇职工基本医保基金的融合过程，是医保基金运行管理的一体化。而对两大基金运行中所存在的法律问题的研究，无疑是对基本医疗保险城乡一体化的法治化进程的一种必然逻辑思考。

目前，除了《社会保险法》这部社会保险的基本法对基本医疗保险基金进行了概括性的规定之外，我国没有基本医疗保险及基本医疗保险基金的专门性立法。有关医疗保险基金的法律规定，散见于有关社会保障及社会保障基金的各类行政法规和部门规章，主要包括《全国社会保障基金条例》《社会保险费征缴暂行条例》《社会保险基金先行支付暂行办法》《实施〈中华人民共和国社会保险法〉若干规定》《社会保险基金行政监督办法》《社会保险稽核办法》《社会保险基金财务制度》等。

根据 2018 年 7 月中共中央办公厅、国务院办公厅印发的《国税地税征管体制改革方案》，2019 年 1 月 1 日起包括基本医疗保险费在内的社会保险费由税务部门统一征收。

二、基本医疗保险基金的法律特征

基本医疗保险基金大致有如下几个特点：

（一）专用性

基本医疗保险基金用途特定，专款专用。《社会保险法》规定，"社会保险基金专款专用，任何组织和个人不得侵占或者挪用"，且"社会保险基金存入财政专户"。《社会保险基金财务制度》也规定"基金之间不得相互挤占和调剂，不得违规投资运营，不得用于平衡一般公共预算"。基本医疗保险基金在用途上主要用于参保人基本医疗服务费用的补偿。

（二）互助共济性

基本医疗保险基金通过大数法则、概率论等保险原理，汇集了广大投保人缴纳的医疗保险费，以基金形式运作，向遭遇疾病风险、符合法定给付待遇条件的个别参保人给付医疗费用，从而将个人的疾病风险分散至所有参保人承担，实现了个体之间的互助共济。这种互助共济性，体现了保险"我为人人，人人为我"的理念和社会保障的社会连带思想。

（三）法律强制性

基本医疗保险的强制性决定了基本医疗保险基金的强制性。基本医疗保险基金在整个基本医疗保险体系中的重要性决定了整个基金的筹集、管理、支付、监督等环节都必须按照法律的规定实施，以维护基本医疗保险基金的安全稳定运行，为医疗保障事业的持续性发展提供坚强的物质保障。

（四）收支平衡性

《社会保险法》第六十五条规定，"社会保险基金通过预算实现收支平衡。县级以上人民政府在社会保险基金出现支付不足时，给予补贴。"《社会保险基金财务制度》也规定："基金纳入社会保障基金财政专户，实行'收支两条线'管理。"由于基本医疗保险基金的运行关乎基本医疗保障制度的实施，在管理上始终坚持"以收定支、收支平衡、略有结余"。

（五）责任分担性

在我国的城镇职工基本医疗保险制度中，采用典型的三方负担原则，医疗保险基金的筹资由职工个人、用人单位和政府三方承担。而城乡居民医疗保险基金的筹集则由城乡居民缴纳医疗保险费和政府补贴构成。据相关统计，2018 年全国城镇职工医保的总收入中，财政补贴仅占 0.59%，其主要收入来源于保险费；在城乡居民医保的总收入中，保险费约占总收入的 31%，而财政补贴占比达 67.45%，政府在居民医保中承担了主要责任。[①]

三、基本医疗保险基金的法律性质

我国社会保障法学界对于社会保险基金的法律属性存在着较大的争议，主要存在以下四种观点：第一种观点认为，社会保险基金是全体国民共同享有的公共物品，其支出无疑具有财政性支出的性质[②]，社会保险基金是财政性资金，应为国家所有。第二种观点认为社会保险基金在性质上为公共基金，"不论统筹基金抑或个人账户基金，不论来源于社会保险费的基金抑或来源于政府财政的基金，无论用于即期支付的基金抑或储备基金，均为公共基金性质"[③]。第三种观点则认为，社会保险基金作为一种具有社会权属性的财产，属于符合法律规定依法纳入社会保险范围内的特定参保人员的共有财产。[④] 第四种观点认为，社会保险基金的财产性质并不单一，既非公共财产，又非集体财产，更非私人财产，而是三者的统一体，其性质尚有待法律进一步明确和完善。[⑤]

目前有关社会保险基金中个人账户部分的法律性质的认识不存在太大的

---

① 严妮. 论城乡居民基本医疗保险财政事权与支出责任划分 [J]. 中国医疗保险，2020 (2)：26 – 30.

② 朱柏铭. 建立我国社会保障预算的构想 [J]. 财政研究，1998 (2)：45 – 48.

③ 郑尚元，扈春海. 社会保险法总论 [M]. 北京：清华大学出版社，2018：299.

④ 黎建飞，谢冰清. 公权视野下社会保险基金权属问题之审思 [J]. 湖南社会科学，2016 (4)：60 – 66.

⑤ 周宝妹，郎俊义. 试论社会保险基金的刑法保护 [J]. 法学杂志，2001 (4)：61 – 63.

争议。社会保险基金中的个人账户资金，由被保险人个人缴纳、专户专用，参保人在符合法定条件时使用，应是参保人个人所有的财产，在参保人死亡的时候可以由参保人的法定继承人继承。因此，同理可证，无论是城镇职工医保基金还是城乡居民医保基金，其个人账户资金为参保人的个人财产。

目前学界对于社会保险基金统筹账户资金法律性质的认识，观点冲突主要集中在"国家所有说"和"参保人共有说"。"国家所有说"认为基于社会保险基金财政资金的属性，国家应当是社会保险基金的所有权人。其理由依据主要在于：（1）国家是社会保险关系中的保险人，通过强制征缴的方式形成的统筹基金由社会保险的经办机构负责收支、管理。（2）社会保险统筹基金属于国家财政收入体系的组成部分，理应属于国家所有，社会保险统筹基金属于公法上的强制收入中的受益费，理应属于国家所有。① （3）《社会保险法》规定了社会保险基金通过预算实现收支平衡，社会保险基金需要编制财政预算，不足支付时通过财政转移支付予以补足，这也证明社会保险基金属于国家所有。"参保人共有说"则认为社会保险基金的筹集虽然是三方负担，但缴费所形成的统筹账户资金不属于财政资金。统筹账户中个人缴费部分归全体参保人共有不存在争议；用人单位实际上是在代劳动者缴费，属于劳动者提供劳动的对价，这部分资金也属于全体参保人共有；而政府对社会保险基金的财政补贴部分，是基于宪法所规定的政府责任产生的，在进入社会保险基金时资金性质和归属已经发生变化，不再是财政资金的组成部分，对社会保险编制财政预算是社会保险基金的异质化，社会保险基金的收支应当由稳定性的法律、法规规定。"一旦将社会保险基金混同于财政资金，将政府作为扶持者和监管者的职能混同于直接经办保险的社会保险人职能，参保人对政府的期望值就会无限放大。从另外一个角度看，如果政府承担无限付款人责任，社会保险基金也就失去了自求平衡的动力。"②

---

① 王显勇. 论社会保险统筹基金的法律性质及其管理运营 [J]. 财经理论与实践，2011 (3)：119 - 123.

② 张荣芳，熊伟. 全口径预算管理之惑：论社会保险基金的异质性 [J]. 法律科学，2015 (3)：159 - 169.

应当说，"国家所有说"和"参保人共有说"对社会保险基金法律性质进行的解释都具有合理化的成分。"国家所有说"强调了社会保险基金中的国家责任，也与我国社会保险基金的运行实践和民众的主观感受相吻合。但将国家解释为社会保险基金的所有权人，的确会混淆国家在社会保险中的角色定位，也无法从权源上说明基金多元化来源的合法性。"参保人共有说"虽然符合朴素的常理，但与《中华人民共和国物权法》（以下简称《物权法》）的规定相冲突。我国《物权法》下的共同所有分为按份共有和共同共有两种法定类型。统筹基金无法区分按份的状态，排除了按份共有的可能。而如果按照共同共有来理解，社会保险的参保人对于统筹基金缺乏法定的共有关系，对统筹账户资金只存在有限度的收益权，而无法完全行使占有、使用、收益、处分等物权的权能，参保人也无法提出分割统筹基金的权利请求。这与典型状态下《物权法》所规定的共同共有的内容大相径庭，欠缺足够的说服力。

在我国现行法律框架下，虽然不能对社会保险基金的性质作出准确的定性，但可以在"国家所有说"的基础上进行必要的法律改造以明确社会保险基金的性质。从社会保险基金的运营和管理来看，无外乎法定信托制和委托授权制两种模式。实践中，美国等国家和地区采用法定信托制，德国、日本等国家和地区采用委托授权制，其共同点是都需要有独立存在的社会保险基金的运营机构。理论上，这两种法律结构在我国都具有改造的可行性，前者需要在法律上明确社会保险基金的法人资格，由社会保险基金在法律的授权下管理运营社会保险基金；后者则需要在《中华人民共和国信托法》或者《社会保险法》下明确社会保险统筹基金的法定信托模式，确立国家财政部门的委托人身份、社会保险基金的受托人身份、参保者的受益人身份。① 从改造成本的角度考虑，本书建议参照德国模式把社会保险的经办机构改造为社会保险基金的公法人，以形成国家与公法人之间的委托授权法律关系，从公法上确保社会保险基金作为独立的机构运营统筹基金。

从基本医疗保险基金的法律关系上来看，应在立法上明确国家医疗保障

---

① 王显勇. 论社会保险统筹基金的法律性质及其管理运营［J］. 财经理论与实践，2011（3）：119－123.

局及地方医疗保障局作为基本医疗保险统筹基金委托人的身份，代行医保统筹基金的国家所有权，赋予独立法人资格的医疗保险经办机构法定的人权、事权和财权，以厘清所有权与管理权的边界。"将经办机构作为具有独立权利能力的行政主体，要求经办机构不再仅充当其他行政主体的手足，而应当成为具备决策、执行、监督相互制约的治理结构。其中决策权的享有者应当体现利益关系人的民主参与，这应当是经办机构作为行政主体统治权的来源，也是行政分权理论的必然要求。"① 从法律改造的实际来看，这种改造的方向符合基本医疗保险社会化的原则。基本医疗保险基金，作为公法人的身份，内部可以采用多元化治理的模式，广泛吸收参保人代表、用人单位代表、医疗服务供需双方代表及相关专家学者的参与。"我国医疗保险公法人治理体制的创新是德国'政府＋社会'自治治理模式的本土化，建立公法上的社团法人医疗保险基金会，作为介于政府与市场之间的社会治理主体，参与医疗保险政策的制定。"② 在这种法律改造完成之后，形成了逻辑清晰的国家授权关系，"国家所有权说"也自然演化为"国家法定授权说"，能够克服既有法律框架下所有者与管理者混同的问题。

四、基本医疗保险基金的立法原则——收支平衡

与社会保险基金一致，基本医疗保险基金在立法过程中应当贯彻社会化原则、公平与效率结合原则、与经济发展相适应原则等。③ 但从基本医疗保险基金的基本医疗需求保障和安全运行保障来说，有必要深入探讨它的收支平衡原则。

收支平衡不仅是基本医疗保险基金运行的基本要求，而且是基本医疗保险基金管理和立法必须遵循的基本原则。理论上，医疗保险基金的收支平衡不仅包括基金的数量平衡，还包括质量平衡。1998 年《国务院关于建立城镇

---

① 李文静. 医疗保险经办机构之法律定位——论社会行政给付主体之角色与功能 [J]. 行政法学研究，2013（2）：42－48.

② 李珍，王怡欢，杨帆. 论新时代医疗保险公法人治理体制的创新——基于多中心治理理论 [J]. 中国卫生政策，2019（11）：16－22.

③ 张京萍. 社会保障法教程 [M]. 北京：首都经济贸易大学出版社，2011：253－254.

职工基本医疗保险制度的决定》最早确立了"以收定支、收支平衡"的医保基金管理原则，这也确立了医保基金通过自身的财务平衡来实现基金可持续发展的基础。2011 年的《社会保险法》则正式规定"社会保险基金通过预算实现收支平衡"，从而把收支平衡原则纳入社会保险基金的法律框架。早期的基本医疗保险基金所坚持的收支平衡，更多地体现为一种数量上的平衡，强调通过"以收定支"控制医疗费用的支出，维持基金的平稳运行。但随着 2016 年全国范围内城镇居民医保与新农村合作医疗制度进行整合，医保覆盖面进一步拓展，医保基金的公平性价值作为基本医保制度的理念被普遍重视，以解决城乡之间因医保制度"碎片化"导致的医保待遇不公平现象，这也使传统上的以数量平衡为主的收支平衡原则受到了很大的挑战。一些学者认为，简单以数量平衡作为医保基金的管理原则，难以保证机会平等，产生了医保制度新的横向和纵向的不公平；政府利用医保基金数量平衡的表象，往往会作出违背制度目标承诺的行为；数量平衡背后的低水平支付推高了参保主体预防性储蓄，低报销率压缩了参保主体的医疗需求。① 早在 2012 年，《人力资源社会保障部 财政部 卫生部关于开展基本医疗保险付费总额控制的意见》中，就提出了基本医保"重点由扩大范围转向提升质量"的要求，逐步建立以"保证质量、控制成本、规范诊疗为核心的医疗服务评价与监管体系，控制医疗费用过快增长，提升基本医疗保险保障绩效，更好地保障人民群众基本医疗权益"。在现阶段，医保基金虽然能够保持数量上的收支平衡，但确实存在与基本医保实质公平性追求和高质量持续发展之间的矛盾，如果不能把基金的运行重点放到满足人民群众的医疗需求上来，化解医保基金内部的结构性矛盾，收支平衡的制度目标也不可能从根本上实现。2020 年 2 月，《中共中央 国务院关于深化医疗保障制度改革的意见》也明确提出未来医疗保障改革的基本原则："坚持稳健持续、防范风险，科学确定筹资水平，均衡各方缴费责任，加强统筹共济，确保基金可持续。"可以说，重新认识医保基金的收支平衡尤其是质量平衡的内涵，关乎医保基金的可持续发展。

---

① 沈世勇，张健明，曾瑞明. 论医保基金收支平衡中的价值取向——基于制度可持续的视角 [J]. 医学与哲学，2017（5A）：38 - 42.

有学者从公共政策的角度来认识医保基金的质量平衡，"在正式制度与非正式约束的张力下，个体、政府、社会三维主体，围绕医疗保障的适度水平缔结契约，推进政策变迁，维持制度可持续发展，所形成的一种相对稳定的状态。"① 这种从医保基金利益主体角度对医保基金质量平衡的分析具有比较强的说服力。实际上，从社会保障法的视野对医保基金的质量平衡进行分析，医保基金是一个由投保人、被保险人、保险人、税务部门、医保行政主管机关和医疗服务机构等多元主体参与构成的一个复杂的法律关系。在整个医保基金的法律构造中，城乡居民、城镇职工及用人单位作为投保人通过向税务机关缴纳医疗保险费形成医保基金，城乡居民和城镇职工作为基本医疗保险的被保险人（参保人）享受医疗利益，医疗保险机构（保险人）负责对医保基金运行和管理，医保主管机关负责对医保基金的运行进行监督，医疗机构通过向被保险人提供医疗服务从医保基金获得补偿。因此，医保基金的立法实际上以权利义务为主轴构建了一个多元利益主体之间利益平衡的机制。

通过以上分析可知，医保基金收支的质量平衡，本质上是以参保人群医疗需求适度保障为核心的一种多主体利益平衡和利益协调，以下从多个维度来进行分析。首先，医保基金制度设计的初衷是满足全体国民的基本医疗需求。对公民基本医疗权的保障，是医保基金的权利属性。医保基金收支的质量平衡，其基准点应当是在满足人民群众日益增长的医疗需求的基础上，平衡参保者个体利益诉求与代表社会整体利益的医保基金的运行安全之间的关系。现行基本医疗保险基金"以收定支"的模式下，虽然也能够维持基金的稳定运行，但"由于以收定支的平衡原则是基于历史的'支'来定未来的'收'，费率一经确定，则以相对固定的费率应对动态的'支'"，这种机制必然存在对未来风险预估不足的矛盾"②。因此，从提升人民群众日益增长的医疗需求满足度这个基准点来看，"以收定支"模式会导致医保基金控费的压力巨大，产生基金收支失衡的风险，急需建立起科学的筹资与待遇关联平衡的

① 沈世勇，李全伦. 医保基金收支平衡制度的演化机理分析——从数量平衡到质量提升 [J]. 财政研究，2016（4）：60-70.
② 袁涛. 医保筹资与待遇调整关联机制研究 [M]. 北京：中国社会科学出版社，2018：100.

机制，以更好地实现医保基金公民基本医疗权保障的功能。其次，政府在医保基金运行中充当着"最后垫款人"的角色，以公共选择理论分析，维持医保基金的收支平衡会成为一种政治考量因素，进而使政府存在违反医保基金公共契约的可能性，致使医保基金处于低效率运行中的进出平衡。因此，在科学设计筹资与待遇关联平衡机制的基础上，需要通过立法明确规定中央政府和地方政府的缴费义务。以城乡居民基本医保基金为例，依据 2018 年国务院办公厅发布的《医疗卫生领域中央与地方财政事权和支出责任划分改革方案》，明确了城乡居民医保由中央与地方政府分五档按不同比例进行医保支出的分担。这本身就是一个很好的实践。从政府法定职责的角度考虑，通过法律对医保基金央地政府之间财政事权与支出责任的划分，建立起配套的财政转移支付制度，能够实现央地政府间的利益协调，构建起医保基金"责、权、利"的平衡。最后，从世界范围内各国医疗改革的实践来看，控制医疗费用的支出一直是医保支付制度的一个核心问题。控制医疗费用的支出，不能简单地理解为成本"节流"这般简单。在单纯控费思维下，极易产生住院率虚高、给付待遇不合理等一系列的问题。支付方式的改革，其意义不仅仅是维持医保基金的安全稳健运行，还在于与缴费制度之间形成良性的互动和联系，体现出权利与义务的结合。如何科学合理地设定起付标准、最高支付额限制，如何在制度上区分一般人群和特殊人群的医保待遇，如何使医保基金能够对潜在的风险进行评估和预警，是高质量支付制度的核心内容。在立法上，除了确定多元化支付方式的改革探索之外，应以公共契约的思想来构建医保保险人与医疗服务机构的法律关系，以在公平与效率之间达成平衡。公共契约模式的关键在于"医保机构通过供方支付方式的新组合，建立一种全新的激励机制，使得医疗机构唯有向参保者提供高成本效益比的医疗服务，才能实现自身的收入最大化"[①]。因此，医保基金的高质量支付制度，本质上依然建立在医保参保人、保险人和医疗服务提供者之间的利益平衡基础之上。只有如此，才能实现《中共中央　国务院关于深化医疗保障制度改革的意见》中

---

① 顾昕. 走向公共契约模式——中国新医改中的医保付费改革 [J]. 经济社会体制比较，2012 (4)：21 – 31.

明确的"严格执行基本支付范围和标准，实施公平适度保障，纠正过度保障和保障不足问题"的目标。

综上所述，医保基金的收支平衡原则，不仅要求数量上的平衡，更要求质量上的平衡。其背后的实质是医保基金相关利益主体的利益平衡问题，贯穿医保基金运行的全部环节，是医保基金法律规则之上的规则。

五、基本医疗保险基金运行中的法律问题

（一）筹资制度的公平性欠佳

筹资制度的公平性问题主要体现在以下几方面：（1）城镇职工医保筹资中用人单位负担的缴费比例过高，已经远远超过国际通行的比例标准，严重影响了企业自身的市场竞争力；（2）由于统筹层次不同，各地城镇职工医保中对于筹资中最低缴费年限的认定标准不统一，对于退休人员是否缴费的政策性规定也不统一；（3）各地的城乡居民基本医保筹资模式多元化，目前仍存在"一制一档""一制二档""一制多档"多种缴费模式，既产生了逆向选择风险，又导致不同缴费参保人之间利益的不平衡。（4）个人账户的设计降低了医保基金的使用效率，削弱了基金的抗击风险能力，城乡居民基本医疗中的个人（家庭）账户没有发挥出基金的积累功能，城镇职工医保中的个人账户造成了在职职工之间、退休职工之间、在职职工与退休职工之间的横向不公平，以工资为基数向个人账户划入资金导致低工资收入参保者个人账户抗击风险能力较低等垂直不公平。① （5）从两大医保基金的筹资制度比较来看，城乡居民基本医保基金的参保人以成本较低的筹资水平享有了更高的支付待遇，也体现出制度间的差异和不公平。

（二）医保支付制度欠缺法治化规范

医保支付是整个基本医疗保险基金运行的核心问题。根据 2017 年国务院

---

① 贾洪波. 中国基本医疗保险制度改革关键问题研究［M］. 北京：北京大学出版社，2013：9－91.

办公厅《关于进一步深化基本医疗保险支付方式改革的指导意见》，我国基本医疗保险支付方式的改革已经明确了"全面推行以按病种付费为主的多元复合式医保支付方式"的目标，以预付制取代后付制。但是医保支付制度法治化规范的欠缺严重制约了医保支付制度改革的进程：（1）法定的第三方机制缺乏实施的法律依据。法定第三方机制的建立，是健全医保对医疗行为的激励约束机制以及对医疗费用的控制机制的关键。"经办机制与付费方式是一种互动关系：法人化和竞争性经办机制可以支撑预付制方式控费和保质功能，而付费方式的控费和保质功能可以推动经办机制的法人化和竞争性改革。"① 虽然现行政策实施中已经在推行多元预付制的改革，但是欠缺法律法规对医保经办机构法人资格的确认，使目前行政化和垄断性的医保经办机构无法完全承担起法定第三方的角色扮演，医保经办机构代表医保参保人的所谓"第三方战略性购买"就变成了无源之水。（2）医保基金的支付制度缺少统一的规范性规定。医保基金的支付制度应是一个体系化、规范化的制度。"医保支付制度改革是一个完整系统的制度体系，包括支付原则、范围、标准和结算办法等，而不仅是一种付费的方式方法。"② 在我国的实践中，仅仅以政策方式颁布医保支付方式的改革意见，医保基金的支付范围、支付标准等基本支付要件缺乏法律依据，法定第三方购买的询价机制、谈判机制、评价机制、竞争机制等基础性机制缺乏立法规定，很难想象，仅仅依赖现行的制度规范性文件能够实现医保支付法治化的目标。

（三）医保信息管理缺乏统一且明确的规定

在互联网高速发展的"全民医保"时代，公民的医保信息管理是一个迫切需要解决的法律问题。虽然城乡居民医保与城镇职工医保的未来融合还需要长期的探索，但医保信息的统一化管理已经迫在眉睫。目前，由于医保信息管理法律法规的缺失，已经产生了诸多问题：（1）重复参保问题。一方面

---

① 赵云. 医疗保险付费方式改革研究［M］. 北京：科学出版社，2015：77.
② 海韵. 医保支付制度改革需要把握的若干关键问题探讨——药品价格形成机制与医保支付研讨会观点综述［J］. 中国医疗保险，2017（11）：36 – 39.

重复参保的存在浪费了有限的医保基金，导致财政补贴高涨；另一方面，医保信息的不真实不完全也导致医保基金无法对参保人的健康状况进行准确把握，给医疗救助及其他相关配套制度的精准实施增加了难度。在实践中，既有被动重复参保的存在，也有主动重复参保谋求高待遇的情况发生。在城镇居民医保与新农合进行制度整合之前，我国三项基本医疗保险制度重复参保率约为10%，全国超过1亿人重复参保，每年财政无效补贴超过200亿元。①在城镇居民医保与新农合制度整合之后，虽然重复参保率有所降低，但以农村学生和农村进城务工人员为主要群体的重复参保问题仍普遍存在，严重影响了医保基金的稳健运行。（2）医保信息安全问题。2016年，全国范围出现了大量艾滋病患者个人信息被泄露事件，引发了全社会的广泛关注，该事件也证明现有的医保信息管理存在巨大漏洞。在既有体制中，大病保险的社会化需要与商业保险机构共享医保信息，智能监控工作的全面推进也需要部分商业机构进行监控系统建设、运行维护、辅助审核，这在一定程度上都增加了参保人员医保数据泄密的安全隐患。②目前，虽然"个人信息保护法"已经列入十三届人大常委会的立法规划，但医保基金的专用性、医保信息的敏感性和价值性决定了需要通过专门立法对医保信息的统一管理进行法律规制。

（四）医保基金监管立法滞后

医保基金的监督和管理事关医保基金的安全运行和参保人合法权益的保护，对于预防和控制医疗保险基金运行中正在发生和潜在发生的风险意义重大。依法监管是医保基金监管应当恪守的首要原则。但从医保基金监管的实践来看，还存在如下几个方面的问题：（1）现行法律缺少医保执法的基本规则。医保稽核在实务中主要对基金的缴费和支付进行核查，以发现风险点并进行预警和处理。但目前完整独立的医保基金监管法律法规的缺失使医保稽核这类的执法行为欠缺可操作性。"地方实践在医保违规违法行为调查、取

---

① 郑秉文，朱恒鹏，余依霖．统一医保制度——破解重复参保的根本途径［N］．中国劳动保障报，2014－08－26（03）．

② 黄华波．医保经办管理的四个法律问题［J］．中国医疗保险，2016（8）：28－30．

证、界定、处理、处罚时，常常面临法律授权不够、职责权限不清、标准规范不明等问题。"① 医保执法规则的明晰迫切需要专门性的基金监管法规来予以保障。（2）专款专用原则的挑战。专款专用是医保基金的一个基本法律特征，也是基金运行的基本原则。《社会保险法》明确规定，"社会保险基金专款专用，任何组织和个人不得侵占或者挪用"，"社会保险基金不得违规投资运营，不得用于平衡其他政府预算，不得用于兴建、改建办公场所和支付人员经费、运行费用、管理费用，或者违反法律、行政法规规定挪作其他用途"。但是在现行医保基金的运行实践中，一方面承办大病保险的商业保险公司通过承办合同可以获得纯利润收入，另一方面支付改革中的激励机制使医保基金支付了医疗服务机构的绩效奖励②，这都使医保基金的专款专用原则面临着被突破的挑战，需要在医保基金监管法律法规中对医保基金的使用原则与规则之间作出更加清晰的规定。（3）欺诈骗保行为屡禁不止。现实中，欺诈骗保是医保基金所面临的最大的法律风险。专业欺诈团伙、定点医疗机构与参保人通过单独实施、联合实施等方式骗取医保基金，对医保基金的安全构成了严重威胁。目前现实中骗取医保基金的方式主要有假身份（冒名顶替）、假资料（票据作假、处方作假、医疗明细作假、医疗文书作假、医疗证明作假等）、病因作假等。③ 欺诈骗保行为屡禁不止反映出现行医保监管体制中对于风险的预警和识别仍存在盲区，无法准确地对欺诈行为作出判断、调查和处理。

第二节　基本医疗保险基金筹资法律问题研究

一、基本医疗保险基金筹资制度概述

医疗保险基金的筹集是医保基金运行的起点，是基本医疗保险制度运行

---

① 申曙光. 医保基金监管：向立法长效迈进一步 [J]. 中国卫生，2019（5）：87 – 88.

② 黄华波. 医保经办管理的四个法律问题 [J]. 中国医疗保险，2016（8）：28 – 30.

③ 王黎勇，等. 山东某市城镇居民医保和新农合整合背景下基金风险分析 [J]. 中国卫生资源，2017（1）：28 – 31.

的基础，对于保障医保基金的正常运转和提高人民群众的健康水平具有重要意义。

（一）基本医疗保险基金的筹资构成

我国目前存在两大基本医疗保险基金：城镇职工基本医保基金和城乡居民基本医保基金，两大基金在筹资制度上存在着较大的差异。城镇职工基本医保的参保对象包括城镇所有用人单位的在职职工、退休人员以及城市的灵活就业人员等。城镇职工基本医保基金的筹资采用三方负担原则，由用人单位、单位职工和政府共同缴纳医疗保险费，实施社会统筹和个人账户的结合；城乡居民基本医保的参保对象一般为城镇职工医疗保险之外的城乡居民。城乡居民基本医保基金的筹集由参保人个人（家庭）缴费，财政资金进行补助，主要采用统筹账户模式运行。

我国的城镇职工基本医保基金的建立始于 1998 年的《国务院关于建立城镇职工基本医疗保险制度的决定》（国发〔1998〕44 号），目前根据《社会保险法》的规定实施强制性参保。城镇职工基本医保基金中，用人单位以国家规定的职工工资总额为缴费基数，职工以本人上年工资收入为缴费基数。其中，用人单位缴费率为职工工资总额的 6%，职工缴费率一般为本人工资收入的 2%，职工工资收入高于当地职工平均工资 300% 的，以当地职工平均工资的 300% 为缴费基数计算。职工基本医疗保险基金由社会统筹使用的统筹基金和个人专项使用的个人账户基金组成：社会统筹基金主要用于支付住院医疗费用；个人账户为职工本人所有，用于支付本人门诊医疗费用，可累积使用。个人缴费部分全部划入个人账户，累计缴费达到国家规定年限，职工退休后不再缴纳医疗费；单位缴费按 30% 左右划入个人账户，其余部分建立统筹基金。职工个人账户可以继承，个人账户的本金和利息归个人所有。

城乡居民基本医保基金始于 2016 年的《国务院关于整合城乡居民基本医疗保险制度的意见》（国发〔2016〕3 号），目前不采用强制参保，由城乡居民自愿参保。城乡居民基本医保基金目前对于参保个人，主要采用每年定额缴费的方式，政府按照一定标准每年给予财政补助。2019 年城乡居民医保个人缴费额度为 250 元，财政补助标准每人每年不低于 520 元。城乡居民基本医保基金结构以统筹基金为主，原则上不设个人账户。

（二）基本医疗保险基金的筹资模式

医保基金的收支平衡原则下，形成了两种收支平衡理论。一种是横向平衡，即在一个较短的期限内，基金参保人之间实现互助，群体内实现收支平衡；另一种是纵向平衡，即参保人个人从积累期到支付期，实现个人的财务收支平衡。从医保基金平衡的角度看，理论上存在三种医疗保险基金的筹资模式。

1. 现收现付制。现收现付制来自代际转移理论。代际转移理论以年轻一代承担年老一代的医疗消费需求的支出，在代际间形成财务平衡。现收现付制又称"统筹分摊式"，是以横向收支平衡原则为依据，通过测算年内需要支出的医疗保险支出，以支定收，将支出分摊到缴费主体，实现年度内的基金收支平衡。目前世界多数国家均采用该筹资模式。现收现付制的优点在于以支定收，便于操作，简单易行，能够抵御通胀压力。但该模式也存在面对无力应对老龄化社会压力，缺乏抵御大规模疾病风险的缺点。我国目前的城乡居民基本医疗保险基金，采用的就是典型的现收现付制。

2. 完全积累制。完全积累制又称"预提分摊式"，它是基于远期的纵向基金平衡发展而来的模式，即在预测未来一定时期医疗保险支出的基础上，确定应缴纳的基金总和，然后采用先提后用的办法，按照一定比例分摊到投保人。其实质是投保主体从参保开始起定期按比例为未来医疗保险的支出储存资金。完全积累制具有预防人口老龄化冲击、抵御大规模疾病风险、权利义务明晰等优点，但也存在互助共济性差、预算跨度和计算难度大等缺点。完全积累制在商业健康保险中采用较多。新加坡的保健储蓄计划是比较典型的完全积累制模式。

3. 部分积累制。部分积累制将基金的横向平衡与纵向平衡相结合，通过测算现实支出需求的基础上，按照高于现实支出需求所需的费率筹资，预留部分储备资金应付未来医疗支出需要。部分积累制能够形成一定的基金积累，具有一定抵御基金风险的能力，部分解决了现收现付制应对老龄化危机不力、缴费费率不稳定和完全积累制前期费率过高等问题，但部分积累制也存在难以协调基金横向平衡与纵向平衡之间矛盾的问题。我国城镇职工基本医疗保险基金采用统筹账户与个人账户的结合，基本上是按照部分积累制模式来进行设计的。

二、稳定长效公平的筹资机制的探索

我国目前基本医保基金筹资制度中最大的问题在于两大基金分别运行，形成差异巨大的筹资模式。这种名义上的"双轨制"导致国民在筹资义务分配上的不平衡，进而破坏了基本医保基金的长期稳定高效运行的基础。

鉴于此，在不断缩小两大基本医保基金筹资模式差距的基础上，探索建立起稳定长效公平的筹资机制就成为目前筹资制度改革的方向。围绕这个目标，应着重解决如下几个问题：（1）通过立法确立并实施城乡居民医保基金筹资的强制性原则，并逐步统合一制多档的筹资模式为"一制一档"。我国城镇职工基本医疗保险基金是强制缴费制度，而城乡居民医保基金是一种自愿缴费制度，而且多个地区允许进行筹资档次的选择，这种强烈的制度反差反映到基金运作的现实中，可供选择的自愿缴费制度的存在在一定程度上助推了"道德风险"的扩大，无形中也推高了医保基金的支出成本。20世纪70年代著名的兰德医疗保险实验已经证明了在医疗保险领域普遍存在着道德风险，"消费者个人自付部分越高，医疗支出越低；当消费者需要支付的高比例的自付成本时，实际上他们的花费更少。"[1] 因此，强制性参保原则的实施与城乡居民医保中的个人缴费比例的逐步提高，并不会带来城乡居民医疗福利的降低，反而是现在有选择的自愿缴费模式，会增加城乡居民医保制度中的道德风险，导致基本医保基金中权利义务配比的失衡，进而导致公平性的丧失。（2）通过立法确立医保基金筹资水平与经济发展现实水平挂钩的原则。保障水平与经济发展相适应，是社会保险法的基本原则。有关社会保障的项

---

① ［美］艾米·芬克尔斯坦，等. 医疗保险中的道德风险［M］. 朱凤梅，译. 北京：中信出版集团，2019：23.

目及标准立法时，必须从国家发展的实际情况出发，考虑国家、社会及社会成员能够承担的财力和物力。[①] 因此，稳定长期的筹资水平需要确立医保筹资水平与经济发展现实水平挂钩的地区筹资总水平控制标准确定机制，需要通过人均可支配收入作为基础确立个人缴费与政府补贴按比例分担的预算管理机制，需要确立以基金收支动态平衡为依据的医保筹资水平控制指标的动态调整和管控机制，[②] 以稳定实现医疗保险基金的代际公平。（3）以收入为基数改造城乡居民现有的个人固定额度缴费制度。可参照与我国制度类似的德国医保的做法，在职工医保中建立连带参保人机制，对于有劳动关系的职工医保的法定义务参保人，其配偶和子女等直系亲属根据法律规定免缴医疗保险费，连带成为参保人，享有与义务参保人同等的医疗待遇。[③] 法定义务参保人履行本人和家庭中连带参保人的缴费义务，并对缴费采用"兜底"和"封顶"设计。对于城乡家庭中不存在有劳动关系家庭成员的情况，应以城镇家庭人均可支配收入或者农民居民人均纯收入为基数，按个人缴费费率和家庭成员数缴费[④]，继续保留在现有的城乡居民基本医疗保险基金制度中进行缴费。（4）逐步调整并取消城镇职工医保的个人账户。城镇职工医保基金中个人账户的存在并没有达到资金积累性的作用，无法形成风险共担，客观上也造成了城乡居民医保基金和城镇职工医保基金之间参保人待遇的不公平，从未来全国统一公平医保制度建立的角度，应当逐步取消，以门诊统筹替代其功能。取消个人账户之后，将单位缴费和个人缴纳的费用计入统筹账户，城镇职工医保基金的单位缴费率可以适当进行下调。[⑤] 但由于制度的惯性，个人账户所形成的制度依赖已经形成，在短期内并不宜取消，应逐步改造。在现有体制下，应首先实现个人账户在家庭成员之间的共享，部分提高其共济功

---

① 孙光德，董克用. 社会保障概论［M］. 北京：中国人民大学出版社，2008：111.

② 熊先军，孟伟. 城乡居民医疗保险筹资政策的问题挑战及建议［J］. 中国医疗保险，2016（5）.

③ 乌日图. 医疗保障制度的国际比较［M］. 北京：化学工业出版社，2003：97.

④ 熊先军，孟伟. 城乡居民医疗保险筹资政策的问题挑战及建议［J］. 中国医疗保险，2016（5）：8－12.

⑤ 赵建国，刘子琼. 延迟退休、个人账户调整与城镇职工医疗保险基金可持续运行［J］. 社会保障研究，2020（1）：11－22.

能。"个人账户资金在家庭成员间共享可以提高账户资金使用效率，完全属于一种'福利改进'，在一定程度上可减轻参保家庭的医疗负担。"①

三、城乡居民大病保险筹资制度的完善

城乡居民大病保险，是在基本医疗保障的基础上，对大病患者发生的高额医疗费用给予进一步保障的一项制度安排。目前我国的大病保险仅存在于城乡居民医保制度之中，城镇职工基本医保制度中，同时也存在与大病保险功能类似的职工大病补充保险（大额补助）。城乡居民的大病保险，从目标上是为了避免城乡居民发生家庭灾难性医疗支出，立足于"大病"，是对大病患者超出确定标准医疗费用的再次补偿，即"二次报销"。2012 年 8 月，国家发展改革委、卫生部、财政部、人力资源和社会保障部、民政部和保监会等六部委联合颁布《关于开展城乡居民大病保险工作的指导意见》，正式启动大病保险制度并进行试点。2015 年 7 月，《国务院办公厅关于全面实施城乡居民大病保险的意见》（以下简称《实施意见》）发布，在全国全面推进城乡居民大病保险。从大病保险的实施情况来看，取得了较好的社会效果。截至 2018 年年底，大病保险覆盖 10.2 亿城乡居民参保人，约有 817 万人受益，报销比例在基本医保之上平均提高 13 个百分点以上，大病保险累计支付赔款约510.9 亿元，全国 90% 以上的统筹地区都委托商业保险机构承办了大病保险。② 经学者测算，大病保险对农村居民的健康起到了较为明显的改善作用，健康改善幅度达到 10% ~20%。③

（一）大病保险法律性质的分析

厘清大病保险的性质，是我们认识大病保险制度的基础。我国学术界对于大病保险的法律性质的认识，目前仍存在较大的分歧，理论上形成了如下

---

① 郑秉文，张永林. 医疗保险个人账户何去何从——从深圳平安保险试点看引入相互保险因素的前景 [J]. 新疆师范大学学报：哲学社会科学版，2019 (1)：131 – 144.

② 朱铭来，郑先平，解莹. 进一步完善大病保险制度的若干思考 [J]. 中国保险，2020 (3)：14 – 17.

③ 赵为民. 新农合大病保险改善了农村居民的健康吗？[J]. 财经研究，2010 (1)：141 – 154.

几种不同的学术观点：（1）大病保险是社会保险。认为大病保险是社会保险的主要理由包括以下几方面。首先，大病保险与基本医疗保险均以城乡居民为保障对象，大病保险的资金来源于基本医保基金的结余，进而决定了大病保险不是完全独立的一项新制度。[①] 其次，大病保险的筹资标准、保障范围等均由政府部门制定，承办保险机构也由政府部门招标选定，不同于一般商业保险；大病保险坚持"保本微利"原则，不以营利为目的，不追求经济效益最大化，且大病保险为强制性投保。[②] 最后，大病保险是基本医疗保险的新发展，是基本医疗保险的一个有机组成部分，在性质上并不是一项独立的新险种。[③]（2）大病保险是基本医保的补充保险。有学者认为，基本医保本身已包含一定程度的保大病功能，应将大病保险定位为对基本医保起补充作用的一项制度性安排，保障基本医保无法解决的重大疾病医疗费用。[④] 也有学者从政府购买大病保险政策演进的角度分析，认为大病保险应定位为补充保险，应在政府部门严格监管下由保险公司独立运行，形成基本保险、补充保险、商业保险与慈善救助相衔接的多层次重特大疾病保障体系。[⑤]（3）大病保险是一种政策性的商业保险。持该观点的学者认为，将大病保险的性质界定为一种政策性的商业保险，一方面可以解决其监管依据、法律适用等制度建设的前提问题，商业保险由中国银保监会负责监管，更符合目前的监管实践；另一方面需明确其与一般商业保险的区别，为大病保险在监管、实施和适用法律法规中的特殊性提供理论依据。[⑥]

应当说，对于大病保险的准公共物品属性，学者们已经达成共识，分歧主要存在于如何界定其法律性质。对于大病保险的理解，应主要从其价值属性、筹资制度、补偿制度、运作方式等角度进行综合判断。其一，从制度的

---

① 朱铭来. 融资模式和补偿条件决定了大病保险的性质 [J]. 中国医疗保险, 2013 (8)：46.

② 李文群. 大病保险属性、供给及发展策略 [J]. 经济研究导刊, 2012 (36)：86－88.

③ 金维刚. 重特大疾病保障与大病保险的关系解析 [J]. 中国医疗保险, 2013 (8)：47.

④ 董曙辉. 关于大病保险筹资与保障范围的思考 [J]. 中国医疗保险, 2013 (4)：9－11.

⑤ 王琬, 闫晓旭. 政府购买大病保险服务的政策演进路径研究 [J]. 江汉学术, 2017 (6)：5－11.

⑥ 乔石, 李祝用. 大病保险的性质与法律适用问题研究 [J]. 北京航空航天大学学报：社会科学版, 2018 (6)：22－27.

价值功能来看，大病保险是要解决少数参保人因"灾难性卫生支出"造成家庭经济困难的问题。"实质就是为基本医疗保险参保人给予的二次补偿，帮其分担高额医疗费用，防止家庭因为医疗救治费用的过高支出而难以维持生计"①，这与基本医疗保险"保基本"的根本理念是一致的。其二，从大病保险的筹资制度来看，其保障的对象是城乡居民基本医疗保险的参保人，使用的资金是城乡基本医疗保险基金的结余部分，如《实施意见》所言，是"基本医疗保障制度的拓展和延伸"。其三，从补偿制度来看，大病保险目前所采用的起付线、封顶线等内容，与基本医疗保险基金的支出规则并无二致。其四，从运作方式上看，虽然采用了与商业保险机构合作的商业化运作模式，但这种对于商业大病保险服务的购买是强制性的，与普通商业保险不同，更为重要的是，从法律关系上分析，商业性保险公司仅仅是医疗保险经办机构的受托人，并非真实的"保险人"，只是负责支付医疗保险待遇，大病保险的运营风险并未进入商业保险公司的风险体系。实际上，委托商业保险公司进行大病保险的支付，正是基本医疗保险社会化特征的体现。基于以上分析，城乡居民的大病保险在法律性质上定性为基本医疗保险的一个组成部分，是更适宜也更合理的。

（二）建构稳定的大病保险筹资机制

筹资机制问题，目前已经成为困扰大病保险制度进一步发展的主要障碍。有学者研究表明，"资金的筹资水平低，不平衡，抗风险能力差"是我国城乡居民大病保险领域最需要优先解决的问题之一。② 针对大病保险的筹资问题，从立法的角度，应重点解决如下几个问题：

1. 应确定大病保险与基本医保、医疗救助的法律界限。我国目前的多层次医疗保障体系已经基本形成。从城乡居民医疗保障体系的角度看，多层次

---

① 艾斯琪. 论大病医疗保险之法律属性 [J]. 黑龙江省政法管理干部学院学报，2018（2）：79－82.

② 高倩倩，等. 中国城乡居民大病保险领域关键问题确认 [J]. 中国公共卫生，2019（10）：215－218.

的医疗保障层次主要包括基本医疗保险、大病保险和医疗救助这三重保障。厘清三重保障之间的功能定位，是构建稳定的大病保险筹资机制的前提，也是医保基金稳健运行的基础。首先，作为城乡居民医疗保障的层次之一，大病保险具有一定的独立性和特殊性，应通过立法明确其作为基本医保子制度的特殊性，以划定其与基本医保之间的差异。目前在实践中，不少地区将部分慢性病纳入大病保险的支付范围，无形中扩大了大病保险的支付范围；很多地区按照医保目录直接适用"二次报销"，无法满足高额医疗费支出参保人的实际需求。本质上，大病保险的功能定位于解决高额医疗费用患者的就医负担，防止发生家庭灾难性医疗支出，是基本医保"保基本"基础上的一种特殊处理，因此，其核心问题在于如何界定"大病"。在现有以费用作为支付标准的基础上，应通过立法明确以病种为核心，结合医疗费用作为辅助来确定大病保险医疗待遇给付的标准。"按病种支付则更有针对性，并可以在一定程度上避免就医诊疗中的道德风险"①，也与国务院 2017 年《关于进一步深化基本医疗保险支付方式改革的指导意见》确定的"以按病种付费为主的多元复合式医保支付方式"的改革思路相吻合。通过立法对"大病"概念进行明定，也能在逻辑上摆脱大病保险对于基本医保的完全依存关系。其次，需在立法上划定大病保险与医疗救助之间的关系。虽然大病保险与医疗救助均有"托底线"的功能，但两者的"托底线"在性质上是存在巨大差异的。"医疗救助制度应是对贫困人群的托底、大病保险制度是对可能发生灾难性卫生支出人群的托底，因此贫困人口的医疗费用在大病保险起付线以下的费用应由医疗救助承担，在起付线以上部分由大病保险适当提高报销比例，二者各司其职。"②

2. 大病保险筹资机制的思考。目前大病保险的筹资主要采用城乡居民医保基金结余、财政补贴专项经费的方式。其中，多数省份按照城乡居民基本

---

① 王琬. 大病保险筹资机制与保障政策探讨——基于全国 25 省《大病保险实施方案》的比较[J]. 华中师范大学学报：人文社会科学版，2014（3）：16－22.

② 付晓光，杨胜慧，汪早立. 城乡居民大病保险的政策演进与思考[J]. 中国卫生经济，2019（3）：13－15.

医保基金筹资额的5%确定大病保险的筹资标准。财政补助方面，在日益增长的城乡医保财政补助资金中，逐步提高大病保险的占比。2019年，人均财政补助增加15元，其中一半用于大病保险。全国大部分地区均实现了大病保险的市级统筹，其中还有超过12个省份采用了省级统筹。

但是，由于大病保险的特殊性，对于其筹资机制的建构，学者们形成了不同的学术观点。主要观点如下：（1）多元筹资渠道说。持该观点的学者认为，建立工会、社区、慈善、财政等多主体参与机制，以拓展大病保险的筹资渠道。[①] 鼓励政府、企业、个人共担风险，建立多渠道、社会化的大病保障筹资机制。[②]（2）个人筹资义务说。持该观点的学者认为，应将大病保险区别于基本医疗保险，单独筹资，并明确参保人个人缴费义务。[③] 个人筹资才能实现大病保险的可持续，重特大疾病医保单一依靠医保基金划拨负重过大，很难保证其正常持续运行，应建立一套独立于基本医保的、由政府和个人共同承担的重特大疾病保障动态筹资机制，拓宽筹资渠道，由个人自愿购买重特大疾病保险。[④]（3）国家责任说。该学说认为，大病保险应当定位为一种特惠型的社会保障制度，鉴于其公共产品的性质，应当由政府承担公共资金的提供责任。[⑤] 在充分发挥基本医疗保险作用的同时，政府应拨出专款建立大病保障基金，单独运行，专款专用。[⑥]

应当说，以上三种学术观点，均具有一定的合理性。大病保险作为重特大疾病保障的层次之一，已经成为共识。但筹资来源的稳定性问题，的确严重影响了该制度效能的发挥。从性质上来看，由于大病保险是基本医疗保险制度的一种深化延展，其既有"保基本"的属性，又有针对特定医疗费用高支出者的特惠功能。从现实的角度来看，独立建立筹资渠道，与基本医疗保

① 仇雨临，翟绍果，黄国武. 大病保险发展构想：基于文献研究的视角 ［J］. 山东社会科学，2017（4）：58 - 64.

② 王琬. 大病保险筹资机制与保障政策探讨——基于全国25省《大病保险实施方案》的比较 ［J］. 华中师范大学学报：人文社会科学版，2014（3）：16 - 22.

③ 何文炯. 大病保险制度定位与政策完善 ［J］. 山东社会科学，2017（4）：65 - 69.

④ 胡大洋. 重特大疾病医保由个人筹资才能实现可持续 ［J］. 中国医疗保险，2013（11）：47.

⑤ 娄宇. 大病保险制度的法律定位存疑与改革思考 ［J］. 中国医疗保险，2015（8）：11 - 13.

⑥ 蔡明荣. 关于大病保险政策的思考 ［J］. 经济研究导刊，2018（31）：93 - 96.

险相分离，是不切实际也完全没有必要的。但是从定位上看，也不宜采用多元化筹资渠道的做法，这样一方面会弱化医保的政府责任，另一方面也会与医疗救助制度混淆不清。一个渐进性的改革路径是不断提高目前城乡医保中大病保险资金来源的政府补助比例，最终形成政府财政作为大病保险主筹资渠道的模式。从基本医疗保险的基本属性分析，权利与义务的结合是其基本特征。作为基本医疗保险的子制度之一，大病保险不能完全摒弃个人缴费的筹资渠道。应在建立大数据库分析的基础上，通过对大病患者人群差异、地区差异和收入差异等进行保险精算，确定大病保险合理的筹资主体筹资比例和增长比例，实现大病保险基金的精算平衡。与此同时，应通过立法建立大病保险基金的风险调剂金制度。在逐步提高统筹层次的基础上，建立大病保险的省级风险调剂金，将省级区域内大病保险基金的一定比例划拨到省级风险调剂金，以应对可能发生的大病保险支付风险。

从未来城乡医保一体化统筹发展的角度来看，应对城镇职工医保基金中与大病保险功能类似的职工大病补充保险（大额补助）同步进行双向调整，为全民统一、公平的医保制度的建立奠定筹资制度平衡的基础。

四、退休职工医保缴费问题的法律思考

（一）问题的缘起

在城镇职工基本医疗保障制度中，退休职工符合法定缴费年限并办理退休手续之后，不再需要缴纳医疗保险费而直接享受基本医保待遇。学术界对于退休职工享受医保待遇却不缴费的做法，一直存在着较大的争议。

职工在退休后不缴纳医疗保险费而享受医保待遇的做法最早来自1998年12月《国务院关于建立城镇职工基本医疗保险制度的决定》，该决定规定"退休人员参加基本医疗保险，个人不缴纳基本医疗保险费。对退休人员个人账户的计入金额和个人负担医疗费的比例给予适当照顾"。根据该决定，在职职工退休后在城镇职工基本医保中不再缴费，并且享受个人账户计入金额和个人负担医疗费的"适当照顾"。也就是说，退休人员的个人账户在退休后，

由统筹账户划入资金，且划入金额高于一般在职职工个人账户的比例。在
2010 年的《社会保险法》中，对退休人员不再缴费享受医保待遇的条件进行
了进一步明确。《社会保险法》第二十七条规定："参加职工基本医疗保险的
个人，达到法定退休年龄时累计缴费达到国家规定年限的，退休后不再缴纳
基本医疗保险费，按照国家规定享受基本医疗保险待遇；未达到国家规定年
限的，可以缴费至国家规定年限。"根据《社会保险法》第二十七条的规定，
退休人员不再缴纳基本医疗保险费享受基本医疗保险待遇需要满足"达到法
定退休年龄时累计缴费达到国家规定年限"的基本条件。关于"国家规定年
限"，《社会保险法》并未作出统一的明确规定。根据人力资源社会保障部
《实施〈中华人民共和国社会保险法〉若干规定》第七条的规定，"社会保险
法第二十七条规定的退休人员享受基本医疗保险待遇的缴费年限按照各地规
定执行"。因此，法定的缴费年限由各地根据本地情况单独制定。从目前各地
确定的累计缴费年限来看，多集中于 15～35 年，且大多数省份采用男职工缴
费年限高于女职工的做法。

　　基于现行法律规定，退休职工符合法定缴费年限不再缴纳医疗保险费而
直接享受基本医保待遇，在理论上和实践中均产生了很多问题：（1）导致制
度不公平的加剧。首先，这种制度的不公平性体现在老龄群体在城镇职工医
保与城乡居民医保不同制度间待遇上的横向不公平。同样年龄的老人，作为
退休职工不缴费享受城镇职工基本医保待遇，作为城乡居民则需要通过缴费
才能享受城乡居民基本医保待遇。"这种制度形式不公平，背后隐含的是不同
基本医疗保险制度的权利与义务不一致，一定程度上固化了职工基本医疗保
险和城乡居民基本医疗保险，强化了阶层的分化。"① 其次，这种不公平性还
体现在制度内部代际的纵向不公平。根据政策规定，计入退休人员个人账户
的资金来源于统筹基金，而统筹基金的资金是按照在职职工工资总额的6%计
提而形成的，这原本就是在职职工的贡献。实际是由在职职工和用人单位为
退休职工的医保待遇"买单"。如果继续实施退休人员不缴费政策，势必将加

---

　　① 丁怡，单苗苗．"退休职工医保缴费"问题消解路径探索——基于社会保障制度发展的视角
[J]．黑龙江社会科学，2017（3）：91－96．

重工作一代劳动者的负担，从而引起代际间的矛盾。① 更为重要的是，退休职工累计缴费年限的计算还包括"视同缴费年限"。所谓"视同缴费年限"是指参保人员在实行医疗保险社会统筹之前的连续工龄（通常是在国有企业或集体企业的连续工龄）也可以累计计算为缴费年限。这种做法虽然有承认参保人员之前历史贡献的功能，但与《社会保险法》制度设计所想要达到的通过缴费年限的累计弥补医保基金不足的初衷相矛盾，也会进一步加剧制度内部的代际不公平。"基本医疗保险视同缴费所产生的保障责任，是完全由当下的参保单位和个人来承担的，这既无理论根据，也实际上侵犯了当下的参保单位和个人的权益。"② （2）造成医保基金持续稳定运行的巨大压力。在目前全国的医保统筹地区中，已经有不少地区的职工医保基金开始出现赤字，收支的平衡被进一步打破。而我国社会日益老龄化的压力和不断增高的医保基金支出，都对医保基金的稳定运行提出了严峻的挑战。"退休人员免费政策不仅与职工医保现收现付的财务管理模式逻辑相悖，更是暗含着诸多影响制度得以持续运行的不确定因素。"③ 由于我国的职工基本医保主要采用的是现收现付制模式，在当期只会留存少量结余资金作为准备金以应对风险，职工在在职期间所缴纳的医疗保险费本身不具有完全的累积功能。人口老龄化所形成的大量退休职工不履行缴费义务但享受医保待遇，会持续性地造成医保基金的收支不平衡。而且，由于医保支出的不确定性很高，而医保筹资收入相对稳定，基金的财务管理本身就具有内在的一种不平衡性。在退休职工在不缴费但享受基本医保待遇的情况下，退休职工年龄增长、疾病风险日益上升导致的医保支出的持续增加，无疑在加剧医保基金的收支不平衡。

（二）问题的解决

针对退休职工医保缴费中存在的权利义务不平衡的问题，我国学者提出

---

① 王保真. 退休人员缴费需从长计议 [J]. 中国社会保障, 2016 (2)：82.

② 陈申，刘夏. 退休医保缴费年限的问题与完善 [J]. 中国社会保障, 2018 (8)：50 - 51.

③ 翟方明. 我国退休职工医保缴费政策及其理论争议的再反思 [J]. 中国卫生政策研究, 2018 (1)：6 - 12.

了多种解决方案，主要包括以下几种：（1）将退休职工转入城乡居民基本医保。该种方案认为，职工退休之后，退出了劳动关系，身份由职工转化为居民，医保转入城乡居民基本医保具有制度的合理性。退休职工达到退休年龄以后，转入城乡居民基本医疗保险体系，将原有城乡居民基本医疗保险的"自愿参与"改为"制度强制性参与"，按照城乡居民基本医疗保险制度的有关规定进行缴费和享有待遇。① 该方案只是针对新退休职工而言，老人仍然采用老办法，延续过去做法，按照以前的法律规定执行。（2）设立独立的高龄者医疗保险制度。该观点认为，可以借鉴日本的高龄者医疗保险制度，将满足退休条件的人员脱离原来的城镇职工医保体系，建立一种只包含退休人员的独立的医疗保险制度，实施终身缴费。"缴费率要低于之前参加城镇职工医疗保险的时候，国家加大补助，如果出现问题的时候，可以从城镇职工基本医疗保险的基金池中拨款，形成共济。"② （3）保持既有不缴费的制度不变，但实施由财政对"视同缴费年限"部分进行补贴。该方案认为不宜对既有制度作出太大调整，但应采取措施克服制度内部的不公平现象。"建议参照基本养老保险制度，由财政对职工医保视同年限期间应当缴纳的医保费实行财政补偿"③，以部分缓解退休职工缴费带来的在职职工与退休职工之间的利益失衡。（4）对退休的"新人"建立个人筹资机制。该方案认为退休后的职工个人负担缴费是更合理的选择。对于退休人员缴费机制建立之后才参加工作的"新人"，应以个人筹资为主；对于领取低保的退休人员，应按照可覆盖基本医疗费用的标准，由财政负担。④ （5）建立"三支柱"筹资模式。该方案建议适当修改《社会保险法》，制定实施退休人员分类缴费政策，对于不同养老金水平的退休人群，建立由个人、参保单位和政府财政的"三支柱"筹资模式，即初期将退休人员医保费率设置在养老金的2%左右，并根据基金支撑能

---

① 丁怡，单苗苗．"退休职工医保缴费"问题消解路径探索——基于社会保障制度发展的视角 [J]．黑龙江社会科学，2017（3）：91 – 96.

② 景日泽，等．国际经验对我国退休人员医保缴费问题的启示 [J]．中国卫生经济，2016（10）：90 – 94.

③ 陈申，刘夏．退休医保缴费年限的问题与完善 [J]．中国社会保障，2018（8）：50 – 51.

④ 张春丽．退休人员医保筹资途径探讨 [J]．中国社会保障，2016（2）：74.

力和经济社会的发展适时调整，同时对退休人员实行分类终生医保缴费制度设计，对个人养老金高于某一标准的退休人员，由个人缴费；而低于标准的，由参保单位缴费；经县级及以上人民政府认定的困难企业退休人员，由财政全额补助。①

　　寻找理想化的解决退休职工缴费问题的路径，首先，要分析该制度形成的原因。实际上，退休职工不缴费享受医保待遇是历史的产物。20 世纪末职工基本医疗保险制度建立的时代，同时也是我国国有企业转型改革的时代，原有的"国家—单位"完全进行保障的模式在向社会化保障的模式进行转变。为了确保基本医疗保险制度的顺利推进、减轻退休职工的经济负担、肯定劳动者对国家和社会所作出的劳动贡献，退休职工不缴费享受基本医保待遇成为改革的必然逻辑。应当说，这种选择在当时是带有"福利化"特征的。其次，从我国基本医保制度未来的走向看，最终是要实现公平的、城乡统一的"全民医保制度"。正如 2020 年 2 月《中共中央　国务院关于深化医疗保障制度改革的意见》中所言，"要建立与社会主义初级阶段基本国情相适应、与各方承受能力相匹配、与基本健康需求相协调的筹资机制"。在我国退休职工养老金替代率目前不足 50% 的情况下，通过立法强制实施退休职工医疗保险费的缴费明显欠缺现实的基础，也会产生巨大的社会矛盾的隐患。再次，退休职工缴纳医疗保险费不是改善医保基金运行效率的良药。虽然医保基金面临着开支不断增大的挑战，负担日益加重，但这种负担不该通过普通退休职工的缴费来弥补。加大改革力度，实现医保、医疗、医药"三医联动"才是解决问题的根本出路。如果改革不到位，简单地通过要求退休职工缴费来弥补医保基金缺口，从而将过高的医疗成本转嫁到退休职工身上，并不能从根本上解决问题。② 最后，从基本医疗保险基金运行的基础来看，退休人员在在职期间已经缴纳了医疗保险费，而且已经负担了缴费当时退休人员的医疗保险

---

　　① 陈刚，刘道寒."三支柱"筹资模式或解退休人员缴费难题［J］. 中国社会保障，2016（8）：84 - 85.

　　② 林卡，侯百谦. 基于价值理念对社会政策项目的讨论和评估——由退休人员医保缴费的论争说起［J］. 浙江大学学报：人文社会科学版，2016（6）：90 - 99.

支出，"让退休人员继续缴纳医保，相当于让他们承担了双重责任，这是不大公平的。"① 因此，从法律制度的稳定性角度来看，目前阶段也不适宜改动《社会保险法》原有的条文规定。

虽然本书认为应当继续维持既有法律所规定的累计缴费达到法定年限不再缴纳基本医疗保险费并享受基本医疗保险待遇的基本内容，但还应当在制度的具体设计中进行进一步的优化：（1）随着退休年龄的延长，应从严掌握退休人员免除医保缴费义务的条件。首先，退休手续的办理是免除医保缴费义务的前提，未办理退休手续者，不能适用《社会保险法》的第二十七条来免除医保缴费义务；其次，应将免除医保缴费义务与确定的退休年龄相挂钩；最后，对缴费年限的累计和调整要形成统一的立法标准，缴费年限不仅要累计而且要连续不间断。（2）规范补缴程序。退休人员补缴医疗保险费，应当根据每年医保缴费基数递增的平均增幅，计算一次性补缴的总数额，或者实行逐年缴费；对于补缴基数的确定，宜采用统筹地区上年度在岗职工平均工资为缴费基数，对于缴费困难人员，不应调低缴费基数，符合法定的条件下应由财政资金补缺。

第三节　基本医疗保险基金支付法律问题研究

一、基本医疗保险基金支付概论

医疗费用的支出是整个基本医疗保险体系运作的重要环节，也是医保基金最重要的功能体现。医疗费用的支出本质上是一种经济补偿制度，它是指当医疗保险的参保人因病获得法定的医疗服务时，由基本医保基金按照医疗保险合同以及医疗保险法律的相关条款给予参保人的全部或者部分的经济补偿。对于医保基金的运行而言，通过确定合理的偿付方式、偿付标准，将医保基金的支出控制在一个适当的水平，关乎医疗保险基金的收支平衡。医保

---

① 吴为. 全国人大财经委副主任委员：当前制度下让退休人员缴医保不公平［N/OL］. 新京报，2016 - 02 - 20. www. bjnews. com. cn/news/2016/02/20/394603. html.

基金的偿付,还能够对医疗服务供需双方的行为进行调节,对调控卫生资源和配置与利用具有重大意义。因此,从各个国家医疗保险改革的实践来看,强化对医疗费用支出的控制,一直都是改革的一个核心问题。

(一)医保基金的支出原则

1. 依法支出原则。依法支出原则是医保基金支出的首要原则,它是指医保基金的支出应当符合法律的规定或者相关合同的约定。医保基金的支出依据来自法律的明确规定或者医保经办机构对外签订的服务合同的相关条款。《社会保险法》规定,"社会保险经办机构应当按时足额支付社会保险待遇""符合基本医疗保险药品目录、诊疗项目、医疗服务设施标准以及急诊、抢救的医疗费用,按照国家规定从基本医疗保险基金中支付""参保人员医疗费用中应当由基本医疗保险基金支付的部分,由社会保险经办机构与医疗机构、药品经营单位直接结算"。可见,基本医保基金医疗费用的支出,一方面要符合国家法律规定的支付要求和支付标准,另一方面也符合医疗保险经办机构与医疗机构、药品经营单位签订的服务协议。

2. 参保人权利与义务对应原则。参保人权利与义务对应原则强调的是参保对象享受医疗保险经办机构为其偿付医疗费用的权利必须与其承担的缴纳医疗保险费的义务相对应。该原则首先体现为"参保偿付,不参保不偿付",即只有履行缴纳医疗保险费义务的参保人才享有医保基金对其医疗费用进行偿付的权利;其次,该原则又体现为"多投多保、少投少保",即医保基金医疗费用的支付,主要取决于参保人投保的保险费,缴纳更多保险费的参保人应享受更多的医疗待遇。

3. 有限给付原则。有限给付原则是指医保基金的支出不应超过参保人实际发生或者给付的医疗费用。有限支付是由医保基金补偿制度的本质所决定的,由于要维持基金的收支平衡,所偿付的医疗费用必须在医疗保险范围之内。为了控制医疗服务被滥用,通常通过制定偿付方式、支付限额等方法控制医疗费用的不合理使用。

（二）基本医保基金的支出范围

基本医保基金的支出范围原则上仅限于基本医疗保险中的医疗费用支出。基于基本医保基金的专用性特征，医保基金资金的使用不得用于医保医疗费用之外的其他用途。我国《社会保险法》第六十九条明确规定："社会保险基金不得违规投资运营，不得用于平衡其他政府预算，不得用于兴建、改建办公场所和支付人员经费、运行费用、管理费用，或者违反法律、行政法规规定挪作其他用途。"

除此之外，《社会保险法》对医疗保险基金的支出范围还作出了反向的限制性规定。《社会保险法》第三十条规定："下列医疗费用不纳入基本医疗保险基金支付范围：（一）应当从工伤保险基金中支付的；（二）应当由第三人负担的；（三）应当由公共卫生负担的；（四）在境外就医的。医疗费用依法应当由第三人负担，第三人不支付或者无法确定第三人的，由基本医疗保险基金先行支付。基本医疗保险基金先行支付后，有权向第三人追偿。"

（三）医保基金的支付方式

医保基金的支付方式本质上就是医疗费用的支付方式。按照不同的分类标准，医疗费用的支付方式也不大相同。一种常见的分类方式是将医疗费用按照支付时间分为后付制和预付制。后付制是在医疗服务提供之后，按照服务质量费用发生的实际数量和标准支付费用，其主要类型是按服务项目付费；而预付制是在医疗服务提供之前通过预先确定的支付标准进行费用的先期支付，再分期分批支付。预付制又可以划分为按服务单元付费制、按人头付费制、按病种付费制、总额预付制四种形式。[①] 以下，分别进行简述。

1. 按服务项目付费制。按项目付费的支付方式是我国过去一直采用的方式，是指医保基金管理部门根据医疗机构提供的其对参保病人的医疗服务项目和费用的单据，定期与定点医疗机构进行结算，这种医保基金支付制度属

---

① 温兴生．中国医疗保险学［M］．北京：科学技术出版社，2019：122.

于典型的后付制。这种方式虽具有简单易操作的优点，但也被认为是造成医保基金费用持续高涨的重要原因。据相关调查，截至 2018 年底，重点审计的九省城乡居民医保财政补助资金和人均补助标准分别较上年增长 8.84% 和 9.59%。①

2. 按服务单元付费制。按服务单元付费是指医保基金管理机构根据定点医疗机构的往年数据，计算出平均人次门诊价格和平均日住院价格，按照服务人次和住院天数对定点医疗机构付费。这种方式将整个诊疗过程拆解为若干部分，即每一个部分是一个服务单元，例如，1 个门诊人次数、1 个住院床日数。按服务单元付费属于预付制的一种，医保机构通常根据往年数据，与医疗机构协商确定每个服务单元的支付标准。按服务单元付费的突出特点是超支自负和结余留用，具有预算包干的特征，该方式对医疗机构有较强的激励和约束作用，利于监督管理，但难点在于如何规范医疗行为，防止医院分解服务次数、推诿重病患者。

3. 按人头付费制。按人头付费是指医保基金管理机构事先与定点医疗机构协商好服务人数和每人的收费定额，定期按照人数预先支付费用的一种包干制付费方式。按人头付费的支付方式属于预付制，方便了医保基金管理部门控制基金使用量，但是也存在定点医疗机构拒收危重病人的道德风险，因为基金对每个人预支的费用固定，医院更倾向于接收轻病人，选择节省的医疗方案，不利于医疗机构提高服务质量，甚至可能对服务质量产生反作用。

4. 按病种付费制。按病种付费支付制度的全称是"按疾病诊断分类定额预付制"（DRGs）②，是指按照国际疾病诊断分类标准，将住院患者的疾病按照诊断、年龄和性别等分为若干组别，然后根据每组疾病的轻重程度及有无合并症、并发症，再细分为若干级别，结合遵循医学依据，通过临床路径测算出病种每个组各个分类级别的医疗费用标准，按此标准对某组某级疾病的

---

① 中华人民共和国审计署网站. 国务院关于 2018 年度中央预算执行和其他财政收支的审计工作报告［EB/OL］.（2019 – 12 – 25）［2020 – 01 – 17］. http：//www. audit. gov. cn/n5/n26/c133000/content. html.

② 姚岚，熊先军. 医疗保障学［M］. 北京：人民卫生出版社，2019：129.

诊断全过程一次性向医疗机构偿付费用。这种医保基金支付方式是定额预付类型的，每组每级别的疾病的支付标准是预先科学地预测计算出来的，与实际支付的医疗费用无关。这种模式下，医院会更倾向于优化诊断过程，力求做到更精确的诊断和治疗，减少诱导性消费。这种付费方式对病种分类的要求很高，需要制定详尽的医保付费病种目录。

5. 总额预付制。总额预付制是医保管理机构根据本区域内参保人数、年均接诊总人次数、次均接诊费用水平，测算本区域内年度统筹补偿控制总额，经办机构定期预拨，实行总额控制、包干使用、超支分担的支付方式。该方式在设计上让定点医疗机构参与到医保费用的控制管理中来，医保基金管理部门会把指标分配给各个定点医疗机构，医疗机构为管理方便再分配给各个科室，进而约束各个提供医疗服务的医生，让医保基金使用的重要参与方定点医疗机构做好控费的"守门人"。总额预算制的实施，要求医生不仅要有医术，还要懂得一定的医保法律政策，尽量提供合理的医疗方案而避免诱导消费，为医保控费创造了条件。但是同时，因为医院的医保费用收入总额固定，医院可能存在推诿危重病人的道德风险。另外，总额预算制的预算标准很难科学、合理界定，预算式的支付方式不能精准地反映医疗费用实际发生的情况，是一种粗放式的预付费方式。①

2017 年 6 月，国务院办公厅印发了《关于进一步深化基本医疗保险支付方式改革的指导意见》（以下简称《指导意见》），进一步深化基本医疗保险支付方式改革。根据《指导意见》的要求，从 2017 年起，在全国全面推行以按病种付费为主的多元复合式医保支付方式。《指导意见》提出，到 2020 年，医保支付方式改革覆盖所有医疗机构及医疗服务，全国范围内普遍实施适应不同疾病、不同服务特点的多元复合式医保支付方式，按项目付费占比明显下降。

（四）基本医保基金支付的限制性规则

基于有限给付的医疗保险基金支出原则，对于基本医保参保人支出的全

---

① 王宗凡. 医疗保险总额控制的实践与思考［J］. 中国医疗保险，2017（3）：37－40.

部医疗费用并非全部性地进行全额补偿。为了预防滥用医疗卫生服务、浪费卫生资源和医疗费用的快速上涨，基本医保法律或者政策中通常会采取限制性支付的一些措施，形成支出的限制性规则。这些限制性规则通常包括以下要素：（1）起付线。起付线是指法定的医疗保险费的最低标准，低于起付线以下的医疗费用全部由参保者自己负担或者参保人与单位分担，只有超过起付线以上的部分才由医疗保险机构偿付。（2）按比例分担。按比例分担是指由保险机构与被保险人机构按一定比例共同偿付医疗费用，这一比例也称为"共同负担率"或者"共同付费率"。该比例可以固定，也可以变化。（3）最高限额。最高限额也称为"封顶线"，是与起付线相反的一种限制规则。该规则首先确定一个医疗费用的封顶线，医保基金只支付封顶线以下的费用，超过封顶线的费用由参保人负担或者参保人与单位共同负担。（4）混合支付。所谓的混合支付实际是对以上三种限制规则的结合使用。实践中，医保支付制度中常对低费用实施起付线，高费用实施封顶线，中间段的费用实现按比例给付，以合理有效地控制医疗费用的支出。

二、医保支付方式改革与医疗体制创新的思考

关于医保支付方式的改革，2017 年 6 月国务院办公厅发布的《指导意见》已经明确了改革的基本目标，即完成付费方式由后付费向预付费为主的转变，建立起以按病种付费为主的多元复合式医保支付方式。应当说，医保支付方式的改革是医保基金持续稳健运行的关键。诚如有的学者所言，医保的付费环节比筹资环节更加重要，因为只有付费环节的服务水平有所提高，才能有效地推动筹资工作的开展。[①] 支付方式改革的推进，不仅有利于提高医保基金使用效率、控制医疗费用不合理上涨，也能在一定程度上发挥对医疗服务市场的调控作用，促进和支持我国医药卫生事业的健康发展。从公民医疗保障权的角度来看，医保支付方式改革可以有效缓解"看病难、看病贵"的问题，合理改善每一位社会成员最基本的健康状况，满足他们的基本医疗

---

① 顾昕. 走向公共契约模式——中国新医改中的医保付费改革 [J]. 经济社会体制比较，2012（4）：21 -31.

需求，使卫生资源得到合理有效的使用，是"公益性、公正性、效益合理性"① 三者的统一。

从国际比较的角度来看，建立以病种付费为主的多元复合式医保支付方式是符合国际发展趋势的。但是，我国基本医疗保险支付方式进一步的深化改革不应当单纯地强调支付方式上的简单改造，它需要的是医药卫生体制相关改革的协同推进。从医保基金运行的实际效果来分析，行政化的医疗保险经办机构和经办机制才是阻却改革深入推进的最大障碍。我国的医保经办机构，在法律上是执行医保行政事务的事业单位，实践中，作为第三方履行医保基金的支付职能，形式上类似于"医保保险人"的地位。但是这种形式上的"医保保险人"角色实际上名不副实。首先，医保经办机构是以行政划拨经费为责任财产，并不对医保基金运营的盈亏承担责任；其次，医保基金采用预决算方式，医保经办机构仅为预、决算的执行机关；最后，医保经办机构采用行政化体制进行设置，多数医保经办机构的编制人员参照公务员进行管理。因此，有学者认为，由于法律定位与职能的错位与偏差，以及长期以来"管办不分"与医保机构自身行政化的特征，我国医保经办机构目前还不是真正的"保险人"。② 这种身份上的严重错位，使医保经办机构作为原本应当承担控费职责的保险人缺乏原始性的控费动力，无法完全发挥出预付制改革的效果。从外部性而言，具有垄断性的"保险人"身份使医保经办机构排斥竞争，竞争性经办机制的严重缺失使医保基金支付制度的实施重点仅落脚于控费，而忽视了医疗服务的质量提高，进而形成了广大群众陷入了"看病难、看病贵"的双重陷阱。

因此，从根本上来看，医保支付方式改革的核心在于对现有经办机构和经办体制进行创新，实施经办机构法人化和经办机制竞争化的改革。"医疗体制与付费方式是一种互动的关系：法人化和竞争性医疗体制可以支撑预付费方式控费和保质功能，而付费方式的控费和保质功能可以推动医疗体制的法

---

① 杨明慧，杨峰，杨燕绥. 从伦理角度看我国医保支付方式改革 [J]. 医学与法学，2019（5）：41-43.

② 朱俊生. 让医保经办机构成为真正的"保险人"[J]. 中国医疗保险，2017（8）：29-31.

人化和竞争性改革。"① 首先，从组织机构上，应通过立法明确医疗保险经办机构的独立法人地位，"我国医疗保险制度的治理体制应该遵循法律原则，构建医疗保险公法人治理体制"②，通过立法赋予医疗保险法人经办机构独立的人权、事权和财权，使其成为真正法律上的医保制度中的"保险人"。医保经办机构的法人化将使医疗保险的"管办分离"成为可能，即医保行政机构负责医保法律政策的制定和监督，经办机构在去"行政化"之后负责医疗保险的具体经办业务和执行事务。当医保经办机构成为"保险人"，支付方式的预付制改革将"倒逼"其主动采取积极措施控制医疗费用的支出。其次，在建立经办机构法人制度的前提下，进一步完善经办机构购买医疗保险服务的机制，探索医疗保险供给主体的竞争性改革，以提供给参保人更多的选择，构建医保市场的多元化治理结构。医疗费用的预付制改革，必然使医疗服务机构从原本的以"收入"为中心转向以"成本"为中心。竞争性的社会医疗保险经办机制实际是通过竞争机制和选择机制对经办机构保障医疗质量的行为予以奖励，对经办机构放任医疗质量的行为予以惩罚，从而让经办机构有动力采取各种措施激励医疗机构提供质优价廉的医疗服务，并采取各种措施约束医疗机构提供质劣价高的医疗服务。③

综上所述，按病种付费为主的多元复合式医保支付方式的改革的深入推进，应当在组织机构上确立医保经办机构的独立法人地位，在医疗服务机制中形成多元竞争的医疗服务体系。

三、医保基金支付规则的完善

虽然我国的《社会保险法》规定了医保基金支付的基本规则，对医保基金的支付范围、支付限制等内容作了概括性规定。但《社会保险法》的社会保险基本法的属性，决定了它不可能对医保基金的具体规则进行明确。而现

①　赵云. 医疗保险付费方式改革研究 [M]. 北京：科学出版社，2015：77.

②　李珍，王怡欢，杨帆. 论新时代医疗保险公法人治理体制的创新——基于多中心治理理论 [J]. 中国卫生政策研究，2019（11）：11-22.

③　赵云. 社会医疗保险的代理风险与经办改革 [J]. 卫生经济研究，2016（8）：29-32.

行法律法规中有关医保基金支付规则的缺失，也在一定程度上导致医保支出的混乱。

（一）建立并完善医保支付标准

医保支付标准是医疗保险基金为参保人提供服务的医疗机构补偿药品与服务成本的价格标准、数量标准与质量标准的总称。医保支付标准是价格标准、数量标准、质量标准的统一，是药品支付标准、诊疗项目支付标准、服务设施支付标准、医用耗材支付标准的统一，是市场形成支付标准、政府制定支付标准、谈判商定支付标准的统一。[①] 医保支付标准是医保、医药、医疗改革三者之间内在的连接点，在医疗卫生改革中发挥着重要的杠杆作用。

医保支付标准并非医保的市场价格，严格来说，医保支付标准不是一个定价系统，其实质上是一种补偿机制，它是一种通过限制医保补偿水平实现对药品费用进行控制的方法，通过减少对高价药品的需求和刺激药品生产者主动降价两方面来降低参考定价制度所涉及的药品价格。医保基金作为医疗保险市场的需求方，具有相当大程度的市场定价的话语权。医保支付标准的确定，虽然不能直接影响市场上药品的价格，但它作为参保人员使用医保目录、医保基金支付药品费用的基准，能够间接影响药品的市场价格。医保支付标准将具有可替代的药品进行分组，按照某个基准价确定各组药品的医保补偿水平。在确定了某种药品的医保补偿标准之后，定点医保机构可以留存该药品实际销售价和医保支付标准间的差额，这就使其更有动力向药品供应商压低价格。医保支付标准通过这种价格作用机制的调整，间接影响了市场供需，达到了减少医疗费用支出的目的。"医保支付标准是医保支付管理的核心，其本质是对医保管理中医药服务消费设定的补偿标准，通过与医药采购等相关政策衔接配合，对医药服务的价格发挥市场调控引导作用，达到'发现市场真实价格、引导价格合理形成'的制度目标。"[②]

因此，在推进医保支付方式改革的同时，应尽快通过立法规定医保支付

---

① 褚福灵. 北京市医保支付标准现状分析 [J]. 北京劳动保障职业学院学报，2019（2）：3－7.
② 张晓. 医保支付标准概念与实践 [J]. 中国社会保障，2019（6）：82－83.

标准的一般性内容。首先,在法律上要赋予医保支付标准作为医保基金支付价格参照的依据和基准的功能。其次,要把医保基金和参保人承受能力、市场交易价格作为制定医保药品支付标准的主要依据。① 最后,要对医保支付标准的涵盖项目(药品、诊疗项目、服务项目、医用材料等)、价格确定机制、标准维度(价格、数量、质量)、项目支付标准的纳入和审核流程等作出明确规定。在实际操作中,应逐步建立其基于药品一致性的参考药物组,采取药物比价与调整机制,鼓励新药物创新,② 建立仿制药一致性评价标准。医保支付标准规则的制定,应始终坚持市场形成价格的基础,妥善地处理好医保支付标准与医保支付方式、医保目录、医保谈判等之间的逻辑关系。

(二) 规范医保基金的支付范围和支付限制规则

目前《社会保险法》对于医保基金支付范围的规定是概括性的,且采用的是一种反向限制的做法。这种模式虽然便于医保基金的管理,但容易导致支付范围的不确定性,进而对一些原本不属于医保支付范围的支出进行了偿付,影响医保基金的支付效率。在未来医保基金的相关立法中,应采用正向规定与反向限制结合的模式重新调整医保基金支付范围的规则。首先,与以病种付费为主的多元复合式医保支付方式的改革相适应,应通过立法明确以病种和治疗手段为依据,明确统筹账户和个人账户各自的支付范围和禁止支付的范围。规定由个人账户支出不在统筹基金支付范围内的病种和超出最高支付限额的费用。③ 其次,通过立法增加反向限制的内容,"公共卫生费用、与疾病治疗无直接关系的体育健身或养生保健消费等,不得纳入医保支付范围"④。最后,与家庭医生签约服务改革相适应,在医保支付范围中明确符合

---

① 海韵. 医保支付制度改革需要把握的若干关键问题探讨——药品价格形成机制与医保支付研讨会观点综述 [J]. 中国医疗保险, 2017 (11): 36 – 39.

② 黄国武, 吴迪. 医保药品支付标准的形成机制研究 [J]. 中国社会保障, 2018 (1): 76 – 79.

③ 王英明, 李鑫. 我国社会医疗保险费用法律控制途径研究 [J]. 盛京法律评论, 2017 (2): 105 – 126.

④ 人事天地. 医保支付方式如何改——人社部医疗保险司司长陈金甫解读《关于进一步深化基本医疗保险支付方式改革的指导意见》[J]. 人事天地, 2017 (8): 38 – 40.

规定的家庭医生签约服务费纳入医保支付范围，发挥家庭医生在医保控费方面的"守门人"作用。

目前医保基金实践中，对于支付的限制性规则主要采取的是起付线、封顶线、比例分担等方式的混合式限制方式。支付限制规则应进一步进行优化设计。首先，在统筹层次短时期无法提高的情况下，应通过立法明确授权省级人大常委会或者省级人民政府制定本辖区的支付限制规则，在省级范围内首先统一医保基金的支付限制规则，为未来区域性以及全国统一性的医保基金支付规则的融合奠定基础。其次，从优化分级诊疗"双向转诊"制度的角度出发，应对符合规定的转诊住院患者连续计算起付线，以引导参保人员到基层医疗机构进行首诊。最后，应鼓励纵向合作的医疗联合体等分工协作模式的开展，探索合理支付限制及医疗费用协议支付的路径。

四、规范医保谈判机制

（一）医保谈判机制的基本内涵

医保谈判机制是指在医疗保险实施的过程中，医疗保险经办机构与定点医疗机构、药品供应商等主体就医疗保险的服务价格、服务质量、费用结算、付费方式等通过沟通磋商和谈判达成协议的机制。我国学者对该问题有着不同角度的解读。有的认为，医保谈判机制是指在医疗服务购买过程中，医疗保险经办机构以协商谈判的方式协调与医疗服务提供方之间利益关系的一种互动机制。[1] 有的认为，医疗保险谈判机制是医疗服务的购买方和提供方通过对话和谈判达成协议，就医疗服务的范围、价格、质量等进行规范，以明确双方责、权、利的一种制度安排。[2] 也有的认为，医保谈判机制是医疗保险制度的重要组成部分，是医疗保险制度自我完善的"修正器"，它将医疗服务协议管理中的管理方与被管理方转化为谈判的对等双方，能够化解医疗保险需

---

[1] 王宗凡. 医疗保险谈判机制"释义"[J]. 中国社会保障，2011（4）：80 - 82.
[2] 王琬. 医疗保险谈判机制探析［J］. 保险研究，2010（1）：99 - 103.

求增加和管理不足的矛盾。①

2009 年 3 月，《中共中央　国务院关于深化医药卫生体制改革的意见》，明确提出："积极探索建立医疗保险经办机构与医疗机构、药品供应商的谈判机制，发挥医疗保障对医疗服务和药品费用的制约作用。"2011 年 5 月，《人力资源和社会保障部关于进一步推进医疗保险付费方式改革的意见》明确："建立和完善医疗保险经办机构与医疗机构的谈判协商机制与风险分担机制，逐步形成与基本医疗保险制度发展相适应，激励与约束并重的支付制度。"2017 年 6 月，国务院办公厅发布《关于进一步深化基本医疗保险支付方式改革的指导意见》，提出："健全医保经办机构与医疗机构之间的协商机制，促进医疗机构集体协商。"2020 年 2 月，《中共中央　国务院关于深化医疗保障制度改革的意见》指出："健全医疗保障经办机构与医疗机构之间协商谈判机制，促进医疗机构集体协商，科学制定总额预算，与医疗质量、协议履行绩效考核结果相挂钩。"

从理论上来看，医保谈判机制的产生来源于医疗服务市场的信息不对称。在医疗服务市场，患者与医疗服务机构（医生）之间是一种委托代理关系，患者委托医疗机构（医生）为自己提供所需要的医疗服务。但是由于委托人与代理人之间严重的信息不对称，作为委托人的患者无法有效制约医疗机构的行为，医疗机构可以凭借自身的信息优势诱导患者进行过度医疗，或者谋取额外的私利，导致现实中的"看病难、看病贵"现象。为了克服医疗服务市场信息不对称带来的医疗服务机构的过度医疗行为，需要引入第三方机制代表委托人对代理人进行行为上的制约。当医保经办机构作为地方介入医疗服务的供需双方，委托代理关系也演化为医保经办机构、患者、医院之间的一个双重委托代理结构。患者与医保机构之间形成第一层委托代理关系，患者向医保基金缴纳医疗保险费，并委托医保经办机构对医院进行选择、付费并进行监督；医保付费机构与医院之间形成第二层委托代理关系，医保经办机构向医院支付治疗费用，并委托医院在合理的成本下为患者提供有效治疗。

---

① 赵燕，吴爽，曹志辉. 基本医疗保险制度创新研究［M］. 北京：中国国际广播出版社，2017：119.

医保谈判机制正是在这种理论背景下形成的。因此，医保谈判机制的核心就是通过谈判方式，发挥医疗保险经办机构对医疗服务提供、医用材料和药品费用的制约监督作用，控制不合理费用，提高医疗保险基金的使用效率。①

我国从 2017 年开始启动国家医保药品谈判。2017 年首个国家医保药品谈判中，44 个药品谈判名单 36 个药品谈判成功，成功率达到 81.8%，与 2016 年平均零售价相比，谈判药品的价格平均降幅达到 44%。② 2019 年的国家药品谈判中，共有 150 个药品谈判名单。119 个新增谈判药品谈成 70 个，价格平均下降 60.7%；31 个续约药品谈成 27 个，价格平均下降 26.4%。③

（二）医保谈判机制的法律本质：公共契约模式

对于医保谈判机制的性质，我国学者从制度经济学、公共管理理论、交易成本理论、博弈论、委托代理理论等角度进行了界定，给出了合理的解释。而从法学研究的角度来看，医保谈判机制的法律本质是一种公共契约模式。

首先，医保谈判的最终目的是在医保经办机构与医疗服务的提供者之间形成一个医疗保险的协议，协议从性质上是有关医疗保险补偿费用支付的一个契约，符合法律所规定的合同的一般性特征。其次，作为平等主体的缔约双方围绕药品、医药用材、医疗服务的价格等内容进行磋商和谈判的过程，实质上就是一个契约订立的过程，是交易双方就医疗服务相关项目进行合意的过程，以确定合同项下各自的权利与义务。最后，基本医疗保险具有公共物品或者准公共物品的属性，关于其交易价格的谈判具有明显的公益性，医保经办机构在谈判中始终以参保者公共利益代言人的身份参与其中。"建立在医疗保险基础上的谈判，是以维护医疗服务过程中弱势方（参保人）的利益

---

① 张晓等. 谈判机制的建立与实践路径 [J]. 中国医疗保险, 2010 (8): 19 - 21.

② 中华人民共和国中央人民政府网站. 人社部发布医保药品目录准入谈判结果 [EB/OL]. (2017 - 07 - 19) [2020 - 05 - 06]. http://www.gov.cn/xinwen/2017 - 07/19/content_ 5211741. htm#1.

③ 田宏. 2019 年国家医保谈判准入药品名单正式公布 [N/OL]. 央视网, 2019 - 11 - 28. http://news.cctv.com/2019/11/28/ARTIKRv3duc2DvETaCj8IC7O191128.shtml.

为前提，通过谈判协调各方主体利益，促进参保人利益的最大化。"[1] 因此，医保谈判机制的法律实质，是一个公共契约模式。

在我国实施的医疗费用支付的预付制改革中，医保经办机构对医疗服务机构不合理费用的控制，由后付制下的事中、事后监督核查，转化为事前的约束并固定于支付规则之中："预付金额已经体现医保机构对合理的治疗手段和所需费用的认识，医院因过度医疗而超额的部分需自理，因此医院在新型医保支付契约中被赋予了费用控制权，也就有动力杜绝过度医疗行为，努力采取成本最小化策略以获取更大的结余。"[2] 因此，建立在预付制改革基础的医疗费用的支付方式，需要医保经办机构代表广大医疗保险的参保人通过事先的谈判机制就医疗服务交易的核心价格条款与医疗服务机构进行反复博弈，博弈的结果一方面要体现医保经办机构背后所代表的公共利益，形成对医疗服务机构过度医疗行为的约束，另一方面也体现为医保经办机构依据市场化机制对医疗服务所进行的"战略性购买"。

这个公共契约模式的重心，在于"医保机构通过所谓'供方支付方式'的新组合，建立一种全新的激励机制，使得医疗机构唯有向参保者提供高成本效益比的医疗服务，才能实现自身的收入最大化"[3]。医保谈判机制在法律上被确认，将改变医保支付的游戏规则，医保经办机构从原有模式下单纯付费人的角色，转换为医疗保险服务的"主动团购者"。

（三）医保谈判法律规范的思考

1. 确立医保谈判的合法地位。在国家政策以及实践操作中，医保谈判机制已经被广泛接受作为抑制医保基金不合理开支、控制医疗费用增长过快的一种方式。但在立法上，其还没有被赋予相应的法律地位。因此，应当从性

---

① 赵燕，吴爽，曹志辉. 基本医疗保险制度创新研究［M］. 北京：中国国际广播出版社，2017：121.

② 郭科，顾昕. 过度医疗的解决之道：管制价格、强化竞争还是改革付费？［J］. 广东社会科学，2017（5）：176－185.

③ 顾昕. 走向公共契约模式——中国新医改中的医保付费改革［J］. 经济社会体制比较，2012（4）：21－31.

质上明确其公共契约模式的法律定位，通过立法确认其合法性。

2. 确认医保谈判主体和谈判内容。医保谈判的双方是医疗保险服务的购买方和提供方，即医疗保险服务的需求方和供应方。从购买方的角度来看，谈判的参与人应当包括医疗保险的经办机构以及医疗保险协会；从提供方的角度来看应当包括药品生产商、药品供应商、医用材料生产商、定点医疗机构及相关的行业协会。对于药品的生产商、供应商和医用材料的生产商而言，谈判的内容主要是药品和医用材料的价格、结算方式等；对于定点医疗机构而言，谈判的内容主要涉及医疗服务的标准、质量以及医疗服务费用及其支付和结算方式。

针对不同的谈判内容和谈判对象，医保谈判应当分类别进行。除了个体谈判之外，也应肯定集体谈判的形式，鼓励以联合体形式进行"团购式"的医保谈判，提高谈判效率。在医保谈判中，除了参与人之外，为了平衡不同主体之间的谈判能力，还可以引入卫生技术评估机构作为第二方，对谈判项目的成本和价值进行预估评价，从而降低谈判各方的信息不对称。[1] 从参与主体的层次来看，为了真正降低磋商成本，建议由省级以上的医保经办机构负责组织本省层级的医保谈判实施。

3. 确立医保谈判的程序性规则。谈判程序是医保谈判应当遵循的基本步骤和方式。立法应当确立医保谈判进行的基本程序性规则，以保障医保谈判的顺利进行。谈判的程序性规则主要包括医保谈判的组织、实施步骤、谈判规则和技巧的使用和遵守、磋商的时间和次数、最终协议的签订等内容。

4. 确立医保谈判成果的形式、内容与效力。立法应明确医保谈判成果的形式为对参与方具有法律约束力的协议，谈判的参与方应受其制约，并具有履行该协议的义务。除了将医保谈判内容的双方合意内容写入协议之外，针对谈判项目存在不确定性的差异，应在最终的协议文本中写入不同的风险共担协议。"更加强调医保药品谈判工作的全面性与科学性，考虑到药品进入医保目录后可能面临的各项问题，签订价格、销售量、疗效、保密性、供货协

---

[1] 方鹏骞. 中国全民医疗保险体系构建和制度安排研究 [M]. 北京：人民出版社，2019：352.

议、数据审查与披露、增值服务、协议年限、使用范围、条款变更等方面的协议。"①

第四节　基本医疗保险基金监管法律问题研究

一、基本医疗保险基金监管概论

基本医疗保险基金的监管，是指国家行政管理部门、专职的监督部门以及相关利害关系者依据国家有关法律法规对基本医疗保险基金的收支、预决算和运营管理所进行的监控、监督和督察活动。基本医疗保险基金的监管对于医疗保险基金的持续性稳健运行具有重大意义。医疗保障基金的监管能够预防医疗保险基金运行管理中各种风险的发生，保障医保基金的安全，提高基金的使用效率，从而维护医疗保险基金相关主体的合法权益。

（一）监管的原则

1. 法制原则。法制原则是基本医保基金监管的首要原则。医保监管必须依据现有的法律法规依法进行，才能保证监管行为的合法性、有效性和权威性。

2. 安全原则。医疗保险基金的监管旨在预防医保基金运行中的风险，维护基金的安全运行。监管行为的实施，不应影响医保基金的正常运行，不应对医疗保险体制和医保秩序造成破坏。

3. 公正原则。医保基金的监管应当以客观事实为依据，以法律法规为准绳，综合使用法律、经济、行政等多个手段对医保基金的管理行为进行监督检查，保证监督的客观公正、权责一致。在监督行为实施过程中，应注意保护相关主体的合法权益，提高透明度，保障被监督者权利的行使。监督部门及监督人员应保持监督行为的独立性，不应参与医保基金的运营管理活动，

---

① 赵华婷，颜建周，邵蓉. 典型国家疗效协议研究及启示［J］. 卫生经济研究，2020（4）：50－53.

有利益冲突关系的，应予以回避。

4. 审慎监管原则。审慎监管要求医保基金的经办机构应当像一个"谨慎人"一样实施管理行为，加强基金管理的透明度，避免风险过分集中。在审慎监管中，医保监管机构较少干预基金的日常活动，对非主观故意、未造成实际损失的医保轻微违规行为以包容审慎的原则对待。审慎监管并非放松监管，而是在产权清晰的基础上充分尊重医保经办机构基金活动的管理权限。审慎监管坚持预防与查处、激励与处罚相结合。对于侵蚀医保基金安全的严重违法违规的行为，应从严查处。

（二）监管关系的主体

基本医疗保险基金监管关系的主体主要包括监管者和被监管者：（1）监管主体。基本医疗保险基金的监管主体主要是医疗保险的行政管理部门。医疗保险的行政管理部门的监管在性质上属于行政监管，医疗保险行政管理部门根据法律法规的规定，组织对实施医疗保险基金法律法规的行为进行执法检查，依法行使监督职责，查处医疗保险领域违法违规行为。医疗保险监督执法机构受医疗保障行政部门委托，可以开展医疗保险监督检查等行政执法工作。政府的财政部门、审计部门有权力对医保基金进行财政监管和审计监管，即依法对医保基金的财务收支、运营管理、预决算等情况进行监督检查。除此之外，相关行业组织和社会各方人士均可以参与医保基金的监督，对医保基金活动进行社会监督。（2）被监管主体。医保基金的被监管者主要包括医疗保险经办机构、定点医疗机构（包括定点医院）、定点医疗机构协议管理的医师药师、医疗保险的参保单位和参保人。

（三）监管内容

1. 法律法规执行情况监督。法律法规执行监督主要涉及医保经办机构执行医保法律法规是否存在偏差；医保基金资金是否专款专用；医保基金的财务管理是否合法，是否遵循了"收支平衡""收支两条线"原则；医疗保险基金的投资活动是否符合国家有关规定，是否具有安全性、流动性和收益性；

管理费用的提取是否合法合规；医疗保险基金参与人的身份确认是否有问题；医保经办机构、定点医疗机构签订和执行医保服务协议是否合法合规；医保基金是否存在被违规截留、挤占、挪用、贪污的情况；等等。

2. 医保基金征缴情况监督。医保基金征缴情况监督主要涉及参保人是否做到了应保尽保，参保单位职工是否存在选择性参保；参保单位和参保人参保基数的核查；是否存在擅自增提、减免医疗保险费的行为；征缴的医疗保险费是否及时足额进入专户管理，是否存在资金不入账或者被挪用问题；征缴稽核有无问题；等等。

3. 医保基金支出情况监督。医保基金支出情况监督是医保基金监管的核心，主要监管使用医疗保险基金的医药服务行为和医药服务费用。该部分的监管内容主要如下：经办机构是否按照规定的项目、范围和标准支出医疗费用；定点医疗机构和参保人是否有虚报医疗费用的情况；是否存在违规支出医保基金资金的行为；等等。

4. 预决算情况的监督。预决算情况的监督主要涉及监督医疗保险经办机构年度预算编制的科学性和准确性；检查预算的执行情况；检查医保基金决算报告的完整性、客观性；医保基金资金结余等数据的真实性；等等。

二、基本医疗基金监管法制化的思考

基于法制化监管的原则，医疗保险基金的监管首先应当有法可依。但我国医疗保险长期采用政策治理的模式，严重地影响了监管行为的合法性和有效性。目前在实践中发挥监管效能的主要是医保行政主管部门制定和发布的各种类型的政策性文件，这严重影响了医保基金监管行为的权威性和公信力，也导致监管的强制性弱化，无法达到应有的监管目的。而在我国有关医疗基金监管的法律法规中，2010 年的《社会保险法》对社会保险的监督进行了专章规定，建构了相对完整的社会保险基金监督的体系。但该法的多数条款针对的是社会保险基金的一般性规定，并没有体现出医保基金监管的针对性和特殊性，且由于该法是社会保险的基本立法，有关基金监管的内容都过于抽象和概括，导致医保基金监管行为精准适用法律的障碍。而具体适用医保基金监管的部门性规章目前有两个：1999 年劳动社会保障部的《社会保险费征缴监督检查办法》、2001 年劳动社会保障部的《社会保险基金行政监督办法》。这两部法令的问题如下：一是发布时间过久，已经大大落后于现在日新月异的医保基金实践；二是两部法令针对的均是社会保险基金的监管问题，无法进行法律适用来解决医疗保险基金实践中出现的有关协议管理、过度医疗、欺诈骗保等具体性问题，缺乏足够的操作性。

立法的严重滞后直接带来的后果就是执法不严。不同的相关主体实施了形形色色的违法、违规和违约行为，对医保基金的安全性造成了严重挑战。大型公立医疗机构欺诈骗保行为主要表现为超标准收费、重复收费、套用项目收费、虚报、多记项目收费、过度诊疗等；基层及社会办医疗机构主要表现为虚构医疗服务、伪造医疗文书票据、恶意"挂床"住院、串换药品耗材诊疗项目收费、盗刷社保卡等；定点零售药店主要表现为聚敛盗刷冒刷社保卡，诱导参保人员刷卡购买政策允许范围外的化妆品、食品、生活用品等；参保人员骗保行为主要表现为伪造虚假票据报销、冒名就医、使用社保卡套现或套取药品、耗材倒买倒卖等；医保经办机构（包括承办基本医保和大病保险的商保机构）主要表现为给参保人员办理医保待遇，违规支付医保费用以及内部人员"监守自盗""内外勾结"等行为。[①] 这些医保基金的违法、违规和违约行为一方面具有相当的隐蔽性，造成了发现的难度，另一方面也与监督部门监管能力不足、执法不到位有着密切的关联。而作为执法依据的医保基金专门监督法律法规的缺失，则是根本原因。在执法层面，执法部门在医保违规违法行为调查、取证、界定、处理、处罚等方面一直面临着法律授权不够、职能职责不清、标准规范不明等问题。[②] 这些问题的长期存在，弱化了医保监管部门执法的权威性和规范性，降低了对医保基金违法违规行为的威慑力。

习近平总书记在党的十九大报告中强调，全面依法治国是国家治理的一

---

① 郭潇雅. 做好医保基金"看门人"——访国家医疗保障局基金监管司司长黄华波 [J]. 中国医院院长, 2019 (22)：36 – 38.

② 马宇，黄华波. 医保基金监管法制建设问题探讨 [J]. 中国医疗保险, 2018 (10)：29 – 32.

场深刻革命，必须坚持厉行法治，推进科学立法、严格执法、公正司法、全民守法。在依法治国的大背景下，有法可依、依法行政，已经成为政府履行行政管理职能的根本要求。对于医保基金的监管而言，通过立法对医保基金监管的监管主体、监管对象、监管内容、监管方式、法律责任等进行明确，为监管行为提供实体法和程序法上的依据已经刻不容缓。从具体操作上来看，医保基金监管的立法，可以分层次分阶段地按照"由近及远、由急到缓、先易后难"① 来实施。在国家医疗保障局已经成立并专门设立基金监管司的情况下，可以由监管司牵头首先制定医保基金监管的条例，以行政法规的形式发布，重点解决目前比较严重的医保基金欺诈骗保、经办机构管理不规范等问题；鼓励省级人大机关和人民政府制定适用于本地区的医保基金条例、办法或者医保基金监管条例、办法，对本地区医保监管行为进行规范；在未来的单独的医保基金立法或者医疗保障立法中，应设专章对医保基金监管的一系列规则进行规定，进一步明确基金监管关系中不同主体的权利和义务，从国家层面明确违法行为的法律后果。2019 年 4 月，国家医疗保障局发布了《医疗保障基金使用监管条例（征求意见稿）》，向社会广泛征求意见。可以说，医保基金监管的法制化进程正在逐步加快。

三、完善医保协议管理的监管

所谓医保协议管理，是指医疗保险经办机构根据依法设立的各类医药机构的申请，对其具体条件、能力等因素进行评估、协商并最终择优确定签约对象签署基本医疗保险服务协议；签约的医药机构根据协议向参加基本医疗保险的人员提供相关服务，经办机构根据协议的权利义务约定付款并对定点医药机构履行协议的情况进行监督管理的一系列过程的相关制度安排。② 对医保协议管理的监管，是医保基金监管的核心内容之一。我国《社会保险法》对医保的协议管理有着明确的规定，该法第三十一条规定："社会保险经办机

---

① 黄华波. 医保基金监管的法、术、势［J］. 中国社会保障，2018（11）：84.

② 张卿. 论医保基金监管中协议管理模式的优化使用［J］. 中国医疗保险，2019（10）：45 –
48.

构根据管理服务的需要，可以与医疗机构、药品经营单位签订服务协议，规范医疗服务行为。医疗机构应当为参保人员提供合理、必要的医疗服务。"

（一）医保服务协议的法律性质

医保的协议管理本质上是医保经办机构依据医保的服务协议对定点医药机构（包括定点医疗机构和定点药店）的管理。关于医保服务协议的法律性质，目前还存在着不同的认识。第一种观点认为，医保的服务协议在法律性质上是民事契约，在 2015 年 10 月国务院取消基本医疗保险定点零售药店资格和定点医疗机构资格的行政审批之后，这种观点再一次被提及。第二种观点认为，医保的服务协议在法律性质上是行政合同。医保服务协议在权利义务来源上具有行政性，权利义务的内容具有公共利益属性，违约情形和违约责任的设定完全体现出了行政优益权，因此应是行政合同。① 第三种观点则认为，社会保险制度下的契约均属于社会契约。② 本书认为，医保服务协议在法律性质上应界定为一种行政协议。其一，医保服务协议虽然在形式上具有民事协议的外观，但其基本的权利义务结构和内容均具有行政法上权利义务的特征，体现公益服务性，是一种医保经办机构享有行政优益权的协议。其二，目前在司法实务中，有关医保经办机构与医保定点医药机构之间所发生的纠纷，多是依据《中华人民共和国行政诉讼法》第十二条所列举的行政协议争议事由而提起行政诉讼，这从反面证明了医保服务协议的行政协议性质。其三，将医保服务协议界定为行政协议，符合行政协议的主体要求。理论上，反对医保服务协议是行政协议的最大声音是医保经办机构不是行政机关，不符合行政协议对协议主体的要求。③ 但实际上，在现行法律体制下，医保经办机构是"被法律授权的组织"。根据《社会保险法》第八条的规定："社会保险经办机构提供社会保险服务，负责社会保险登记、个人权益记录、社会保

---

① 赵娴. 基本医疗保险定点医药机构服务协议的性质解析 [J]. 江苏理工学院学报, 2019 (1): 79 - 84.

② 杨燕绥. 从定点管理到协议管理 [J]. 中国医疗保险, 2014 (8): 13 - 15.

③ 马明. 从一起行政复议案看定点医药机构服务协议的性质和效力 [J]. 中国医疗保险, 2019 (9): 47 - 49.

险待遇支付等工作。"而与定点医药机构签署并履行医保服务协议，正是医保经办机构履行法律授权的社会保险待遇给付的职能。"被授权组织在行使法律、法规所授行政职能时，是行政主体，具有与行政机关基本相同的法律地位。"① 因此，协议主体不能成为将医保协议定性为行政协议的障碍。其四，将医保服务协议定性为社会契约，虽然符合社会法理论的基本要求，但并不具有实际意义。我国现行法律体系中，并不存在"社会契约"的法律规定，无法进行相应的法律适用。综上所述，医保服务协议应定性为行政协议，主要受我国行政法律规范的调整。

（二）医保服务协议监管的完善

由于医保服务协议在性质上属于行政协议，因此医保服务协议的监管也应围绕着行政协议的定性而展开。

1. 加强对公开竞争的监管。2015 年国务院取消基本医疗保险定点零售药店资格和定点医疗机构资格的行政审批，实质上是将过去的"定点管理、协议管理"转变为完全的协议管理。这种转变实际上是对医保服务协议管理理念的转变，是由政府单方控制的理念向社会治理理念的转变。取消医疗机构和药店的前置审批，使医保基金管理的事前防范能力减弱，也将监管的压力由事前监管转到了事中、事后监管。② 针对医保服务协议行政协议的法律性质，医保服务协议的事前监管应重点聚焦于公开竞争。协议管理是一种相对市场化的管理手段，从准入制度来看，它通过招投标的竞争机制对医疗服务和药品的提供方形成竞争压力，促使它们以更优的性价比来满足参保病人的基本医疗需求。医保经办机构作为政府行政部门的代表，是以医保基金支付方的身份与医疗服务和药品的提供方通过谈判而缔结医保服务契约。整个契约的订立过程、缔约内容必须遵循公开公平的竞争原则。而对医保协议管理的监管，也应秉承公开竞争的要求，细化公开竞争的规则，确保医保经办机构通过竞争机制能够选择出最合适的医疗保险服务和药品的供应方。

---

① 姜明安. 行政法与行政诉讼法 [M]. 北京：北京大学出版社，高等教育出版社，2015：116.
② 于保荣. 医保定点审查取消之后 [N]. 健康报，2015 – 11 – 09（05）.

2. 创新医保协议管理的监管机制。首先，延伸医保协议管理所涵盖的范围，除了既有的定点医疗机构、定点药店、定点诊所外，应将医师药师个人也纳入协议管理的范围，成为协议管理监管的对象。案例证明，医师药师个人的违规行为在监管的漏洞中大量存在，进而导致医保基金大量不合理开支的增加。将医师药师纳入监管对象，有利于促进其自觉规范自身的医疗服务和操作流程，以较低的费用为参保人员提供更优质的医疗服务，对参保人员因病施治，达到合理检查、合理用药、合理治疗的良好状态，从而有效降低医疗违规行为的发生率，确保医保基金的合理配置并控制医疗费用不合理增长。① 实际操作中，应将定点协议管理机构的医师药师的医保违法违规行为纳入信息系统，形成医师药师个人的违法违规行为负面清单，方便进行规范化管理。

其次，应增加协议管理的透明度。在 2016 年《人力资源社会保障部办公厅关于印发基本医疗保险定点医药机构协议管理的指导意见》的基础上，应统一制定或者授权省一级医疗保险行政部门制定定点医疗机构、定点药店的医保服务协议示范文本，加以推广使用并向社会公开。除了对定点医药机构的申请条件、考察评估结果、协商谈判结果以及协议签约等内容进行公开之外，还应该定期公布定点医药机构对医保政策的执行情况和医保协议的履行情况②，强化对各种类型医药机构的自律性监管。

最后，强化对医保服务协议管理的多元协同监管。除了常规性的行政监管之外，积极探索通过参保人员满意度调查、引入第三方评价、聘请社会监督员等方式，动员社会各界参与对医疗保险服务协议的监督。

3. 贯彻审慎监管原则，化解矛盾和风险。要发挥审慎监管的优势，利用行政监管机关对医保服务协议管理的协调处理功能，预防违法违规风险的发生，防止其扩大化。由于医保服务协议是行政协议，协议履行过程中出现的问题经常以一方违约行为的样态表现出来。而医保经办机构由于本身具有部分行政管理功能，在医保服务协议履行过程中存在滥用行政管理权力，有对

———

① 谭思然，蒲川. 实现医保对医疗行为监管模式转变的路径思考 [J]. 中国卫生事业政策，2018 (7)：507 –508.

② 王辰. 从社会治理视角看医保协议管理 [J]. 中国城乡企业卫生，2019 (5)：225 –227.

协议的相对方定点医药机构进行违规处罚的可能性，因此需要独立的第三方机构对医保服务协议的履行进行客观公正的评判。而通过社会保险行政部门进行协调处理，一方面具有行政监督的效果，另一方面社会保险行政部门对于协议的履行问题能够作出相对比较专业的判断，从行政成本角度分析，协调处理是最具有效率的救济方式，也能最大限度地解决争议。①

四、基本医保基金监管方式的改进

基本医保基金的监管目前以行政监管为主。按照目前实施的《社会保险基金行政监督办法》，医保基金的行政监管方式主要包括现场监督和非现场监督。其中，现场监督是指监督机构对被监督单位医保基金管理情况实施的实地检查，分为定期监督、不定期监督和按相关规定受理的举报案件查处。非现场监督是指监督机构对被监督单位报送的医保基金管理有关数据资料进行的检查、分析，分为常规监督和专项监督：常规监督通过被监督单位按监督机构的要求定期报送有关数据进行；专项监督通过被监督单位按监督机构的要求报送专项数据进行。在非现场监督过程中发现被监督单位存在严重违法违纪问题的，应实施现场监督。

受医疗保险属地管理和统筹层次的影响，目前各地医保基金主要是按照统筹地区进行管理，由同级别的内设监管机构监管为主，纵向的行政监管力度不足。从监督形式上看，主要采取的是专项检查的非现场监管和不定期监督的现场监管方式，尚未形成常态化、动态化的非现场监督机制。因此，现行的过于陈旧的监管方式对于发现和查处医保基金管理中重点环节经常出现的相互挤占、违规增加支出项目、欺诈骗保、贪污侵占行为存在相当难度。因此，在未来医保基金的监督立法中，应全方位对基金监管方式进行改造，建议：（1）建构综合性的监管体系。除了行政监管之外，应强化内部监督和外部监督的结合，明确人大监督、财政监督、审计监督、社会监督、举报奖励等多元化的监督渠道的合法性地位。在外部监督中，应积极探索引入第三

————————

① 赵娴. 基本医疗保险定点医药机构服务协议的性质解析［J］. 江苏理工学院学报，2019（1）：79－84.

方机制，通过政府购买服务等方式，引入一些具有独立权限和监管能力的中介机构和社会专业监管机构对基金进行监管。① （2）对医疗机构、药店、药品生产商、药品供应商、医用材料生产商、定点医药机构的医师药师、参保人员全面实施信用管理，将信用记录并入社会信用体系。在具体实施过程中，可以将上述主体遵循医保规则的行为及历史记录量化为信用分值，再将信用分值与医保监管激励约束措施相结合，弥补法制建设时间迟滞、规定不全不细等漏洞，也有利于形成激励约束相容机制，增强行业与个人行为自律，避免形成违法违规的破窗效应。② （3）加强对医保基金的信息监管。首先，要强化对医保信息的保密义务。立法应明确医疗保险行政部门和其他有关行政部门、医疗保险经办机构及其工作人员不得将获得的医保资料或了解的情况用于基金管理以外的任何其他目的，不得泄露医保当事人的个人隐私和商业秘密。其次，要强化对医保公开信息的披露。医疗保险行政部门及其经办机构应将医疗保险参保、经办服务有关情况以及医疗保险基金的收入、管理、支出等信息向社会公开公布。就基金监管而言，主要表现为依法依规向社会公开定点医药机构及其工作人员的医疗服务行为、医药费用等数据信息，定期公开曝光欺诈骗保典型案例，充分保障社会公众的知情权，广泛接受社会监督，维护医疗保障基金的安全。③ （4）广泛开展智能监控。要充分利用互联网、大数据、信息化平台在智能监控中的作用，肯定推广信息技术手段在基金监管领域的使用，构建区域性的医疗保障智能监控信息系统，实现监管全覆盖，实现非现场监管的常态化、动态化和实效化。（5）建立飞行检查制度。飞行检查，是跟踪检查的一种形式，指事先不通知被检查部门实施的现场检查。飞行检查的突击性对于及时发现医保基金中的违法违规行为有着重要作用。应在国家层面和省级层面建立飞行检查机制，通过立法完善飞行检查的程序以及检查人员的法定职责和被检查单位和人员的配合义务。

---

① 孙胜梅，倪沪平．完善社保基金支付监管的深层思考［J］．浙江经济，2015（17）：38－40.

② 黄华波．医保基金监管的法、术、势［J］．中国社会保障，2018（11）：84.

③ 郭潇雅．做好医保基金"看门人"——访国家医疗保障局基金监管司司长黄华波［J］．中国医院院长，2019（22）：36－38.

第九章　医疗保障法律责任问题研究

第一节　医疗保障法律责任概论

法律责任作为法律运行的保障机制，是法治建设中的重要一环。所谓法律责任，即由违法行为所引发的不利法律后果。法律责任是由特定法律事实所引起的对损害予以赔偿、补偿或接受惩罚的特殊义务，即由于违反第一性义务而引起的第二性义务。① 从法律责任的基本内涵来看，它是违反了法定义务或者约定义务而产生的第二性义务，是依靠国家强制力保障义务履行的一种机制。而医疗保障的法律责任，则是医疗保障的相关主体违反医疗保障法的法定义务或者约定义务而应承担的一种不利后果。医疗保障法律责任的存在，是对公民医疗保障权利实现的保护，也是对义务违反者的制裁。医疗保障城乡一体化的过程，本质是一个法治化的过程。而对医疗保障城乡一体化所进行的法治思考，从法律结构上而言，最终应归结为对医疗保障法律责任的思考。

一、医疗保障法律关系分析

由于医疗保障法律责任是违反相应的法定义务和约定义务而引发的，因此从逻辑上来说，应首先展开对医疗保障法律中第一性义务的分析。但从法理上来看，法定的或者约定的义务均是法律关系的主要内容之一，对于法定

---

① 张文显，法理学［M］. 北京：高等教育出版社，北京大学出版社，1999：122.

义务或者约定义务的分析的基础，首先要厘清其所依附的法律关系的类型。从医疗保障制度的基本内容来看，其主要由基本医疗保险制度和医疗救助制度所构成，因此，医疗保障法律关系也主要包括基本医疗保险法律关系和医疗救助法律关系两大类型。

（一）基本医疗保险法律关系

基本医疗保险法律关系是由基本医疗保险法律调整而形成的医疗保险相关参与人之间的权利义务关系。可以说，基本医疗保险法律关系是所有社会保险法律关系类型中最复杂的一个，它涉及基本医疗保险多个主体之间的多个法律关系。就法律关系的主体而言，我国的基本医疗保险法律关系中存在保险人（医疗保险的经办机构）、被保险人（参保人）、医疗机构三个基本主体。在城镇职工基本医疗保险法律关系中，还存在作为投保人之一的用人单位。在现行的医疗保险费征缴体制下，还包括征缴主体的国家税务机关。

1. 医疗保险基础法律关系。医疗保险的基础法律关系是医疗保险中保险人与被保险人之间的法律关系，其中，保险人在法律形式上为医疗保险的经办机构，被保险人是医疗保险的参保人（包括城镇职工、城乡居民）。医疗保险基础关系的法律实质是一种行政给付关系，即一种公法关系。医疗保险基础法律关系的性质为付款的行政给付，所谓付款是指医疗保险费的缴纳，行政给付是指医疗保险待遇的实现。① 医疗保险的基础关系主要受社会医疗保险法律的调整。

2. 医疗服务协议关系。医疗服务协议是基本医疗保险中的保险人与医疗保险服务的提供方医疗机构之间订立的协议。通过与定点的医疗机构签订医疗服务协议，医保经办机构向接受定点医疗服务的参保人履行支付医疗费用的义务。基于医疗服务协议所产生的关系，如本书第八章所述，其在法律性质上是一个行政协议，主要受行政协议约定内容和相关行政法律规定的调整。

3. 医疗法律关系。所谓医疗法律关系，是指医疗保险的参保人在接受医

_____

① 杨华，沈继宇. 我国基本医疗保险法律关系的权利和义务探讨 [J]. 长春工业大学学报：社会科学版，2013 (5)：46–51.

疗保险的医疗服务过程中产生的法律关系。从医疗机构与医保参保人之间发生的纯粹的医疗服务关系来看，是一种典型的私法关系，应当由我国民法及合同法进行调整。但是，在医疗保险体制中，医保参保人与定点医疗机构之间所产生的医疗服务关系，是嵌入参保人（被保险人）与保险人（医疗保险经办机构）之间的医疗保险基础法律关系和保险人与定点医疗机构之间订立的医疗服务关系之中的。因此，它并非是单纯的私法关系，而是兼具公法与私法的属性。"基础的医疗关系受私法规范的调整，只有涉及医疗保险的部分才具有公法性质。"① 也有学者认为，这种法律关系是公法关系与私法关系兼具，而以私法关系为主的特殊契约形态。②

4. 其他与基础法律关系密切相关的法律关系。除了上述三种基本的法律关系之外，基本医疗保险法律关系中还存在着与基础法律关系密切相关的其他法律关系：（1）医疗保险费征缴法律关系。该种法律关系是医疗保险关系中的征缴人与投保人之间就医疗保险费的征缴而产生的法律关系。医疗保险费征缴关系主要受我国基本医疗保险法律的调整。在现行体制下，国家税务部门是医疗保险费的征缴主体。城乡居民基本医保中，投保人为城乡居民；城镇职工基本医保中，投保人为用人单位及其职工。（2）劳动法律关系。在城镇职工基本医保体制中，医疗保险法律关系是建立在职工与用人单位之间合法的劳动关系基础之上的。因此，劳动关系是医疗保险法律关系存在的基础。职工与用人单位之间的劳动关系主要受我国劳动法、劳动合同法的调整。

（二）医疗救助法律关系

医疗救助是政府和社会无偿对贫困人群中的疾病患者提供部分或者全部医疗服务的行为。医疗救助法是我国医疗保障法律的组成部分之一。医疗救助法律关系是指医疗救助的相关主体在进行医疗救助行为中，依据医疗救助

---

① 李晓鸿. 论我国医疗保险法律关系的定性及争议回应 [J]. 甘肃社会科学，2013（6）：151 –155.

② 郑尚元，扈春海. 社会保险法总论 [M]. 北京：清华大学出版社，2018：208 –209.

法律规范形成的权利义务关系。① 医疗救助法律关系，主要是通过政府作为行政主体的行政行为单方面形成的一种给付主体与给付受领人之间的金钱或者实物的给付关系，因此其在法律性质上属于行政给付关系。基于医疗救助行为的单方性，我国也有学者认为，医疗救助法律关系是一种"公法上的单方债之关系"②。医疗救助法律关系中的主体主要包括县级以上的人民政府及其民政部门、医疗保障部门和贫困人群中的疾病患者。

二、医疗保障法律关系中相关主体的义务

法律责任是违反法定或者约定义务所产生的不利后果。相关主体的权利与义务构成了医疗保障法律关系的内容。权利与义务是法律关系之中一枚硬币的两面。基于义务与法律责任之间的密切关系，我们这里只分析权利义务结构中的义务问题。

（一）医保参保人的义务

医保参保人的主要义务就是缴纳医疗保险费，这是其享受医保待遇权利的前提。根据《社会保险法》的规定，城镇职工缴纳医疗保险费是法定义务。《社会保险法》第二十三条规定："职工应当参加职工基本医疗保险，由用人单位和职工按照国家规定共同缴纳基本医疗保险费。"在实践中，职工个人缴纳的保险费部分由用人单位代扣代缴。根据《社会保险法》的规定，无雇工的个体工商户、未在用人单位参加社会保险的非全日制从业人员以及其他灵活就业人员，可以直接向社会保险费征收机构缴纳社会保险费。对于城乡居民来说，其缴纳城乡居民基本医保的保险费目前并非是法律所强制的。如果城乡居民放弃缴纳城乡居民基本医保，"弃保"将其无法享受到当年度的城乡居民医保待遇。

---

① 张妤婕. 医疗救助法律制度研究 [D]. 重庆：西南政法大学博士论文，2016：60.
② 孙迺翊. 恩给性社会给付没保障？——宪法与行政法角度的分析 [J]. 月旦法学教室，2007（52）：79 – 88.

（二）医保经办机构的义务

医保经办机构的义务是整个医疗保险义务体系中的核心，其主要的义务如下：（1）医疗保险待遇的给付义务。根据《社会保险法》第七十三条的规定，"社会保险经办机构应当建立健全业务、财务、安全和风险管理制度。社会保险经办机构应当按时足额支付社会保险待遇"。在医疗保险法律关系中，医疗保险待遇的给付是通过定点医疗机构完成的，因此定点的医疗机构也被认为是医疗保险法律关系中的主要辅助人。根据《社会保险法》第二十九条的规定，参保人员医疗费用中应当由基本医疗保险基金支付的部分，由社会保险经办机构与医疗机构、药品经营单位直接结算。（2）医保信息记录、通知、保密义务。根据《社会保险法》第七十四条的规定，"社会保险经办机构应当及时为用人单位建立档案，完整、准确地记录参加社会保险的人员、缴费等社会保险数据，妥善保管登记、申报的原始凭证和支付结算的会计凭证。社会保险经办机构应当及时、完整、准确地记录参加社会保险的个人缴费和用人单位为其缴费，以及享受社会保险待遇等个人权益记录，定期将个人权益记录单免费寄送本人"。同时，根据《社会保险法》第八十一条的规定，医疗保险的经办机构应当依法为用人单位和个人的信息保密，不得以任何形式泄露。（3）医保基金的安全保障义务。根据《社会保险法》第六十九条的规定，"社会保险基金不得违规投资运营，不得用于平衡其他政府预算，不得用于兴建、改建办公场所和支付人员经费、运行费用、管理费用，或者违反法律、行政法规规定挪作其他用途"。（4）信息公开和报告义务。根据《社会保险法》第七十条的规定，"社会保险经办机构应当定期向社会公布参加社会保险情况以及社会保险基金的收入、支出、结余和收益情况"。根据《社会保险法》第八十条的规定，"社会保险经办机构应当定期向社会保险监督委员会汇报社会保险基金的收支、管理和投资运营情况"。（5）医疗费用先行支付的义务。《社会保险法》第三十条第二款规定，"医疗费用依法应当由第三人负担，第三人不支付或者无法确定第三人的，由基本医疗保险基金先行支付"。

（三）定点医疗机构的义务

在医疗保障法律制度中，定点医疗机构的主要义务是基于与医保经办机构之间订立的医保服务协议约定而产生的行政合同义务。有关医疗服务协议的内容，目前法律法规还没有明确的规定。但是根据人力资源社会保障部发布的《基本医疗保险定点医疗机构医疗服务协议范本（试行）》和一些地方所规定的定点医疗机构医保服务协议的范本内容，这种义务主要表现如下：（1）为参保人员提供合理、必要的医疗服务，合法合规收费；（2）在参保人员就诊时认真进行身份和证件识别；（3）真实、准确、完整地向经办机构提供医保人员的就医资料和信息等。

（四）用人单位的义务

在我国城镇职工基本医疗保险法律关系中，用人单位是职工医保的投保人之一，其法定义务主要体现在以下几方面：（1）医疗保险登记义务。根据《社会保险法》第五十八条的规定，"用人单位应当自用工之日起三十日内为其职工向社会保险经办机构申请办理社会保险登记。未办理社会保险登记的，由社会保险经办机构核定其应当缴纳的社会保险费"。（2）及时足额缴纳医疗保险费的义务。根据《社会保险法》第六十条的规定，"用人单位应当自行申报、按时足额缴纳社会保险费，非因不可抗力等法定事由不得缓缴、减免"。另外，根据《社会保险法》和《社会保险费征缴暂行条例》的规定，职工个人应当缴纳的医疗保险费，由所在单位从其本人工资中代扣代缴。

（五）医疗保险费征收部门的义务

医疗保险费征收部门的主要义务是负责医疗保险费的征缴。根据《社会保险法》第六十一条的规定，"社会保险费征收机构应当依法按时足额征收社会保险费，并将缴费情况定期告知用人单位和个人"。根据《社会保险费征缴暂行条例》第十四条的规定，"征收的社会保险费存入财政部门在国有商业银行开设的社会保障基金财政专户"。从2019年1月开始，包括医疗保险费在内的社会保险费由国家税务部门负责征收。

（六）医疗保障行政机关的义务

根据《社会保险法》《社会救助暂行办法》等法律法规的规定，国务院医疗保障行政部门负责全国的医疗保险和医疗救助管理工作，县级以上地方人民政府医疗保障行政部门负责本行政区域的医疗保险和医疗救助管理工作。在医疗救助法律关系中，医疗保障行政机关的主要义务就是向符合法定条件的医疗救助申请人提供医疗救助的行政给付。医疗救助的义务主要包括两方面内容：一方面，对医疗救助对象的资格进行"积极裁决"；另一方面，对符合医疗救助要求的救助对象"提供医疗救助给付"。①

（七）医疗救助对象的义务

由于医疗救助是一种单方的行政给付，不需要医疗救助对象的对待给付。但是为了保障医疗救助的有效实施，一般情况下，医疗救助对象需要履行如下义务：（1）家计调查的如实告知义务。医疗救助申请人应向医疗救助行政机关实事求是地对自身及家庭成员的财产、收入、疾病等情况作出如实说明。（2）协助义务。医疗救助的对象应配合医疗救助实施机构以及工作人员所进行的登记、确认、调查、审核等工作。

三、医疗保障法律责任的分析

法律的发展经历了从法律一元结构到二元结构再到三元结构的发展过程。医疗保障法在法域上属于公法、私法融合产生的第三法域，即社会法。社会法以社会利益为本位，是对社会弱者进行倾斜保护而形成的一个崭新的法域。"从法律责任上看，私法责任与公法责任也出现了融合，并整合出既区别于私法又区别于公法法律责任的一种新型的综合调整的法律责任。"② 就医疗保障法律的法律责任而言，其也带有明显的公法法律责任与私法法律责任相融合

---

① 张好婕. 医疗救助法律制度研究［D］. 重庆：西南政法大学博士论文，2016：61.
② 董保华等. 社会保障的法学观［M］. 北京：北京大学出版社，2005：309.

的特点，其在法律责任的形式外观上呈现出民事责任、行政责任、刑事责任多个责任类型综合调整的特点。但在多个不同类型的医疗保障法律关系中，公法责任与私法责任所体现的程度是有不同的。"保险人与被保险人之间的法律关系体现出的公法性较强，而私法性较弱；而被保险人与辅助人之间的法律关系体现出的私法性较强，而公法性较弱。"① 实际上，正如日本学者美浓部达吉所说，公法与私法之间是存在共通性的。"那种特别的规律，有的是一种特别私法而应属于私法的领域的；但有的却是具有公法的规律的性质的。在后一种场合，单一的营造物利用关系，其一部分属于私法，而一部分属于公法，混合的法律关系即因是而生。"② 因此，医疗保障法律关系中的法律责任，是多个法律责任形式并列共存的一种模式。从法律责任的归责原则来看，医疗保障法也主要采用无过错责任原则，即不论违反义务者主观上是否有过错，均应承担法律责任。医疗保障法中无过错原则的应用，主要考虑到了医疗保障法的主旨在于保障公民的基本健康权实现，而非填补损失。当然，在一些特殊规范中，尤其是公法法律责任适用的过程中，还应考虑行为人的过错，因为公法法律责任的功能更多地体现为制裁。

（一）行政法律责任

医疗保障法律中，行政责任是其中最主要的法律责任。行政责任既包括行政主体内部的行政处分等责任，也包括对行政相对人的行政处罚等责任。医疗保障法律中的行政责任主要是行政相对人违反医疗保障法律规定的法定义务而应当承担的行政责任和行政主体及其工作人员违反医疗保障法律规定的法定义务应当承担的行政责任。从医疗保障行政责任的类型来看，主要包括警告、罚款、没收违法所得、吊销执业许可证（执业资格）等行政处罚和行政处分。以下分责任主体进行分述。

1. 医疗保险经办机构。根据我国《社会保险法》《社会保险基金行政监督办法》等法律法规的规定，医疗保险经办机构所承担的行政责任包括以下

---

① 郑尚元，扈春海. 社会保险法总论［M］. 北京：清华大学出版社，2018：136.
② 美浓部达吉. 公法与私法［M］. 黄冯明，译. 台北：台湾商务印书馆，1989：153.

几点：（1）经办机构以欺诈、伪造证明材料或者其他手段骗取社会保险基金支出的，由医疗保障行政部门责令退回骗取的社会保险金，处骗取金额二倍以上五倍以下的罚款。（2）经办机构及其工作人员有下列行为之一的，由医疗保障行政部门责令改正；给医疗保险基金、用人单位或者个人造成损失的，依法承担赔偿责任；对直接负责的主管人员和其他直接责任人员依法给予处分：未履行医疗保险法定职责的；未将医疗保险基金存入财政专户的；克扣或者拒不按时支付医疗保险待遇的；丢失或者篡改缴费记录、享受医疗保险待遇记录等医疗保险数据、个人权益记录的；有违反医疗保险法律、法规的其他行为的。（3）经办机构隐匿、转移、侵占、挪用医疗保险基金或者违规投资运营的，由医疗保障行政部门、财政部门、审计机关责令追回；有违法所得的，没收违法所得；对直接负责的主管人员和其他直接责任人员依法给予处分。（4）经办机构及其工作人员泄露用人单位和个人信息的，对直接负责的主管人员和其他直接责任人员依法给予处分。

2. 医疗保障行政机关。在医疗保险法律关系中，根据《社会保险法》的规定，医疗保障行政机关所承担的行政责任包括以下几点：（1）医疗保障机关国家工作人员在医疗保险保障管理、监督工作中滥用职权、玩忽职守、徇私舞弊的，依法给予处分；（2）医疗保障部门及其工作人员泄露用人单位和个人信息的，对直接负责的主管人员和其他直接责任人员依法给予处分。

在医疗救助法律关系中，根据《社会救助暂行办法》的规定，医疗保障行政机关有下列情形之一的，由上级行政机关或者监察机关责令改正；对直接负责的主管人员和其他直接责任人员依法给予处分：对符合申请条件的救助申请不予受理的；对符合救助条件的救助申请不予批准的；对不符合救助条件的救助申请予以批准的；泄露在工作中知悉的公民个人信息，造成后果的；丢失、篡改接受社会救助款物、服务记录等数据的；不按照规定发放社会救助资金、物资或者提供相关服务的；在履行社会救助职责过程中有其他滥用职权、玩忽职守、徇私舞弊行为的。医疗保障行政机关截留、挤占、挪用、私分社会救助资金、物资的，由有关部门责令追回；有违法所得的，没收违法所得；对直接负责的主管人员和其他直接责任人员依法给予处分。

3. 用人单位。根据《社会保险法》《社会保险费征缴暂行条例》的规定，用人单位所承担的行政责任包括以下几点：（1）用人单位不办理社会保险登记的，由社会保险行政部门责令限期改正；逾期不改正的，对用人单位处应缴社会保险费数额一倍以上三倍以下的罚款，对其直接负责的主管人员和其他直接责任人员处 500 元以上 3000 元以下的罚款。（2）用人单位未按时足额缴纳社会保险费的，由社会保险费征收机构责令限期缴纳或者补足，并自欠缴之日起，按日加收万分之五的滞纳金；逾期仍不缴纳的，由有关行政部门处欠缴数额一倍以上三倍以下的罚款。

4. 医疗保险费的征收机关。根据《社会保险法》《社会保险费征缴暂行条例》的规定，医疗保险费的征收机关承担的行政责任主要包括以下几点：（1）医疗保险费征收机构擅自更改社会保险费缴费基数、费率，导致少收或者多收社会保险费的，由有关行政部门责令其追缴应当缴纳的社会保险费或者退还不应当缴纳的社会保险费；对直接负责的主管人员和其他直接责任人员依法给予处分。（2）社会保险费征收机构及其工作人员泄露用人单位和个人信息的，对直接负责的主管人员和其他直接责任人员依法给予处分。

5. 医疗服务机构。根据《社会保险法》的规定，医疗服务机构以欺诈、伪造证明材料或者其他手段骗取社会保险基金支出的，由社会保险行政部门责令退回骗取的社会保险金，处骗取金额二倍以上五倍以下的罚款；解除服务协议；直接负责的主管人员和其他直接责任人员有执业资格的，依法吊销其执业资格。

6. 医疗保险的参保人。根据《社会保险法》的规定，医疗保险的参保人承担如下行政责任：以欺诈、伪造证明材料或者其他手段骗取医疗保险待遇的，由医疗保障行政部门责令退回骗取的社会保险金，处骗取金额二倍以上五倍以下的罚款。

7. 医疗救助对象。根据《社会救助暂行办法》的规定，医疗救助对象承担的行政责任包括：采取虚报、隐瞒、伪造等手段，骗取社会救助资金、物资或者服务的，由有关部门决定停止社会救助，责令退回非法获取的救助资金、物资，可以处非法获取的救助款额或者物资价值一倍以上三倍以下的罚款；构成违反治安管理行为的，依法给予治安管理处罚。

（二）刑事法律责任

我国现有法律法规中，对医疗保障刑事责任的规定较为粗疏。《社会保险法》第九十四条和《社会救助暂行办法》第六十九条仅规定："违反本法规定，构成犯罪的，依法追究刑事责任。"

从既有法律的规定分析，医疗保障法律中，可能会构成犯罪，触发刑事法律责任的情况包括以下几类：（1）渎职罪。国家工作人员在医疗保障管理、监督工作中滥用职权、玩忽职守、徇私舞弊的，可能构成滥用职权罪、玩忽职守罪。（2）侵犯财产罪。以欺诈、伪造证明材料或者其他手段骗取医疗保险待遇的，可能构成诈骗罪、合同诈骗罪；隐匿、转移、侵占、挪用医疗保险基金或者违规投资运营，情节严重的，可能构成挪用资金罪、侵占罪、职务侵占罪等；截留、挤占、挪用、私分医疗救助资金、物资，情节严重的，可能构成挪用特定款物罪。

（三）民事法律责任

医疗保障法律责任中的民事责任，主要是弥补相关主体损失的赔偿责任。但从《社会保险法》的规定来看，所涉及的赔偿责任，多是医疗保障行政机关或者医疗保险经办机构的行政赔偿责任，而非民事赔偿责任。我国医疗保障法律制度中鲜见对于民事法律责任的规定。

从理论上看，由于医疗保障法社会法的性质，民事法律责任也应是其中的一个重要组成部分，而且这种民事法律责任也是普遍存在的。例如，用人单位未履行法定的职工医疗保险费的代扣代缴义务，导致职工未能享受到基本医疗保险待遇，这种损失很明显已经无法纳入医疗保险法律关系中加以救济。此时职工对单位所提起的诉讼，应是典型的民事诉讼，但损失应如何计算？现行法律并未提供出明确的损失计算标准。再例如，由于医疗服务机构故意或者过失核算参保人住院医疗费用错误，致使医疗保险的参保人多承担了自付费的治疗费用，参保人可以向医疗服务机构主张民事赔偿。因此，虽然医疗保障中的民事法律责任并不多见，但不能因此忽视对其进行相应的法律规制。

第二节　医疗服务协议违约责任研究

医疗服务协议的全称是"基本医疗保险定点医疗机构医疗服务协议"，也称："医保服务协议"。如本书第八章所述，医保经办机构与定点医疗机构之间签订的医疗服务协议在法律性质上是行政协议。基于医疗服务协议，协议双方均产生行政协议下的约定义务。从协议履行的情况来看，在出现医疗服务协议的一方当事人违反协议约定内容的情形时，违约方应承担一定的违约责任。由于基本医疗保险基金主要是通过医疗服务协议完成的待遇给付，医疗服务协议的违约行为必然会损及基本医疗保险基金的支出安全和资金使用效率，应在立法上对其违约责任进行必要规制。医疗服务协议，体现了社会法公法与私法属性兼具的特征，其法律责任也具有公法法律责任和私法法律责任相融合的特点。

一、医疗服务协议的特征分析

（一）行政性

由于医疗服务协议是行政协议，医保经办机构基于《社会保险法》的法律授权取得与行政机关相同的法律地位，具有合法行政主体的身份，因此医疗服务协议必然体现行政主体行使行政职权的功能。从医疗服务协议的内容来看，它体现的是基本医疗保险的参保人接受医疗机构提供医疗服务的权利，是公民基本医疗保险权法益的集中体现，具有公益性。在医疗服务协议的履行过程中，医保经办机构享有医疗服务协议变更和解除的行政优益权。"行政优益权显示出行政机关与行政相对人在行政合同的不平等的法律地位。行政机关在行政合同中拥有这种权力的基础是公共利益的优越性。"① 基于医保经办机构所享有的行政优益权，医疗服务协议的法律规制，应更多考虑对医保经办机构不合理行使行政优益权的行为进行限制。

（二）契约性

虽然医疗服务协议具有行政性，但毕竟是以合同作为形式的外观呈现出来的，因此其必然反映协议双方的合意，体现出契约性的一面。我国行政法学的通说也认为行政协议兼具行政性和契约性。医疗服务协议所具有的双务性、有偿性等特征是民事合同的典型特征。"由于行政合同是援用民法上的契约模式来达到行政目的的，本质上必然符合契约的基本属性。正因合意才成为合同，这也是行政合同自身的优点和特征之一。"② 从法律适用的角度来看，行政协议也应可以部分适用民法中合同法律规范的内容。2019 年 12 月发布的《最高人民法院关于审理行政协议案件若干问题的规定》（以下简称《行政协议司法解释》），在多个条文中也充分肯定了行政协议适用民事法律规范的做法。例如，该司法解释第十八条就明确规定，"当事人依据民事法律规范的规定行使履行抗辩权的，人民法院应予支持"。因此，在医疗服务协议纠纷的处理过程中，应充分考虑协议双方合意的契约性特征。

（三）格式性

从目前各地医疗服务协议的实施来看，采用的是格式合同的模式。2000年，《中华人民共和国劳动和社会保障部关于印发城镇职工基本医疗保险定点医疗机构和定点零售药店服务协议文本的通知》发布，规范了医疗服务协议的基本框架和内容，制定了医疗服务协议的范本。2014 年，人力资源和社会保障部社会保险事业管理中心发布《关于印发基本医疗保险定点医疗机构医疗服务协议范本（试行）的通知》，制定了新的医疗服务协议范本，即《基

---

① 姜明安. 行政法与行政诉讼法［M］. 北京：北京大学出版社，高等教育出版社，2015：311.
② 李忠林，郑娟. 浅析行政合同的二重性及审理模式——从某镇政府与某公司的协议纠纷说起［J］. 山东审判，2009（5）：103－105.

本医疗保险定点医疗机构医疗服务协议范本（试行）》（以下简称《医疗服务协议范本》）。因此，医疗服务协议在实践中是典型的格式合同。为防止格式合同的制定一方滥用制定权，对于格式合同，一般会从法律上对格式合同的适用和解释作出不利于制定一方的规定。

二、医疗服务协议中违约行为的认定

基于契约法的原理，违约责任承担的前提是违约行为的发生。契约法对违约责任的归责原则采用的是无过错责任。就医疗服务协议的违约责任承担来说，其具有双面性。一方面，对于医疗服务机构的违约行为，由于医保经办机构享有行政优益权，可以依据医疗服务协议直接对医疗服务机构的违约行为进行制止并进行行政制裁，由其承担相应的违约责任，无须经过司法程序，医疗机构对违约行为的处理不服的，可以提起行政诉讼；另一方面，对于医保经办机构的违约行为，医疗服务机构无法在医疗服务协议的框架内解决，在协商不成的情况下，只能向人民法院提起行政诉讼。但无论如何，违约行为的确认，都是违约责任承担的基础和前提。

（一）医疗机构的违约行为

从《医疗服务协议范本》设计的医疗服务协议结构来看，医疗机构的义务贯穿协议范本的始终。医疗机构需要履行《医疗服务协议范本》第二章就医管理、第三章药品和诊疗项目管理、第四章医疗费用结算、第五章信息管理中所约定的相关协议内容，即医疗机构的就医管理行为、药品和诊疗项目管理行为、医疗费用结算行为、信息管理行为，与医疗服务协议约定内容不一致的，都可能构成违反医疗服务协议的行为。由于行政协议中行政机关的行政优益性原则，医疗机构违约行为的认定及确认，是由医保经办机构单方来完成的。根据《行政协议司法解释》第十条规定："被告对于自己具有法定职权、履行法定程序、履行相应法定职责以及订立、履行、变更、解除行政协议等行为的合法性承担举证责任"，因此，据此推定，医保经办机构对于确认医疗机构存在违约行为的，应承担相应的举证责任，这也符合我国行政诉讼法的一般原理。

（二）医保经办机构的违约行为

从《医疗服务协议范本》的相关条款来看，医保经办机构的违约行为主要体现在以下两方面：（1）未按照协议约定对乙方的医疗费用进行审核或拨付；（2）对于医疗机构的处理行为、医疗服务协议的暂停和解除行为违反医疗服务协议的约定内容等。医疗机构对于医保经办机构的违约行为提起行政诉讼的过程中，依据《行政协议司法解释》第十条第一款的前述规定和第十条第三款的规定，"对行政协议是否履行发生争议的，由负有履行义务的当事人承担举证责任"，仍然由医保经办机构承担举证责任。

三、违约责任的承担方式分析

由于医疗服务协议具有行政性和契约性，其法律责任也必然表现出民事法律责任与行政法律责任的融合。由于我国社会保险法律制度中较少涉及医疗服务协议违约责任的承担，以下分析，主要基于《社会保险法》的规定、行政法和合同法的基本原理以及对《医疗服务协议范本》的分析。

（一）强制继续履行

依据契约法原理，强制继续履行是违约责任中的首要责任承担方式，除非强制继续履行存在法律上或者事实上的继续履行障碍。对于医保经办机构未按医疗服务协议支付医疗费用的违约行为，由于医疗费用的支付属于金钱给付债务，医疗机构可以要求强制继续履行。根据《行政协议司法解释》第十九条的规定，"被告未依法履行、未按照约定履行行政协议，人民法院可以依据行政诉讼法第七十八条的规定，结合原告诉讼请求，判决被告继续履行，并明确继续履行的具体内容；被告无法履行或者继续履行无实际意义的，人民法院可以判决被告采取相应的补救措施；给原告造成损失的，判决被告予以赔偿"。因此，对于医保经办机构未按约定支付医疗费用的行为，医疗机构可以通过行政诉讼要求强制履行。

《医疗服务协议范本》第六章违约责任中第五十六条对于医保经办机构的违约行为设定了"要求纠正""提请社会保险行政部门督促整改"的法律责任。从性质上分析，其也具有强制继续履行的意味，主要适用于医保经办机构：（1）未及时告知医疗保险政策和管理制度、操作流程变化情况的；（2）未按协议规定进行医疗费用结算，或设置不合理条件的；（3）工作人员违反《社会保险工作人员纪律规定》等情况；等等。

对于医疗机构的违约行为而言，由于是通过医保经办机构在医疗服务协议框架内加以解决的，因此原则上不存在强制继续履行的问题。

（二）约谈和责令改正

有关约谈和责令改正的法律性质，我国行政法学界迄今仍未达成一致的认识，存在"行政处罚说""行政强制说""行政命令说"等多种学术观点。

对于医疗机构的一些轻微违约行为，《医疗服务协议范本》第六章违约责任第五十七条设定了"约谈""限期整改"的法律责任的形式，主要适用于未造成医疗保险基金损失的下列行为：（1）未按协议要求落实管理措施的；（2）未及时、准确、完整提供要求提供的资料的；（3）未落实参保人员知情权，不向其提供费用明细清单、出院病情证明等资料的；（4）未及时查处参保人员投诉和社会监督反映问题的。从法律效果上看，设定这种"约谈""限期整改"的法律责任，目的明显在于为了制止和预防正在发生的违法行为产生不利后果而要求违法的行为人履行法定义务、停止违法行为及消除不良后果。

在《中华人民共和国社会保险法》第八十七条中，也规定了责令改正的法律责任形式，"社会保险经办机构以及医疗机构、药品经营单位等社会保险服务机构以欺诈、伪造证明材料或者其他手段骗取社会保险基金支出的，由社会保险行政部门责令退回骗取的社会保险金"。应当说，该规定中的"责令退款"与前述所言的"限期整改"虽同属于与责令改正，但还是有所不同。"限期整改"属于责令改正中的"责令停止违法行为"类型，而"责令退款"则属于责令改正中的"责令恢复原状"类型。"责令恢复原状是责令改正意思表示中的第二层含义，这一层意思含义的主要目的在于消除行政违法行为所产生的危害后果，从而使社会秩序还原到理想法秩序所要求的秩序。"① 从法律适用上看，《社会保险法》第八十七条的"责令退款"责任是与罚款等行政处罚一起配套使用的。但是，从契约法原理上来考虑，由于契约具有相对性，违约责任的追究者理应是合同相对方，《社会保险法》第八十七条所规定的"责令退款"法律责任的追究者是"社会保险行政部门"，很难将其理解为一种严格意义上的违约责任。

（三）不予结算和暂停结算

《医疗服务协议范本》第六章违约责任将不予结算和暂停结算列为违约责任的形式，其第五十八条和第五十九条规定发生下列情形导致增加费用，并申报费用结算的可以不予结算；情节严重，造成较大社会影响的，可以暂停结算：（1）未核验参保人员医疗保险就医凭证，造成被他人冒名顶替就医的。（2）发生重复、分解、过度、超限制范围等违规诊疗行为导致增加费用的。（3）发生重复收取、分解收取、超标准收取或者自定标准收取费用的。（4）将医疗保险支付范围外的药品、诊疗项目、医用材料、医疗服务设施或生活用品、保健滋补品等费用串换为医疗保险政策范围内费用，申请医疗保险结算，套取基金支付的。（5）虚构医疗服务的。（6）超出《医疗机构执业许可证》准许范围或执业地址开展医疗服务；将科室或房屋承包、出租给个人或其他机构，并以经办机构名义开展医疗服务；为无医疗保险结算资格的医疗机构提供结算的。（7）其他造成医疗保险基金损失的行为。（8）其他违反本协议约定的行为。

严格地说，暂停结算和不予结算并非是典型的民事契约的法律责任承担形式，也不是行政法中行政强制措施、行政命令或者行政处罚。从法律性质上看，它应当属于民事契约中的合同履行抗辩权的一种形式，即对医疗机构结算给付请求权的一种抗辩权，以暂时性阻却医疗机构的医疗费用的给付请

---

① 黄锴. 行政执法中责令改正的法理特质与行为结构［J］. 浙江学刊, 2019（2）: 161 – 169.

求权，并不适宜纳入行政协议法律责任的内容中。

（四）通报批评

通报批评属于行政处罚中的申诫罚，是行政机关对于违法者的违法行为以书面形式公布于众、指出其行为的违法性、予以公开谴责和告诫、避免其再犯的一种处罚形式。《医疗服务协议范本》第六章规定的通报批评这种违约责任形式同样适用于上述第五十九条暂停结算的场合，对违约行为要求满足"情节严重，造成较大社会影响"的条件。

（五）罚款与吊销执业资格

罚款是典型的行政处罚的财产罚，吊销执业资格是行政处罚中的行为处罚，是剥夺违法者从事某种活动的权利或者资格的一种处罚形式。《医疗服务协议范本》中并没有罚款和吊销执业资格的处罚形式。

《社会保险法》中对医疗机构的欺诈骗保的行为采用了罚款和吊销执业资格的行政处罚，其第八十七条规定，"社会保险经办机构以及医疗机构、药品经营单位等社会保险服务机构以欺诈、伪造证明材料或者其他手段骗取社会保险基金支出的，由社会保险行政部门责令退回骗取的社会保险金，处骗取金额二倍以上五倍以下的罚款……直接负责的主管人员和其他直接责任人员有执业资格的，依法吊销其执业资格"。该规定很明显是对行政相对人违法行为的行政处罚，但同样是由行政部门实施的，如果将其理解为违约责任的承担形式的话，同样面临对契约相对性原理进行突破的问题。

四、医疗服务协议的解除

（一）医疗服务协议解除的类型

依民法原理，合同的解除是合同终止的一种情形，是指在合同有效成立后，因一方或者双方当事人的意思表示，使合同关系结束，未履行部分不再履行，已经履行部分依具体情形进行清算的一种制度。从解除权的来源进行分类，合同的解除主要包括法定解除、约定解除和合意解除三种类型。

从违约行为与合同解除的关系来看，合同解除的法定事由一般是根本性违约行为，即违约行为的发生已经致使合同目的无法实现。医疗服务协议的法定解除来自《社会保险法》的规定。《社会保险法》第八十七条规定了医疗机构、药品经营单位等社会保险服务机构以欺诈、伪造证明材料或者其他手段骗取社会保险基金支出的，解除服务协议。很明显，医疗保险机构的欺诈骗保行为严重危害医疗保险基金的安全，继续由其担任基本医疗保险的定点机构已经背离了医疗服务协议订立的目的。

医疗服务协议的约定解除权来自《医疗服务协议范本》，该范本第六章第六十条规定，对于发生第五十八条中行为，性质恶劣，造成医疗保险基金损失和严重社会影响，或发生下列情形的，医保经办机构可以作出终止协议处理：（1）暂停结算期间未进行及时、有效整改的；（2）年度内发生 4 次及以上医疗事故并造成严重后果的；（3）受到卫生行政部门吊销"医疗机构执业许可证"处罚的；（4）其他造成严重后果或重大影响的违规行为。在该规定中，《医疗服务协议范本》没有使用"解除合同"的概念表述，而是使用了"终止协议"。从我国《合同法》的规定来看，"终止"是"解除"的上位概念，指代范围较广，这种语言使用本身欠缺足够的严谨性。

综上可见，对于医疗服务协议的解除，医保经办机构享有法定解除权和约定的单方解除权，而医疗机构并没有任何形式的解除权。这种设计，主要是考虑医疗服务协议的公益属性而形成的行政优益性，需要对医疗机构的解除权进行严格控制。同理，一般情况下，也不允许医保经办机构与医疗服务机构之间通过合意方式解除医疗服务协议。

（二）医疗服务协议解除的法律后果

依契约法原理，合同解除之后，合同中的权利义务不再对合同当事人产生法律约束力，已经履行的部分不再继续履行。对于合同的未履行部分，则产生法律上的溯及既往的效力，即恢复原状，恢复至合同订立之初的状态。然而，医疗服务协议属于继续性合同，对于医疗机构已经实施的医疗服务的给付行为，无法进行恢复原状，只能采用其他补救措施或者赔偿损失。在医疗服务协议解除后，对于正在医疗机构接受医疗服务的参保人来说，就面临着如何采取补救措施以及损失赔偿的问题。目前，我国法律对于此还未有明确的规定。是否能够准用合同法中有关合同解除后果的规定，尚不明确。

五、纠纷的解决路径

因医疗服务协议履行而产生的纠纷主要包括以下几类：（1）医保经办机构依据医疗服务协议追究医疗机构的违约责任，医疗机构不服的；（2）医疗经办机构依法或者依医疗服务协议的约定解除医疗服务协议，医疗机构不服的；（3）医疗机构追究医保经办机构的违约责任产生纠纷的；等等。

对于上述纠纷，《医疗服务协议范本》第六十四条规定的解决路径如下：在协议执行过程中发生争议的，应当首先通过协商解决；双方协商未果的，可以要求统筹地区社会保险行政部门进行协调处理；对协调处理结果不服的，依法申请行政复议或提起行政诉讼。

实践中，定点医疗机构与医保经办机构因履行协议发生纠纷的，可以向本级医疗保障行政部门申诉，本级医疗保障行政部门应当依法依规调解、处理，也可以选择依法申请行政复议或提起行政诉讼。

六、我国医疗服务协议违约责任的完善

基于医疗服务协议作为行政协议所具有的行政性、契约性、格式性的三大特点，应考虑在违约责任的设定上改变固有的行政关系思维，充分实现从"行政法本位"转向"行政法、民法并重"，从"行政行为本位"转向"行政行为、行政协议法律关系并重"。① 我国医疗服务协议违约责任的完善，应是在坚持医疗服务协议行政性特征的基础上，吸收合同法的原理及规定，探索行政化和民事化结合的解决模式。

---

① 韩宁. 行政协议研究之现状与转向 [J]. 法治研究，2019（6）.

从具体措施来看，应进行如下制度完善：（1）在立法中应明确医疗服务协议的违约责任体系。医疗服务协议法律关系是我国医疗保障法律关系中的一个重要类型，现有《社会保险法》中仅有个别条款对其法律责任进行抽象性规定，无法满足实际的需要，也使司法实务欠缺法律规范指引，操作性欠佳。在医疗保障基本法短期内无法出台的情况下，首先应在国家医疗保障局制定的《医疗保障基金使用监管条例》（其征求意见稿已经公布）中，对医疗服务协议涉及的法律责任进行系统化规定，以确定违约责任的基本类型。（2）国家医疗保障局应尽快更新《医疗服务协议范本》。目前的范本发布于2016年城乡居民医保整合之前，是以城镇职工医保为基本对象设定的，已经与实践脱节。新范本中应充分考虑医疗服务协议所独有的行政性和契约性特征，在法律责任部分，应部分适用合同法中违约责任规范的相关规定。范本相关法律术语的使用，应严谨准确，既要符合行政法的基本要求，也要符合契约法的基本原理。（3）在立法和《医疗服务协议范本》中，充分论证增加预期违约行为、损害赔偿责任、违约金责任等内容的可行性，提升法律责任类型范围涵盖的周延性；严格区分行政协议的法律责任规范和履行规范，将具有履行抗辩功能的不予结算、暂停结算，移出法律责任范畴，划入履行规范之中。（4）对于医疗服务协议法定解除权的规定和约定解除权的设定，应考虑在实体法和程序法上对医保经办机构可能的权力滥用行为进行限制；基于合同法鼓励交易的基本原则，引入变更权的概念，将医疗服务协议变更抑或解除的权力交由司法机关进行裁判，由人民法院负责对医疗服务协议进行合约性审查；应在立法中明确医疗服务协议解除后的法律后果，强化医疗机构在医疗服务协议解除后的损害赔偿责任。（5）进一步明晰违约责任中的主体地位。由于我国的基本医疗保险体制还未实现彻底的"管办分离"，这导致医疗保险的行政部门和医保经办机构之间的责权划分不明，这在一定程度上也影响了违约责任的追究机制。如果将对医疗机构的诸多行政违法行为的责任追究完全纳入违约责任体系之中无疑会突破契约的相对性原理，也会导致医疗服务协议失去其独特的属性。因此，需要在主体身份上对医疗保险的行政部门和医保经办机构进行明晰。一方面，应赋予医保经办机构独立的"公法人"资格,使其成为真正意义上的基本医疗保险法律关系中的"保险人",享有医疗保险协议中约定的权利,履行相应行政协议下的义务,并对医疗机构的违约行为进行追究。另一方面,医疗保险的行政机关则应回归医疗保险行政法律关系中的行政主体地位,行使医疗保险领域中的政府行政事务管理权,负责处理医疗保险法律关系中纯粹的公法问题。

第三节　基本医疗保险基金先行支付问题研究

我国 2010 年《社会保险法》第三十条第二款对基本医疗保险基金先行支付制度的规定,"医疗费用依法应当由第三人负担,第三人不支付或者无法确定第三人的,由基本医疗保险基金先行支付。基本医疗保险基金先行支付后,有权向第三人追偿"。基于该条款的规定以及《社会保险法》第四十一条有关工伤保险基金的先行支付制度,人力资源和社会保障部于 2011 年专门制定了《社会保险基金先行支付暂行办法》(以下简称《暂行办法》)。基本医疗保险基金的先行支付,是对符合法定条件的医疗保险参保人进行的先行补偿,使参保人可以快速地获得医疗保险待遇的给付,具有制度上的正当性基础。

一、医保基金先行支付的基本原理

依据《社会保险法》的规定,医保基金的先行支付发生于医保费用应由第三人负担的情况。在实践中,参保人医疗费用的支出的原因之一来自第三方侵权。在交通事故、医疗事故或者可归责于第三方的侵权责任事故中,第三方责任人的侵权行为会导致参保人的人身伤害,进而产生医疗费用。在此种情况下,基于基本医疗保险参保人和侵权案件中受害人的双重身份,也自然产生了参保人对于基本医疗保险基金的医疗费用给付请求权和对于侵权人的侵权损害赔偿请求权两种权利,出现了请求权的聚合。"请求权之聚合者,谓当事人对于数种以不同之给付内容之请求权,得同时并为主张之。"① 依据

---

① 王泽鉴. 民法实例研习丛书:第一册　基础理论 [M]. 台北:三民书局,1988:86.

民法有关请求权聚合的处理原理，在两个请求权聚合之时，参保人此时可以同时或者先后就全部或者个别的请求权进行权利主张。但是，依据《社会保险法》第三十条第二款的规定可知，在医疗费用依法应当由第三人负担，基本医疗保险基金在先行支付医疗费用之后取得了向第三人的追偿权。这种先行支付的法律设计很明显否认了参保人实现医疗费用给付请求权之后可以继续主张侵权损害赔偿请求权，而是产生了一个医保基金的追偿权。

从理论上来说，这种规定的原因，其一，在于禁止双重受益。民事法律责任设置的主要目的在于弥补损失，医保参保人不可以从同一违法行为中获得额外利益。"在自然法上，任何人因他人之损失，而得利益，不为正当。"侵权损害赔偿和医疗费用的医保基金补偿，都是针对参保人人身伤害的一种弥补，因此，在法律制度中，应首先排除参保人双重受益的可能性。追偿权的存在，实质上使参保人在获得医保基金的先行支付之后，丧失了继续向第三人主张侵权损害赔偿请求权的可能。其二，有助于发挥医保基金的分散风险功能。基金存在的原理在于通过互助共济来实现风险的共担，医保基金代表了所有社会成员的整体利益，如果允许使用具有共济功能的基金资金补偿因第三人侵权责任而产生的损失，一方面使侵权第三人脱责，侵权法预防和惩戒的功能无法发挥，另一方面会弱化基金的分散风险功能。这也就是在保险法中采用与追偿权类似的"代位求偿权"法律规定的原因。"社会保险基金追偿权的设置，为社会保险制度永续发展所必需，实现了法律关系各方主体的利益在社会整体层面的均衡，社会保险基金追偿权正当性基础也深植于此。"[1] 其三，从权利根源上来分析，参保人对基本医保基金所享有的给付请求权（参保人要求医保基金先行支付的权利也是一种给付请求权）是医疗保险权的一个重要权能。而医疗保险权本身是公民的基本权利，是生存权，是公民要求国家履行积极帮助义务的一种社会权，与民事权利中债权性质的侵权损害赔偿请求权相比较，具有权益上的优先性。因此，这种权益的优先性使医疗保险的先行给付请求权在行使之后能够转化为医保基金对第三方侵权

---

① 林嘉. 社会保险基金追偿权研究 [J]. 法学评论，2018（1）：89-97.

责任人的追偿权，而侵权责任人在承担了侵权赔偿责任之后则不允许再反向对基本医保基金行使追偿权。

二、医保基金先行支付及追偿规则

（一）先行支付的适用条件

根据《社会保险法》第三十条第二款的规定，医保基金先行支付适用的基础性条件是医疗费用依法应当由第三人负担，而第三人不支付或者无法确定第三人的情形。《社会保险法》第三十条第一款使用反向规范的方式明确规定了不纳入医保基金支付范围的四种情况："下列医疗费用不纳入基本医疗保险基金支付范围：（一）应当从工伤保险基金中支付的；（二）应当由第三人负担的；（三）应当由公共卫生负担的；（四）在境外就医的。"很明显，从逻辑上讲，应由第三人负担的医疗费用不属于医保基金支付范围，因此，医保基金并不具有支付依法由第三人负担的医疗费的法定义务。但是，在"第三人不支付或者无法确定第三人"情况下，医保基金应当先行支付，在先行支付后取得对第三人的追偿权。对于第三十条第二款所规定的先行支付，不少学者将其理解为一种"垫付性质"的先行给付。①

然而，现实的情况远比理论的条件设定得更为复杂。在法律上，需要确认"第三人不支付或者无法确定第三人"的条件具备，第三十条第二款的先行支付才可以适用，但在实践中，由于参保人隐瞒第三方侵权的事实、暂时无法确认是否存在第三人或者暂时无法确认第三人是否承担侵权责任等原因，医保基金仍然会正常支付参保人的医疗费用。这种情况下，就会出现原本应当依法排除在外的应由第三人承担医疗费用，而实际由医保基金直接承担的现象。有学者将这种现象称为"不真正先行支付"。"'不真正先行支付'则指，没有明确由第三人承担医疗费用，但实际应该由第三人承担医疗费用的，

---

① 李海明. 工伤救济先行给付与代位求偿制度探微——兼评《社会保险法》工伤保险基金先行支付制度的得与失［J］. 现代法学，2011（2）：48－54.

由基本医疗保险基金直接承担支付责任。"① 实际上，对于《社会保险法》第三十条第一款明确排除应当由第三人负担的医疗费用的规定，学术界一直存在较大争议。各类社会保障制度设立的目的就在于提供独立于损害原因的迅速有效的赔偿，因此，即使可能是因为第三方的原因导致受害者的损害，社会保险也必须为受害者的利益而支付赔偿金。②

除了《社会保险法》所规定的"第三人不支付或者无法确定第三人的"实体性条件，《暂行办法》还规定了先行支付适用的程序性条件，其第三条规定："社会保险经办机构接到个人根据第二条规定提出的申请后，经审核确定其参加基本医疗保险的，应当按照统筹地区基本医疗保险基金支付的规定先行支付相应部分的医疗费用。"因此，医保基金的先行支付还需要在程序上满足参保人个人申请和医保经办机构审核的程序性要求。

（二）追偿权的性质及其构成要件

追偿权的形成是医保基金先行支付后必然形成的一种逻辑结果。有关追偿权的法律性质，学界目前的看法并不一致，主要是"法定债权转移说"和"当然追偿说"二种学术观点的碰撞。"法定债权转移说"认为，保险人因第三人的致害行为而向被保险人支付社会保险待遇后，赋予其代位行使被保险人对于第三人的请求权。③ "法定债权转移说"认为，追偿权的基础是代位权。就医保基金的追偿权来说，基于法律规定，在医疗保险经办机构先行支付医疗费之后，其取代了原债权人（参保人）对第三人的债权人地位，实际上相当于参保人将其对第三人的债权转让给了医保经办机构。该学说目前也是学界的通说。"当然追偿说"则认为医保机构先行支付医疗费给参保人之后所取得的第三人追偿权是基于法律规定而产生的，是一种独立的新型权利。④ "债务人间的追偿权为固有权利，每一债务人在对他人负担之固有义务上具有

---

① 向春华. 规制医保先行支付［J］. 中国社会保障，2014（11）：71－73.

② 张景卫. 医保基金先行支付医疗费的侵权纠纷处理路径探析［J］. 法律适用，2019（16）：91－98.

③ 郑尚元，扈春海. 社会保险法总论［M］. 北京：清华大学出版社，2018：255.

④ 林嘉. 社会保险基金追偿权研究［J］. 法学评论，2018（1）：89－97.

类似于保证人的地位，对于超出固有义务的部分，可以基于保证人的地位获得追偿。"① 应当说，两种学说均具有一定的合理性，但从追偿权的权利来源角度分析，"法定债权转移说"无疑更具有说服力。医保基金的先行给付追偿权与保险法中的代为求偿权类似，均是基于保险原理根据保险法律关系的特殊构造而形成的。参保人在遭受第三方致害行为时所取得的侵权损害赔偿请求权，随着医保基金的先行给付，已失去了存在的正当性基础。而医保基金追偿权的行使，其权利来源无疑只能是基于侵权行为而产生的原权利。因此，将其理解为一种债权的法定转移，能够很好地衡平三方主体之间的法律关系，逻辑上也更加清晰。

根据《社会保险法》第三十条的规定，先行支付的追偿权一般性的构成要件如下：（1）医保参保人对第三人享有的侵权损害赔偿权等债权合法有效；（2）医保经办机构已经向参保人先行支付了医疗费用；（3）先行支付的医保经办机构应当以自己的名义向第三人主张追偿权；（4）追偿的金额不得超过医疗费用的支付额度；（5）参保人在获得医保现行支付待遇之后，不得单方面放弃对第三人的权利主张。

（三）追偿权的行使

针对不同的追偿对象，先行支付的追偿权又分为两种情况：（1）对第三方侵权人主张追偿权。对于第三人责任已经确定的情况下，医保基金应当直接向第三人进行追偿。《暂行办法》第十二条规定："社会保险经办机构按照本办法第三条规定先行支付医疗费用或者按照第五条第一项、第二项规定先行支付工伤医疗费用后，有关部门确定了第三人责任的，应当要求第三人按照确定的责任大小依法偿还先行支付数额中的相应部分。第三人逾期不偿还的，社会保险经办机构应当依法向人民法院提起诉讼。"关于该规则的适用，应注意第三人的赔偿责任仅限于其基于法律规定应承担的部分。第一，该责任承担部分超过先行支付的医疗费额度的，以先行支付的医疗费为限；对于

---

① 张平华. 论连带责任的追偿权——以侵权连带责任为中心的考察［J］. 法学论坛，2015（5）：58－69.

剩余部分，参保人仍享有对第三人的损害赔偿请求权。第二，第三人并非承担所有的先行支付医疗费的赔偿，其仅按照确定的责任比例承担自己应承担的部分。例如，在交通事故侵权案件中，根据交警部门或者人民法院认定的赔偿比例，侵权人只需承担由自己负担的部分。此时，追偿的额度为医保基金先行支付额度乘以侵权人的责任比例。第三，对于参保人向第三方侵权责任人主张的精神损害赔偿，是无法纳入追偿权范围的，因为医保基金的先行支付仅限于基于参保人的直接人身损害而产生的医疗费用，依先行支付而取得的追偿权不能恣意扩大。（2）对参保人的不当得利返还请求权。在医保基金先行支付后，若第三方的侵权人向参保人履行了损害赔偿责任，参保人此时获得了双份补偿，构成不当得利。《暂行办法》第十一条规定："个人已经从第三人或者用人单位处获得医疗费用、工伤医疗费用或者工伤保险待遇的，应当主动将先行支付金额中应当由第三人承担的部分或者工伤保险基金先行支付的工伤保险待遇退还给基本医疗保险基金或者工伤保险基金，社会保险经办机构不再向第三人或者用人单位追偿。个人拒不退还的，社会保险经办机构可以从以后支付的相关待遇中扣减其应当退还的数额，或者向人民法院提起诉讼。"因此，在第三方侵权人已经承担了赔偿责任的情况下，先行支付的医保经办机构已经丧失了继续向侵权人追偿的权利，其追偿权此时转化为对医保参保人的不当得利返还请求权。

三、医保基金先行支付法律适用中的问题

从医保先行支付制度的法律适用来看，目前主要存在以下一些问题：（1）第三方侵权人的医保先行支付抗辩权能否得到支持。在医保参保人对第三方侵权人提起的侵权诉讼中，如果查明医保基金已经进行了先行支付，侵权人以此抗辩要求免除或者部分免除先行支付范围内的赔偿责任，此时应如何处理？在司法实务中，目前存在两种操作方式，方式一是基于禁止得利原则支持侵权人的抗辩，判决侵权人在先行支付范围内不再赔付；方式二是基于基本医疗保险法律关系与侵权损害赔偿法律关系的不同，受害人可以得到双重

给付，不支持抗辩权的成立，判决侵权人再次支付医疗费用。① 这也造成了司法实践中的混乱。（2）第三人不支付的规定不明确。《社会保险法》第三十条第二款规定的先行支付条件实际上包括两个："第三人不支付"或者"无法确定第三人"。此处的"第三人不支付"是仅指参保人主张侵权损害赔偿请求权中的不支付，还是包括持生效法律文书向人民法院主张申请强制执行而第三人不支付？"不支付"的成立是仅指全部的不支付，还是部分的不支付也构成法律规定的"不支付"？《暂行办法》并未给出明确回答。（3）先行支付中的时限问题。目前的法律规定中未对先行支付的时限作出任何规定。首先，《暂行办法》第二条仅规定"个人可以向参保地社会保险经办机构书面申请基本医疗保险基金先行支付，并告知造成其伤病的原因和第三人不支付医疗费用或者无法确定第三人的情况"，但并未给出先行支付的申请时限。其次，追偿权是否受到侵权损害赔偿诉讼时效的限制，目前也无规定明确。由于民法中的人身损害赔偿请求权的诉讼时效为一年，而追偿权本质又是参保人对第三人债权的法定转移，理应受到人身损害赔偿请求权时效的限制。在参保人怠于或者迟延行使其申请权利进而导致时效经过的情况下，医保基金的利益明显会受到损失。最后，医保经办机构在先行支付后启动追偿的时限无规定。追偿权的启动时间无明确规定，实践中会导致医保经办机构怠于行使追偿权，进而导致医保基金的资金无法安全快速收回。（4）参保人隐瞒行为的问题。现实中，为了尽快获得医疗保险的待遇，参保人会刻意隐瞒第三人侵权的事实向医保经办机构申请获得医保待遇；隐瞒第三人已经向其支付医疗费的事实，向经办机构申请获得医保基金的先行支付；隐瞒医保基金先行支付的事实，向侵权人提起侵权损害赔偿诉讼。如果放任这种不诚信行为的发生，虽然事后医保经办机构可以行使追偿权或者不当得利返还请求权，但也实际上造成了医保基金的隐形损失。

---

① 张景卫. 医保基金先行支付医疗费的侵权纠纷处理路径探析 [J]. 法律适用, 2019（16）: 91–98.

四、我国医保基金先行支付法律制度的完善

针对医保基金先行支付在法律适用中的问题，建议作如下改进：（1）三方侵权人的医保先行支付抗辩权的处理方式。司法实务中对于第三方侵权人的医保先行支付抗辩权的两种态度，反映了审理案件法官的矛盾，如果支持第三方侵权人可以援引医保先行支付进行抗辩，无疑是在支持侵权人逃脱承担侵权责任；若不支持侵权人的抗辩理由，将会造成参保人的双重受益，致使医保经办机构陷入再诉讼的诉累。因此，应当跳出两个处理方式的窠臼，重新寻找最佳的解决方案。审判实务中，当法庭查明医保基金已经进行了先行支付的事实，可以通知医保经办机构以有独立请求权的第三人身份参加诉讼。在判决中，应否认侵权责任人以医保基金的先行支付所进行的抗辩，要求侵权人向参保人支付其应承担的人身损害赔偿额度，同时，判决参保人向医保经办机构退还或者部分退还不在医保基金支付范围内的医疗费用。这种解决方式，既避免了参保人通过损害事实得利，又追究了侵权人的损害赔偿责任，应通过最高人民法院司法解释的形式加以明确。（2）"第三人不支付"问题的解决。"第三人不支付"规定内涵的不明确，影响了法律的适用效果，应通过行政法规或者部门规章的形式加以明确。首先，应当肯定"第三人不支付"既包括参保人向侵权人直接主张权利的不支付，也包括法院执行案件中的不支付。原因在于，基本医疗保险基金先行支付制度设置的目的本身就是通过快速的补偿支付弥补公民健康权益的受损，不宜刻意限缩其适用范围。其次，"不支付"应作扩大化解释，理解为既包括全部不支付，也包括不能完全弥补参保人受损利益的"部分不支付"。因为，在侵权人"部分不支付"情况下，如果将参保人排除出先行支付，就完全切断了参保人通过医疗保险法律关系实现救济的路径，也使先行支付的制度目的落空。"基本医疗保险基金先行支付制度本身具有兜底性，而并非对参保人进行救济的常态方式。"[①]因此，侵权人支付的医疗费用只要未达到其基于法律规定应承担的额度，就

[①]　刘思思. 基本医疗保险基金先行支付法律制度研究［D］. 沈阳：辽宁大学硕士论文，2017：21.

应当认为已经满足了《社会保险法》第三十条第二款所规定的适用条件。以上两点改进建议，可以通过修改《暂行办法》或者由国家医疗保障局在有关医保基金支付的部门规章中加以明确。（3）先行支付中时限问题的解决。首先，对于先行支付的申请时限，应明确规定从参保人首次住院治疗之日起进行计算，期限宜设置为一年。如此规定，一方面可以保证医保参保人及时得到医保基金的待遇支付，避免陷入高额医疗费的过重负担；另一方面也有利于督促参保人及时搜集证据和主张权利。其次，对于追偿权是否适用诉讼时效的问题。对于医保参保人向医保基金申请先行支付的行为，应适用《中华人民共和国民法总则》第一百九十五条第四项中"与提起诉讼或者申请仲裁具有同等效力的其他情形"，产生诉讼时效的中断效力，使追偿权的诉讼时效重新计算。最后，对于追偿权的主张时限，应通过立法明确规定从先行支付完成之日开始计算，在一个月内主张。如此处理，一方面，考虑到人身侵权损害赔偿请求权的诉讼时效较短，过长的权利主张时限会使医保基金后续陷入被动，而且短时限也可以促使医保经办机构履行法定职责，避免懒政怠政的发生；另一方面，短时限促使追偿权尽快地提出，也能够避免参保人另行向侵权案件中的侵权人提起诉讼或者达成私下交易。（4）对于参保人隐瞒事实的行为，《暂行办法》第十六条规定了参保人隐瞒已经从第三人处获得医疗费用、向社会保险经办机构申请并获得社会保险基金先行支付的，承担《社会保险法》第八十八条欺诈骗保的法律责任。但是，很明显，该规定仅仅规定了在已经取得第三人赔付的情况下的隐瞒行为，并未涵盖所有参保人隐瞒行为的类型，遗漏了不真正先行支付的隐瞒行为和已经进行先行支付的隐瞒行为。因此，建议修改后的立法将遗漏的两种隐瞒行为均视为欺诈骗保行为加以规制。但是，这里需要特别注意的是，以上两种隐瞒行为承担欺诈骗保法律责任的一个重要基础性条件是参保人主观上具有隐瞒的故意。医保经办机构和司法实务中应综合考虑参保人受益时点、侵权事实的认定和责任分担是否明确、参保人是否具有虚构事实、隐藏事实的行为等因素后对故意状态作出判断。

第四节　基本医疗保险欺诈骗保法律问题研究

我国覆盖全民的基本医疗保险制度虽然已经基本建立，但是医保监管能力建设仍相对滞后，欺诈骗保问题仍时有发生。一方面，后付制的医保基金支付方式容易滋生腐败和诈骗骗保行为，且惩罚手段和力度不够；另一方面，医保监督管理手段相对落后，医保数据没有形成共享和动态分析，未能实现完全的数字化管理，不能及时甄别欺诈骗保的风险。在国家医疗卫生体制改革和基本医疗保险体制改革不断深化的情况下，增强医保基金的反欺诈骗保能力，已经成为一个亟待解决的问题。2020 年 2 月《中共中央　国务院关于深化医疗保障制度改革的意见》明确指出："加强部门联合执法，综合运用协议、行政、司法等手段，严肃追究欺诈骗保单位和个人责任，对涉嫌犯罪的依法追究刑事责任，坚决打击欺诈骗保、危害参保群众权益的行为。"

一、基本医保欺诈保骗保行为的性质及其法律规制

（一）基本医保欺诈骗保行为的违法性分析

基本医保的欺诈骗保行为具有当然的违法性。从骗保行为侵害的对象来看，是基本医疗保险基金的资金。城乡居民医疗保险制度与城镇职工医疗保险制度均通过基金形式进行运作。医保基金的资金中，除了个人账户部分明确属于个人财产之外，其余资金均在统筹范围内运行，具有财政资金和公共资金的属性（详见本书第八章　基本医疗保险基金的法律性质的相关内容）。而基本医保的骗保行为，明显侵害了统筹基金资金的安全，具有非法性。从基本医疗保险资金的特性来看，其又具有专属性。我国《社会保险法》第六十四条第二款明确规定："社会保险基金专款专用，任何组织和个人不得侵占或者挪用。"因此，骗保行为还侵害了医保资金使用的专属性。

基本医保的欺诈骗保行为，危害巨大。欺诈骗保行为一方面危害了医保基金的安全，侵犯了统筹范围内群众的公共财产权，造成大量医保资金的流

失，加重了社保基金运行的压力；另一方面严重影响了统筹范围内的患病群众的医疗待遇支出，扰乱了正常的医疗市场秩序，也破坏了正在实施的医疗保险改革的进程。

（二）基本医保欺诈骗保行为的法律规制

我国目前的法律法规中并不缺乏对基本医保骗保行为的法律规制。从欺诈骗保实施者承担的法律责任来看，主要包括行政责任和刑事责任。

1. 基本医保欺诈骗保行为的行政责任。对基本医保欺诈骗保行为的行政法律规制，主要体现在《社会保险法》及其一系列配套法规之中。骗保主体的行政法律责任主要表现为被处以罚款、吊销执业资格等。《社会保险法》第八十七条和第八十八条就是针对骗保行为专门设计的两个条款。对于社保经办机构、定点医疗机构、定点药店以欺诈、伪造证明材料等其他手段骗保的行为，除责令其退回所骗取的医保金之外，外骗取金额二倍以上五倍以下的罚款；对直接责任人员，吊销其执业资格；对于以欺诈、伪造证明材料或者其他手段骗取社会保险待遇的，由社会保险行政部门责令退回骗取的社会保险金，处骗取金额二倍以上五倍以下的罚款。

为了规范医保资金的使用，国家医疗保障局于 2019 年 4 月 11 日发布了《医疗保障基金使用监管条例（征求意见稿）》，向社会广泛征求意见。值得注意的是，该征求意见稿在《社会保险法》的框架下对欺诈骗保行为进行了更为具体化的规定。对于欺诈骗保行为主体的法律责任，根据该征求意见稿，医保行政部门可以警示约谈、限期整改、暂停拨付、暂停科室结算、暂停医（药）师服务资格、中止医药机构联网结算、暂停医药机构定点协议直至解除协议；有权依法作出警告、罚款、责令经办机构中止或解除医保服务协议、责令经办机构中止或解除医师服务资格、责令经办机构中止或解除药师服务资格、纳入失信联合惩戒对象名单、移送有关行政部门等处罚。值得注意的是，该征求意见稿对情节轻微、情节较重、情节严重、情节特别严重作了细化的具体规定，以减少行政执法的任意性。

2. 基本医保欺诈骗保行为的刑事责任。严重的欺诈骗保行为，会构成犯罪。骗保刑事犯罪的主体主要涉及三类，即定点医疗机构和定点药店、参保人、负责医保基金管理的国家工作人员。

从犯罪行为的实施和刑事责任的具体罪名认定来看，不同主体的欺诈骗保行为可能会违反我国《刑法》的不同规定。（1）定点医疗机构骗保手段多样，多通过诸如伪造病历、分解住院、重复使用医疗耗材降低成本而骗取费用差价等方式进行，这类违法行为已经触犯了《中华人民共和国刑法》第二百六十六条有关诈骗罪或者第二百二十四条合同诈骗罪的规定，定点医疗机构构成单位犯罪或者直接责任人个人犯罪的，依法应承担相应的刑事法律责任；定点药店常用的骗保手段有诸如串换处方药、上传虚假药品销售记录等，其行为触犯了《中华人民共和国刑法》第二百六十六条有关诈骗罪的规定。（2）参保人常用的骗保手段是从第三人购买伪造病历去医保部门报销，以非法占有目的，虚构事实，隐瞒真相，骗取国家医疗保险资金，该行为构成诈骗罪。（3）负责管理医保基金的国家工作人员常用的骗保手段是勾结同伙分工配合，共同犯罪。例如，国家工作人员与同案犯伪造病历，再由该国家工作人员审核报销，骗取医保基金并进行分赃。这种行为触犯了《中华人民共和国刑法》第三百八十二条贪污罪的规定，该国家工作人员勾结同伙编造虚假的住院事实，冒领医保基金并非法占为己有，其行为不仅侵犯了集体财产所有权，损害了国家和集体利益，同时也侵犯了国家公务人员行为的廉洁性，符合贪污罪客体要件，构成贪污罪。

除了上述四类主体单独实施的骗保行为以外，实践中还存在上述主体两者及其以上结合共同犯罪的。按照主体数量的不同骗保类型可以分为复合主体骗保和单一主体骗保。复合主体骗保的类型包括定点医疗机构医生和患者联手、定点医疗机构和患者联手，定点药店和患者联手，患者和基本医保政府主管部门的工作人员联手，定点医疗机构和基本医保政府主管部门联手，定点医疗机构、患者和基本医保政府主管部门的工作人员联手。①

---

① 陈起风．"救命钱"沦为"唐僧肉"：内在逻辑与治理路径——基于百余起骗保案的实证研究[J]．社会保障研究，2019（4）：42–51.

二、基本医保骗保行为类型分析

从基本医保骗保的主体进行区分，骗保行为主要包括三类：一是定点医疗机构（包括定点药店）及其工作人员骗保；二是参保人骗保；三是负责医保报销工作的国家工作人员骗保。

（一）定点医疗机构及其工作人员骗保

定点医疗机构是医疗服务的提供者，是医保基金运行的重要参与方，也是医保基金监管的重要对象。从检索和整理的中国裁判文书网的典型案例来看①，其骗保所采取的主要手段是伪造病历前往医保行政管理部门报销医疗费用支出。

案例一：2013 年 1 月至 2016 年 1 月，某民营医院院长丁某某指示医院工作人员，利用社区干部存放在医院的社保卡伪造病历及相关住院材料，而社区干部并没有实际住院，骗取的医保基金 168147.95 元用于分红。本案中，丁某某以非法占有为目的，指示他人采取虚构事实，隐瞒真相的方法骗取公私财物，且数额巨大，其行为被认定构成诈骗罪。

案例二：2015 年 10 月至 2017 年 3 月，某民营医院作为定点医疗机构，利用虚假手术及重复使用射频针等一次性医疗耗材虚报医疗费用，假冒医生签名虚构检查项目等，虚报医疗费用，法院最终认定了经司法会计鉴定的骗取医保基金的数额和经该市民政局统计的报销的医疗补偿金数额。涉案医院以非法占有为目的，在履行医疗服务协议过程中，采用虚假的手段，骗取医疗保险金及医疗补偿金，构成单位犯罪，周某某、赵某某、肖某某作为直接责任人，骗取数额较大，其行为侵犯合同管理制度和公私财物的所有权，构成合同诈骗罪。

案例三：2015 年 6 月至 2016 年 7 月，在医院负责人的授意下，医院工作人员利用患者医保信息空挂住院方式，编造住院病例等资料及相关费用支出，

---

① 该部分典型案例资料主要来自（2018）赣 04 刑终 210 号，（2018）粤 5281 刑初 140 号，（2018）鄂 0506 刑初 196 号等刑事判决书。

骗取医保基金58002.33元。医院工作人员柯某某、杨某某、王某某、宋某、李某某、史某某、朱某某的行为被认定共同构成诈骗罪。

通过以上案例可知，定点机构的欺诈骗保行为危害较大，司法实务中视欺诈行为是否以医保服务合同作为依托进行区分，将欺诈骗保行为定性为诈骗罪或者合同诈骗罪。定点医疗机构的欺诈骗保行为之所以屡屡发生，在于这种骗保行为本身具有很强的隐蔽性。定点医疗机构和定点药店，使用虚构事实或者隐瞒事实的方式，利用自身与医保基金的合作便利和机构本身的技术优势，可以较为轻易地逃避医保行政部门的形式审查，导致类似的骗保行为很难被发现。该问题的存在也凸显了我国既有的医保待遇支付模式亟待改进。

（二）参保人骗保

从检索和整理的中国裁判文书网的典型案例①来看，参保人骗保的方式比较单一，主要是个人通过伪造病历等材料去医保局报销骗保。

案例四：2012年9月至2017年5月，参保人张某某先后四次向人力资源和社会保障局提交其购买的虚假住院发票、费用清单申报医疗费，伪造病历骗取医保基金94996.96元。法院最终认定张某某犯诈骗罪，判处有期徒刑，并处罚金。

案例五：袁某某利用第三人有偿提供的虚假住院资料和医院发票进行医保报销，骗保金额375224.39元。法院最终认定袁某某犯诈骗罪，判处有期徒刑，并处罚金；责令袁某某与同案犯孙某某共同向某区医疗保险经办中心退赔302870.71元。

案例六：2004年被告人张某某被查出患有肾功能衰竭后，于2005年12月31日做了肾脏移植手术。2010年，张某某从私人手中购买非洛地平等药品，并开具假发票报销医疗费用，遂生骗保之念，共骗取医保基金742962元。法院最终认定张某某犯诈骗罪，判处有期徒刑，并处罚金；追缴被告人

---

① 该部分典型案例资料主要来自（2018）黔0323刑初173号，（2016）陕0403刑初65号，（2014）朝天刑初字第33号等刑事判决书。

张某某违法所得 742964 元。

参与人单一的骗保行为，由于方式方法简单、隐蔽性不强，实践中较易被发现，在司法实务中经常被认定为诈骗罪。值得注意的是，最近几年，司法实务中还发现了以前比较少见的借用近亲属医保卡刷卡报销的骗保案件。①此类案件中，即使借用人使用的是其近亲属的医保卡进行医疗消费，但由于医保卡资金具有专属性，只能用于个人医保项目开支，该行为仍具有欺诈故意，也严重侵犯了统筹账户全体参保人的财产权，也应认定为诈骗行为，视其情形承担相应的行政和刑事责任。

（三）负责医保报销工作的国家工作人员骗保

国家工作人员骗保经常是复合主体的形式，如国家工作人员与参保人共谋侵吞医保基金的方式，实践中也存在国家工作人员单独实施的诈骗行为，但较为少见。

案例七②：2010 年 10 月至 2011 年 12 月，马某某（某市医疗保险局临时聘用人员）利用职务便利，伙同李某某（某国企医院财务科职工），伪造该国企参保职工的住院材料和发票，申请报销医保金共计 271641.72 元，其中马某某分得 120000 元，李某某分得 151641.72 元。在该案中，马某某系某市医疗保险局聘用的合同工，其工作职责是负责在该局窗口接收并初步审核参保人员递交的医疗报销材料，被认定为受国有事业单位委托管理国有财产的人员，以国家工作人员论，符合贪污罪的主体资格；利用其职务的便利，勾结被告人李某某编造虚假的住院事实，冒领医保基金并非法占为己有，其行为不仅侵犯了公共财产所有权，损害了国家利益，同时也侵犯了国家廉政建设制度，符合贪污罪客体要件，最终被认定构成贪污罪。李某某利用马某某的特殊身份，共同骗取国有财产的行为，以贪污罪的共犯论处。

医保行政机关国家工作人员的骗保行为通常具有更强的破坏性，在犯罪

---

① 人民网：浙江．母亲让女儿用父亲医保卡买药，母女双双获刑［EB/OL］．（2015–12–21）［2020–01–17］tv. people. com. cn/n1/2015/1221/c39805–27955082. html.

② 参见（2015）鄂鄂州中刑终字第 00023 号刑事判决书。

行为的定性上经常被认定为贪污罪。作为负有医保监督管理职责的公职人员，其骗保手段更具隐蔽性。医保行政人员骗保行为造成了医保基金的监督环节空置，无法形成对医保待遇支付的有效制约，表明现有医保支付中的风险控制存在较大的问题。

三、欺诈骗保风险预防下的基本医保支付模式分析

通过研究案例可以发现，行为人的骗保手段与基金支付方式有着天然的密不可分的联系。我国基本医保的支付方式大体可以分为后付制和预付制。后付制的主要类型是按服务项目付费；预付制的主要类型包括按人头付费、总额预付制、按病种付费制、按服务单元付费四种形式。（详见本书第八章基本医疗保险基金支付法律问题研究中的相关内容）

（一）按服务项目付费制

按服务项目付费制有很多弊端。第一，由于医疗信息的极大不对称性，实践中医保兜底的心理暗示增强了医疗机构的盈利驱动意识，过度检查过度住院，名贵药材治疗成为常态，因为一方面对医院来讲可以减少医疗事故的发生，另一方面对参保病人来讲可以享受更高的服务质量，双方一拍即合，而这一切由医保基金来买单。第二，服务项目付费的医保基金支付制度下，定点医疗机构常用伪造医疗票据进行报销的手段进行骗保；有时也用"开阴阳单据"、偷换票据上的贵重医疗耗材而实际操作时使用廉价耗材，在报销时赚取差价的手段骗保；另外，这种支付制度下，定点医疗机构和参保人还可能联手骗保，如医疗机构通过滥开处方、参保人骗取药品、过度检查、人为拔高服务质量等方式消耗医保基金。第三，这种后付制方式的监督审核成本非常高，从本章以上所列举的案例可以发现，这种支付制度下骗保行为的隐蔽性很强，东窗事发的也只是一少部分伪造医保票据的严重骗保行为，多数医患联手的滥用医保资金行为很难被发现。

（二）按服务单元付费制

按服务单元付费制是一种典型的预付制。在按服务单元付费的支付制度

下，欺诈骗保的风险主要来自"分解住院"的方式。为了延长患者住院时间，增加住院天数而使"服务单元数"增加，医疗机构或者医生常使用分解处方、二次住院等方式骗取医保基金多付医疗费用。

（三）按人头付费制

在按人头付费的医保基金支付制度下，定点医疗机构常用让病人"挂床"住院并伪造病历的方式骗取医保基金，有的案件是定点医疗机构通过社区干部存放在医院的医保卡伪造病历骗取医保基金。由于医保稽核不能对"挂床"病人通过日常检查及时作出识别，欺诈骗保行为屡有发生。

（四）按病种付费制

在按病种付费制模式下，能够促进医疗服务提供者提高工作效率，缩短住院天数，减少诱导性消费，对欺诈骗保行为的发生具有一定的预防作用。但是在这种模式下，根据人的逐利性，某些医疗机构在诊断不明的情况下存在夸大参保人病情、将诊断升级的可能性，以获取更高级别的医疗费支付标准。

（五）总额预付制

在总额预付制模式下，由于预算额度一旦固定，医院的收入就不会随着服务量的增加而增加，因此其具有控制成本的优点。但是因为医院的医保费用收入总额固定，医院可能存在推诿危重病人的道德风险。同时，这种模式下，医疗服务的激励机制较难发挥作用，容易降低医生和工作人员的积极性和主动性。另外，总额预付制是一种粗放式的预付费方式，它对于预算标准提出了更高的要求，很难把握医疗费用的实际发生情况。

综上分析，预付制在实践中较后付制具有更好的防控骗保风险的功能，预付制中的几种医保费用支付方式，对于欺诈骗保行为的预防各有千秋。仅考虑欺诈骗保预防因素的话，按病种付费制和总额预付制更具有优势。当然，在实践中，具体基本医保支付方式的选择是一个具有综合性、复杂性的问题，并非仅考虑欺诈骗保一个方面。医疗费用的控制、医疗服务的质量、医院运作的效率性、从业人员的激励等，都会被纳入选择的考量因素。

四、完善基本医保骗保行为法律规制的思考

通过比较不同的医保基金支付模式可知，在操作相对简单的支付制度下（如后付制）骗保行为泛滥，经常出现伪造病历、分解住院等常见高频骗保行为；而预付制虽然实施操作复杂，但是在医保基金的风险预防方面有着天然的优势。因此，基本医保骗保行为法律规制的完善，应立足于医保支付制度的改革，通过建立和规范相关的配套法律法规来加以实现。

（一）继续深化和规范医保支付方式改革

医保支付制度是基本医疗保险体制改革的重要内容，也是医药卫生体制改革的主要内容。实践表明，精细化的管理和健全的医保支付机制和利益调控机制，才能够真正规范医疗机构的诊疗行为和参保人群的就医行为，从根本上减少医保骗保行为的发生。

2017 年 6 月，国务院办公厅印发了《关于进一步深化基本医疗保险支付方式改革的指导意见》，要求从 2017 年起，全面推行以按病种付费为主的多元复合式医保支付方式，要求各地选择一定数量的病种实施按病种付费。可以预见，未来的医保支付方式必然是以病种付费为主的多元化混合模式。从目前全国各地医保基金实施的情况来看，多数采用实施的是总额预付制模式。但总额预付制需要对定点医疗机构前期医疗支出额度进行精确测算，进行预算编制，较为复杂且不易解决就医人群逐年增多的问题，因此只适宜作为补充的支付方式之一加以使用。

在以病种付费为主的支付模式下，从预防骗保的角度，应对以下内容进一步进行制度强化：（1）在《医疗保险按病种付费病种推荐目录》的基础上，规范付费病种的使用标准和认定程序，加快制定全国统一的医疗服务项目技术规范，统一疾病分类编码、手术与操作编码系统，明确病历及病案首页书写规范，制定和完善临床路径等行业技术标准。（2）在国家医保局正起

草的《医疗保障基金使用监管条例》中，除设置多重法律责任、加大对欺诈骗保行为的惩治力度之外，应充分考虑按病种付费支付制度的特殊性，规定医保经办机构可依据法律法规和与定点机构签订的服务协议，创新检查监督方式，对定点医药机构的服务行为开展稽查审核，着重审核病种认定的规范性。（3）在医保经办机构内部建立和完善反欺诈的识别和调查程序。"医疗保险基金反欺诈的首要任务是识别欺诈行为并测量其严重程度。"[①] 利用网络大数据作为辅助监管手段已经被实践证明能够有效地识别医保资料中的虚假陈述，反欺诈识别和调查程序可以将过去的事后审查和监管前移，尽快尽早发现潜在的欺诈骗保风险。与之相配套，应尽快建立医保卡指纹鉴别体系，严格执行一人一卡，不混用、不借用，预防借卡就医、借卡骗保的行为。

（二）严控定点医疗机构的准入

在当前反腐倡廉的大背景下，医保行政机构工作人员骗保的案件日益减少，他们并不是骗保的"主力军"，而参保人员的骗保行为由于隐蔽性较差，也较易被识别，并且与定点医疗机构骗保的数额并非处于一个数量级别。反而是定点医疗机构的骗保数量和金额近年来呈现上升趋势，且参保人骗保与医保行政机构工作人员的骗保行为，通常具有依附定点医疗机构的特点，常常与定点医疗机构之间形成骗保的复合主体。因此，从医保骗保主体的规制对象来看，重点应是定点医疗机构。

从案例分析中可以发现，定点医疗机构的骗保行为大多由民营医疗机构实施。虽然一方面对于不同医疗市场主体应当平等保护，但另一方面，这也启示我们规范医保基金的管理要追根求源，从对定点医疗机构的认定环节开始着手，严控定点医疗机构和定点药店的准入资格。在制度上，应着重改进以下几个方面：（1）对定点医疗机构的准入条件进行量化审查。完善医保经办机构与定点医疗机构的谈判协商机制，将医疗机构的不诚信记录作为重点审核内容进行审查。（2）制定和完善医保服务协议范本，完善医保服务协议

---

① 阳义南，肖建华. 医疗保险基金欺诈骗保及反欺诈研究 [J]. 北京航空航天大学学报：社会科学版，2019（2）：41-51.

管理，将监管重点从单纯的医疗费用控制转向医疗费用和医疗质量双控制。（3）对定点医疗机构的医疗服务行为实施动态稽核，将稽核结果纳入监管考核范围，与医保服务协议的合同解除条款挂钩。以上内容均应通过国家医疗保障局或者地方政府制定法规或者规章予以明确。

（三）完善医保基金管理的内部结构

欺诈骗保的最后一关是医保基金的审批，因此医保基金管理的精细度也决定了反欺诈骗保的效果。医保基金内部制度的完善，可以借鉴公司法的原理，设置一个三方制衡的稳定结构，类似公司结构中的股东会、董事会、监事会的职能部门，相互分工、相互配合，维持组织的运行。有学者建议设立一个独立于基金高层管理部门之外的主体——医保基金理事会，还可以考虑设立一个专门反舞弊监察部门，[①] 该建议值得赞同。设立医保基金理事会类似于公司的董事会，其作用在于让决策和执行相分离，让业务和监督评价相分离；而专门的反舞弊监察部门就类似于监事会，负责对医保基金舞弊、滥用的调查和起诉。

（四）完善医保基金运行的外部监督

医保基金的外部监督包括行政主管部门监督、专门监督、社会监督等。监管主体包括政府医保主管部门、财政部门、审计部门、中介机构和社会公众等。

医患信息的不对称性等道德风险导致医疗保险市场的"市场失灵"，需要政府介入其中进行监控，而医保管理方面又存在一定程度的"政府失灵"，结果导致医保费用节节攀升。实际运行中，"政府失灵"主要表现在政府中缺乏医学专业人士审核把关医保报销费用，而政府借助本地医院的医生进行审核等于没有第三方监督下的审核，效果令人担忧。因此，从反欺诈骗保的角度，应从以下几方面强化医保基金运行的外部监督：（1）组建由医疗中介组织、

---

① 王朝起. 完善医保基金监管，杜绝医疗骗保现象 ［J］. 才智，2009（12）：276 –277.

医疗科研组织、医学院校、医疗机构等专业人员组成审核委员会，负责领导本地的医保基金的支出监管，解决审核过程专业性不足的问题。审核委员会应分成工作小组，形成定期和不定期的抽检工作机制，按照医院报销病历的百分比，到定点医疗机构实地检查或者给患者打电话抽查，预防定点医疗机构伪造病历、"挂床"住院的骗保行为。（2）推行强制医疗信息公开政策，对每个病种的医疗花费进行公开，使患者和社会公众对每个病种的平均花费心中有数，使每个医院和医生受到社会监督的约束，预防诱导消费等医保基金滥用行为。（3）建立行业内部声誉机制评估制度。在医疗信息公开的基础上，对医生治疗单病种的高出平均花费的部分进行行业内部评估，形成道德约束。（4）进一步完善医保欺诈骗保的举报制度，畅通医保投诉举报渠道，建立和完善医保举报反馈机制，细化举报调查流程，形成全社会监督医保支出的合力。

参 考 文 献

一、著作类

[1] 陈良谨. 社会保障教程 [M]. 北京：知识出版社，1990.

[2] 拉德布鲁赫. 法哲学 [M]. 王朴，译. 北京：法律出版社，2005.

[3] 沃尔夫，巴霍夫，施托贝尔. 行政法：第一卷 [M]. 高家伟，译. 北京：商务印书馆，2002.

[4] 博登海默. 法理学法律哲学与法律方法 [M]. 邓正来，译. 北京：中国政法大学出版社，2004.

[5] 萨缪尔森，诺德豪斯. 经济学 [M]. 第 16 版. 北京：华夏出版社，1999.

[6] 庞德. 法理学：第三卷 [M]. 廖德宇，译. 北京：法律出版社，2007.

[7] 罗尔斯. 正义论 [M]. 何怀宏，何保钢，廖申白，译. 北京：中国社会科学出版社，1988.

[8] 大须贺明. 生存权论 [M]. 北京：法律出版社，2001.

[9] 美浓部达吉. 公法与私法. [M]. 黄冯明，译. 台北：台湾商务印书馆，1989.

[10] 贝弗里奇. 贝弗里奇报告——社会保险和相关服务 [M]. 华迎放，等，译. 北京：中国劳动社会保障出版社，2004.

[11] 庞德. 通过法律的社会控制、法律的任务 [M]. 沈宗灵，译. 北京：商务印书馆，1984.

　　［12］芬克尔斯坦，等．医疗保险中的道德风险［M］．朱凤梅，译．北京：中信出版集团，2019.

　　［13］仇雨临，翟绍果．城乡医疗保障制度统筹发展研究［M］．北京：中国经济出版社，2012.

　　［14］迪尔凯姆．社会分工论［M］．上海：三联书店，2004.

　　［15］董保华等．社会保障的法学观［M］．北京：北京大学出版社，2005.

　　［16］董保华等．社会法原论［M］．北京：中国政法大学出版社，2001.

　　［17］段昆．当代美国保险［M］．上海：复旦大学出版社，2001.

　　［18］鄂振辉等．西方法律思想史［M］．北京：华夏出版社，2002.

　　［19］公丕祥．法制现代化的理论逻辑［M］．北京：中国政法大学出版社，1999.

　　［20］顾海，李佳佳．中国城镇化进程中统筹城乡医疗保障制度研究：模式选择与效应评估［M］．北京：中国劳动社会保障山版社，2013.

　　［21］关今华．基本人权保护和法律实践［M］．厦门：厦门大学出版社，2003.

　　［22］郭华．城乡居民基本医疗保险的公平性研究——以成都为例［M］．成都：西南财经大学出版社，2014.

　　［23］郭明政．社会安全制度与社会法［M］．台北：翰卢图书出版有限公司，1997.

　　［24］何毅．全民医保：从"碎片化"到基金整合［M］．北京：中国金融出版社，2014.

　　［25］胡玉鸿．法学方法论导论［M］．济南：山东人民出版社，2002.

　　［26］黄丁全．医事法新论［M］．北京：法律出版社，2013.

　　［27］高鸿钧，马剑银．社会理论之法：解析与评析［M］．北京：清华大学出版社，2006.

　　［28］黄越钦．劳动法新论［M］．北京：中国政法大学出版社，2003.

　　［29］季卫东．法治秩序的建构［M］．北京：中国政法大学出版

社，1999.

［30］贾洪波．中国基本医疗保险制度改革关键问题研究［M］．北京：北京大学出版社，2013.

［31］姜明安．行政法与行政诉讼法［M］．北京：北京大学出版社，高等教育出版社，2015.

［32］李步云．法理学［M］．北京：经济科学出版社，2001.

［33］李强．社会分层十讲［M］．第二版．北京：社会科学文献出版社，2011.

［34］李瑜青，等．法律社会学导论［M］．上海：上海大学出版社，2004.

［35］李珍．社会保障理论［M］．第三版．北京：中国劳动社会保障出版社，2013.

［36］林卡，陈梦雅．社会政策的理论和研究范式［M］．北京：中国劳动社会保障出版社，2008.

［37］秦立建，李孟刚．新医改背景下城乡医保一体化意愿与公共财政支持［M］．北京：经济科学出版社，2015.

［38］沈宗灵．现代西方法理学［M］．北京：北京大学出版社，1992.

［39］史探径．社会法学［M］．北京：中国劳动社会保障出版社，2007.

［40］孙光德，董克用．社会保障概论［M］．北京：中国人民大学出版社，2008.

［41］锁凌燕．转型期中国医疗保险体系中的政府与市场［M］．北京：北京大学出版社，2010.

［42］王泽鉴．民法实例研习丛书：第一册　基础理论［M］．台北：三民书局，1988：86.

［43］温兴生．中国医疗保险学［M］．北京：经济科学出版社，2019.

［44］乌日图．医疗保障制度的国际比较［M］．北京：化学工业出版社，2003.

［45］吴经熊．法律哲学研究［M］．北京：清华大学出版社，2005.

［46］向春华．社会保险法原理［M］．北京：中国检察出版社，2011.

［47］熊先军．医保评论［M］．北京：化学工业出版社，2016.

［48］姚岚，熊先军．医疗保障学［M］．北京：人民卫生出版社，2013.

［49］袁涛．医保筹资与待遇调整关联机制研究［M］．北京：中国社会科学出版社，2018.

［50］张恒山．法理要论［M］．北京：北京大学出版社，2002.

［51］张京萍．社会保障法教程［M］．修订第 3 版．北京：首都经济贸易大学出版社，2011.

［52］张明楷．法益初探［M］．北京：中国政法大学出版社，2003.

［53］张文显．二十世纪西方法哲学思潮研究［M］．北京：法律出版社，2006.

［54］张文显．法理学［M］．北京：高等教育出版社，北京大学出版社，1999.

［55］张文显．法哲学范畴研究［M］．修订版．北京：中国政法大学出版社，2001.

［56］张晓，黄明安．医疗保险国际比较［M］．北京：科学出版社，2015.

［57］赵绍阳，臧文斌．全民医保实施效果的实证评估［M］．成都：西南财经大学出版社，2016.

［58］赵燕，吴爽，曹志辉．基本医疗保险制度创新研究［M］．北京：中国国际广播出版社，2017.

［59］赵云．医疗保险付费方式改革研究［M］．北京：科学出版社，2015.

［60］赵镇江．法律社会学［M］．北京：北京大学出版社，1998.

［61］郑功成．社会保障学［M］．北京：中国劳动社会保障出版社，2005.

［62］郑功成．社会保障学——理念、制度、实践与思辨［M］．北京：商务印书馆，2012.

［63］郑功成．中国社会保障改革与发展战略：医疗保障卷［M］．北京：

人民出版社，2011.

［64］郑功成．中国社会保障改革与发展战略——理念、目标与行动方案［M］．北京：人民出版社，2008.

［65］郑尚元，扈春海．社会保险法总论［M］．北京：清华大学出版社，2018.

［66］中国医疗保险研究会，中国劳动和社会保障科学研究院．部分国家（地区）最新医疗保障改革研究（2017 年报告）［M］．北京：经济科学出版社，2018.

［67］钟明钊，许明月．社会保障法律制度研究［M］．北京：法律出版社，2000.

［68］周绿林，李绍华．医疗保险学［M］．北京：科学出版社，2018.

［69］朱景文．比较法总论［M］．第二版．北京：中国人民大学出版社，2008.

二、期刊类

［1］朱铭来，胡祁．医疗保险和医疗救助保障一体化的若干思考［J］．中国医疗保险，2019（7）．

［2］艾斯琪．论大病医疗保险之法律属性［J］．黑龙江省政法管理干部学院学报，2018（2）．

［3］白建军．论法律实证分析［J］．中国法学，2000（4）．

［4］包刚升．反思波兰尼《大转型》的九个命题［J］．浙江社会科学，2014（6）．

［5］弗里德里希．社会保险改革中的立法与利益平衡：2007 年德国医疗卫生改革［J］．社会保障研究，2007（1）．

［6］蔡定剑，刘丹．从政策社会到法治社会——兼论政策对法制建设的消极影响［J］．中外法学，1999（2）．

［7］蔡明荣．关于大病保险政策的思考［J］．经济研究导刊，2018（31）．

［8］常修泽．新加坡医疗卫生体制的四点启示［J］．学习月刊，2007（7）．

［9］陈刚，刘道寒．"三支柱"筹资模式或解退休人员缴费难题［J］．中国社会保障，2016（8）．

［10］陈国栋．新型权利研究的体系化与本土化思维——以公法权利体系为论域［J］．江汉论坛，2019（10）．

［11］陈昊．医保目录调整：审慎进出　吐故纳新［J］．中国卫生，2019（5）．

［12］陈健生，陈家泽，余梦秋．城乡基本医疗保障一体化：目标模式、发展路径与政策选择——以成都市城乡基本医疗保障统筹试点为例［J］．理论与改革，2009（6）．

［13］陈起风．"救命钱"沦为"唐僧肉"：内在逻辑与治理路径——基于百余起骗保案的实证研究［J］．社会保障研究，2019（4）．

［14］陈申，刘夏．退休医保缴费年限的问题与完善［J］．中国社会保障，2018（8）．

［15］陈仰东．基本医保与医疗救助　分清功能、有机衔接、一体经办［J］．中国医疗保险，2019（7）．

［16］陈仰东．医疗保险城乡统筹实施步骤探讨［J］．中国医疗保险，2010（3）．

［17］程毅，刘军．城乡居民医疗保险新型模式：核心理念与策略选择——基于上海城乡居民医疗保险整合实践的反思［J］．华东理工大学学报：社会科学版，2017（1）．

［18］仇雨临，黄国武．从三个公平的视角认识医疗保险城乡统筹［J］．中国卫生政策研究，2013（2）．

［19］仇雨临，王昭茜．全民医保与健康中国：基础、纽带和导向［J］．西北大学学报，2018（3）．

［20］仇雨临，吴伟．城乡医疗保险制度整合发展：现状、问题与展望［J］．东岳论丛，2016（10）．

［21］仇雨临，翟绍果，黄国武．大病保险发展构想：基于文献研究的视角［J］．山东社会科学，2017（4）．

［22］仇雨临．中国医疗保障 70 年：回顾与解析［J］．社会保障评论，2019（1）．

［23］仇雨临，郝佳，龚文君．统筹城乡医疗保障制度的模式与思考——以太仓、成都为例［J］．湖北大学学报：哲学社会科学版，2010（2）．

［24］仇雨临，王昭茜．城乡居民基本医疗保险制度整合发展评析［J］．中国医疗保险，2018（2）．

［25］仇雨临，王昭茜．全民医保与健康中国：基础、纽带和导向［J］．西北大学学报：哲学社会科学版，2018（3）．

［26］褚福灵．北京市医保支付标准现状分析［J］．北京劳动保障职业学院学报，2019（2）．

［27］戴剑波．公民医疗权若干问题研究［J］．天津大学学报：社会科学版，2006（6）．

［28］戴庆康．医疗权的伦理辩护［J］．河北法学，2007（10）．

［29］邓海娟．社会管理创新背景下医疗行政给付的发展［J］．贵州社会科学，2014（2）．

［30］刁孝华，谭湘渝．我国医疗保障体系的构建时序与制度整合［J］．财经科学，2010（3）．

［31］丁纯．德国医疗保障制度：现状、问题与改革［J］．欧洲研究，2007（6）．

［32］丁一磊．新加坡健康保障制度演变的特点及启示［J］．中国卫生政策研究，2018（10）．

［33］丁怡，单苗苗．"退休职工医保缴费"问题消解路径探索——基于社会保障制度发展的视角［J］．黑龙江社会科学，2017（3）．

［34］董保华．社会基准法与相对强制性规范——对第三法域的探索［J］．法学，2001（4）．

［35］董保华，郑少华．社会法——对第三法域的探索［J］．华东政法学

院学报，1999（1）．

[36] 董曙辉．关于大病保险筹资与保障范围的思考 [J]．中国医疗保险，2013（4）．

[37] 董溯战．论作为社会保障法基础的社会连带 [J]．现代法学，2007（1）．

[38] 付晓光，杨胜慧，汪早立．城乡居民大病保险的政策演进与思考 [J]．中国卫生经济，2019（3）．

[39] 付子堂．对利益问题的法律解释 [J]．法学家，2001（2）．

[40] 高连克，杨淑琴．英国医疗保障制度变迁及其启示 [J]．北方论丛，2005（4）．

[41] 高倩倩，闫早红，等．中国城乡居民大病保险领域关键问题确认 [J]．中国公共卫生，2019（10）．

[42] 龚文君，周健宇．德国"混合型"医疗保障模式的理念、实践与启示 [J]．理论界，2012（4）．

[43] 龚向和．社会权的历史演变 [J]．时代法学，2005（3）．

[44] 龚向和．社会权的概念 [J]．河北法学，2007（9）．

[45] 顾昕．中国医疗保障体系的碎片化及其治理之道 [J]．学海，2017（1）．

[46] 顾昕．走向公共契约模式——中国新医改中的医保付费改革 [J]．经济社会体制比较，2012（4）．

[47] 顾昕．走向全民健康保险：论中国医疗保障制度的转型 [J]．中国行政管理，2012（8）．

[48] 郭科，顾昕．过度医疗的解决之道：管制价格、强化竞争还是改革付费？[J]．广东社会科学，2017（5）．

[49] 郭潇雅．做好医保基金"看门人"——访国家医疗保障局基金监管司司长黄华波 [J]．中国医院院长，2019（22）．

[50] 郭心洁，张琳．新中国医疗保障70年大事记 [J]．中国医疗保险，2019（10）．

［51］郭日君，吕铁贞．论社会保障权［J］．青海社会科学，2007（1）．

［52］海韵．医保支付制度改革需要把握的若干关键问题探讨——药品价格形成机制与医保支付研讨会观点综述［J］．中国医疗保险，2017（11）．

［53］韩宁．行政协议研究之现状与转向［J］．法治研究，2019（6）．

［54］何佳馨．公私联动多元并举的医疗保险法律改革论［J］．中外法学，2012（3）．

［55］何佳馨．美国医疗保险制度改革的历史考察与理论检省［J］．法制与社会发展，2014（2）．

［56］何佳馨．新中国医疗保障立法70年——以分级诊疗的制度设计与进步为中心［J］．法学，2019（10）．

［57］何文炯．大病保险制度定位与政策完善［J］．山东社会科学，2017（4）．

［58］胡大洋．重特大疾病医保由个人筹资才能实现可持续［J］．中国医疗保险，2013（11）．

［59］胡宏伟，邓大松．新历史学派、德国实践与我国医疗改革——兼论我国医疗保障改革设想［J］．陕西行政学院学报，2007（4）．

［60］胡鸿高．论公共利益的法律界定——从要素解释的路径［J］．中国法学，2008（4）．

［61］胡荣．中国社会保险制度改革的模式选择［J］．社会学研究，1995（4）．

［62］胡晓毅，詹开明，何文炯．基本医疗保险治理机制及其完善［J］．学术研究，2018（1）．

［63］黄国武，吴迪．医保药品支付标准的形成机制研究［J］．中国社会保障，2018（1）．

［64］黄国武，吴先国．新加坡医疗保障制度演进中政府与市场作用研究［J］．社会保障研究，2016（2）．

［65］黄华波．医保基金监管的法、术、势［J］．中国社会保障，2018（11）．

［66］黄华波．医保经办管理的四个法律问题［J］．中国医疗保险，2016（8）．

［67］黄金荣．权利理论中的经济和社会权利［J］．法哲学与法社会学论丛，2015（1）．

［68］黄锴．行政执法中责令改正的法理特质与行为结构［J］．浙江学刊，2019（2）．

［69］吉宏颖．英国医疗保障的政府与市场定位［J］．中国医疗保险，2014（1）．

［70］贾洪波．补充医疗保险的实际运作：四个国家比较［J］．改革，2012（11）．

［71］贾洪波，刘玮玮，丁淑娟．再论补充医疗保险制度的含义和分类［J］．中国卫生经济，2012（11）．

［72］蒋翠玲，罗传勇，曾国华．城乡居民医保一体化背景下医疗费用变化：趋势与特征［J］．江西理工大学学报，2018（4）．

［73］蒋菲．国际医疗保障制度市场参与改革的经验及启示——以美、英、德为例［J］．特区经济，2012（9）．

［74］金维刚．城乡居民医保整合及其发展趋势［J］．中国医疗保险，2016（3）．

［75］金维刚．重特大疾病保障与大病保险的关系解析［J］．中国医疗保险，2013（8）．

［76］景日泽，徐婷婷．国际经验对我国退休人员医保缴费问题的启示［J］．中国卫生经济，2016（10）．

［77］景天魁．城乡统筹的社会保障：思路与对策［J］．思想战线，2004（1）．

［78］黎建飞．谢冰清．公权视野下社会保险基金权属问题之审思［J］．湖南社会科学，2016（4）．

［79］李超群．适当生活水准权：当代人的基本权利［J］．政法论丛，2015（1）．

［80］李海明．工伤救济先行给付与代位求偿制度探微——兼评《社会保险法》工伤保险基金先行支付制度的得与失［J］．现代法学，2011（3）．

［81］李乐乐，张知新，王辰．德国医疗保险制度对我国统筹发展的借鉴与思考［J］．中国医院管理，2016（11）．

［82］李乐平．论社会保障权［J］．实事求是，2004（3）．

［83］李三秀．日本医疗保障制度体系及其经验借鉴［J］．财经科学，2017（6）．

［84］李文静．医疗保险经办机构之法律定位——论社会行政给付主体之角色与功能［J］．行政法学研究，2013（2）．

［85］李文群．大病保险属性、供给及发展策略［J］．经济研究导刊，2012（36）．

［86］李晓鸿．论我国医疗保险法律关系的定性及争议回应［J］．甘肃社会科学，2013（6）．

［87］李迎生．中国社会保障制度改革的目标定位新探［J］．社会，2006（2）．

［88］李珍，王怡欢，杨帆．论新时代医疗保险公法人治理体制的创新——基于多中心治理理论［J］．中国卫生政策，2019（11）．

［89］李珍，黄万丁．全民基本医保一体化的实现路径分析——基于筹资水平的视角［J］．经济社会体制比较，2017（6）．

［90］李忠林，郑娟．浅析行政合同的二重性及审理模式——从某镇政府与某公司的协议纠纷说起［J］．山东审判，2009（5）．

［91］梁鸿，赵德余．中国基本医疗保险制度改革解析［J］．复旦学报：社会科学版，2007（1）．

［92］梁迎修．方法论视野中的法律体系与体系思维［J］．政法论坛，2008（1）．

［93］廖晓诚．新加坡医疗保障体系运行机制及现状评述［J］．东南亚纵横，2014（12）．

［94］林枫．社会保险三题［J］．中国社会保障，2002（5）．

［95］林嘉．社会保险基金追偿权研究［J］．法学评论，2018（1）.

［96］林嘉，于汇．医疗保险法治化的法理探讨和对策建议［J］．中国医疗保险，2017（12）.

［97］林卡，侯百谦．基于价值理念对社会政策项目的讨论和评估——由退休人员医保缴费的论争说起［J］．浙江大学学报：人文社会科学版，2016（6）.

［98］刘诚．社会理性与社会保障法［J］．广西社会科学，2003（10）.

［99］刘锦城．社会保障权利的内容结构与性质分析［J］．行政与法，2007（1）.

［100］刘文华，白宁．我国基本医疗保险制度体系研究［J］．中国劳动，2018（4）.

［101］刘喜堂，张琳．美国低收入人群的医疗保障［J］．中国民政，2015（3）.

［102］刘晓红．艰难中前行的奥巴马政府医疗改革［J］．世界经济与政治论坛，2014（4）.

［103］刘新建，刘彦超．实现城乡医疗保障一体化目标的对策初探［J］．山西农业大学学报：社科版，2007（6）.

［104］刘永富．建立覆盖城乡的社会保障体系［J］．求是，2007（13）.

［105］娄宇．"管办分离"与"有序竞争"——德国社会医保经办机构法律改革述评与对中国的借鉴意义［J］．比较法研究，2013（5）.

［106］娄宇．大病保险制度的法律定位存疑与改革思考［J］．中国医疗保险，2015（8）.

［107］陆平辉．论现阶段我国社会利益冲突的法律控制［J］．政治与法律，2003（2）.

［108］马斌，汤晓茹．关于城乡社会保障一体化的理论综述［J］．人口与经济，2008（3）.

［109］马爱霞，张籍元，钱焊森，等．医保支付价背景下药物经济学评价的应用探索［J］．中国卫生经济，2018（2）.

［110］马明. 从一起行政复议案看定点医药机构服务协议的性质和效力［J］. 中国医疗保险，2019（9）.

［111］马宇，黄华波. 医保基金监管法制建设问题探讨［J］. 中国医疗保险，2018（10）.

［112］牛玉堃，陈飞. 论公平视域下城乡居民医疗保险制度的整合［J］. 中国卫生产业，2017（17）.

［113］乔石，李祝用. 大病保险的性质与法律适用问题研究［J］. 北京航空航天大学学报：社会科学版，2018（6）.

［114］申曙光，杜灵. 我们需要什么样的分级诊疗？［J］. 社会保障评论，2019（4）.

［115］申曙光. 新时期我国社会医疗保险体系的改革与发展［J］. 社会保障评论，2017（1）.

［116］申曙光. 医保基金监管：向立法长效迈进一步［J］. 中国卫生，2019（5）.

［117］申曙光. 全民基本医疗保险制度整合的理论思考与路径构想［J］. 学海，2014（1）.

［118］沈世勇，李全伦. 医保基金收支平衡制度的演化机理分析——从数量平衡到质量提升［J］. 财政研究，2016（4）.

［119］沈世勇，张健明，曾瑞明. 论医保基金收支平衡中的价值取向——基于制度可持续的视角［J］. 医学与哲学，2017（5A）.

［120］石忆邵. 城乡一体化理论与实践：回眸与评析［J］. 城市规划汇刊，2003（1）.

［121］宋娟. 阶层视角下基本医疗保险制度的碎片化及整合研究［J］. 中州学刊，2017（10）.

［122］隋学礼. 德国医保的特色——国家调控与市场化运行［J］. 北京航空航天大学学报：社会科学版，2014（3）.

［123］孙菊，陈致勃. 法国低收入人群医疗保障制度及经验启示［J］. 中国卫生经济，2017（9）.

［124］孙开，董黎明．我国城乡基本医疗保险一体化研究［J］．财政研究，2011（11）．

［125］孙迺翊．恩给性社会给付没保障？——宪法与行政法角度的分析［J］．月旦法学教室，2007（52）．

［126］孙胜梅，倪沪平．完善社保基金支付监管的深层思考［J］．浙江经济，2015（17）．

［127］孙淑云，赵月高，柴志凯．新型农村合作医疗制度的法律性质探析［J］．中国农村卫生事业管理，2007（1）．

［128］孙淑云．中国基本医疗保险立法困局、症结及其出路［J］．山西大学学报：哲学社会科学版，2017（3）．

［129］孙淑云，周荣．多层次医保制度衔接问题探讨［J］．中共山西省委党校学报，2013（1）．

［130］孙淑云，郎杰燕．中国城乡医保"碎片化"建制的路径依赖及其突破之道［J］．中国行政管理，2018（10）．

［131］孙淑云．我国城乡基本医保的立法路径与整合逻辑［J］．河北大学学报：哲学社会科学版，2015（2）．

［132］谭思然，蒲川．实现医保对医疗行为监管模式转变的路径思考［J］．中国卫生事业政策，2018（7）．

［133］谭中和．如何建立公平可持续的医疗保障体系——以推进城乡医保整合为契机［J］．中国医疗保险，2018（8）．

［134］王保真．退休人员缴费需从长计议［J］．中国社会保障，2016（2）．

［135］王超群，李珍，刘小青．中国医疗保险制度整合研究［J］．中州学刊，2015（10）．

［136］王超群．城乡居民基本医疗保险制度整合：基于28个省的政策比较［J］．东岳论丛，2018（11）．

［137］王超群，李珍．中国医疗保险个人账户的制度性缺陷与改革路径［J］．华中农业大学学报：社会科学版，2019（2）．

［138］王朝起．完善医保基金监管，杜绝医疗骗保现象［J］．才智，2009（12）．

［139］王辰．从社会治理视角看医保协议管理［J］．中国城乡企业卫生，2019（5）．

［140］王国军．中国城乡社会保障制度衔接初探［J］．体制改革研究，2000（2）．

［141］王黎勇，王春燕，等．山东某市城镇居民医保和新农合整合背景下基金风险分析［J］．中国卫生资源，2017（1）．

［142］王琬．城乡医保制度整合研究：基于地方经验的考察［J］．学术交流，2018（1）．

［143］王琬．大病保险筹资机制与保障政策探讨——基于全国25省《大病保险实施方案》的比较［J］．华中师范大学学报：人文社会科学版，2014（3）．

［144］王琬，闫晓旭．政府购买大病保险服务的政策演进路径研究［J］．江汉学术，2017（6）．

［145］王琬．医疗保险谈判机制探析［J］．保险研究，2010（1）．

［146］王显勇．论社会保险统筹基金的法律性质及其管理运营［J］．财经理论与实践，2011（3）．

［147］王延中，单大圣．关于卫生服务与医疗保障管理体制的若干问题［J］．经济社会体制比较，2010（5）．

［148］王英明，李鑫．我国社会医疗保险费用法律控制途径研究［J］．盛京法律评论，2017（2）．

［149］王煜昊，徐伟，等．日本医保药品目录动态调整机制研究及对我国的启示［J］．中国卫生经济，2019（9）．

［150］王震．医疗保险与医疗救助：理论、现实与政策［J］．中国医疗保险，2019（7）．

［151］王宗凡．城乡居民医保制度差异和整合策略［J］．中国社会保障，2017（10）．

［152］王宗凡.医疗保险谈判机制"释义"［J］.中国社会保障，2011（4）.

［153］王宗凡.医疗保险总额控制的实践与思考［J］.中国医疗保险，2017（3）.

［154］温兴生.医保精准扶贫实施策略探讨［J］.中国医疗保险，2017（4）.

［155］文军.农民市民化：从农民到市民的角色转型［J］.华东师范大学学报：哲学社会科学版，2004（3）.

［156］乌日图.基本医疗保险要回归保基本的制度功能［J］.中国医疗保险，2018（6）.

［157］乌日图.社会保障顶层设计亟待明确的三大问题［J］.社会保障研究，2018（3）.

［158］吴海波.社会医疗保险管办分离：理论依据、制度框架与路径选择［J］.保险研究，2014（1）.

［159］吴伟平.推动新农合与居民医保二险合一　构建城乡居民一体化医疗保险体系［J］.社会保障研究，2009（5）.

［160］向春华.规制医保先行支付［J］.中国社会保障，2014（11）.

［161］向春华.全面推进社会保障法制化——访全国人大常委会委员、中国社会保障学会会长郑功成［J］.中国社会保障，2019（3）.

［162］熊先军，孟伟.城乡居民医疗保险筹资政策的问题挑战及建议［J］.中国医疗保险，2016（5）.

［163］许飞琼，郭心洁.加拿大医疗保险制度及借鉴［J］.中国医疗保险，2018（8）.

［164］许中缘，翁雯.论基本医疗服务权的救济［J］.苏州大学学报：哲学社会科学版，2016（2）.

［165］严妮，胡瑞宁.全民医保：基于城乡居民医保整合背景下的制度反思［J］.社会保障研究，2017（3）.

［166］严妮.论城乡居民基本医疗保险财政事权与支出责任划分［J］.

中国医疗保险，2020（2）．

［167］阎建军．国际基本医疗保障制度改革趋同：对"第三条道路"的解析［J］．金融评论，2013（3）．

［168］阳义南，肖建华．医疗保险基金欺诈骗保及反欺诈研究［J］．北京航空航天大学学报：社会科学版，2019（2）．

［169］杨华，沈继宇．我国基本医疗保险法律关系的权利和义务探讨［J］．长春工业大学学报：社会科学版，2013（5）．

［170］杨明慧，杨峰，杨燕绥．从伦理角度看我国医保支付方式改革［J］．医学与法学，2019（5）．

［171］杨娉．医疗保障体制及政府与市场的边界［J］．金融发展研究，2017（9）．

［172］杨思斌．英国社会保障法的历史演变及其对中国的启示［J］．中州学刊，2008（3）．

［173］杨思斌．我国基本医疗保险法治化的困境与出路［J］．安徽师范大学学报：人文社会科学版，2019（4）．

［174］杨晓慧．德国医保启示录［J］．中国医院院长，2016（2）．

［175］杨燕绥．从定点管理到协议管理［J］．中国医疗保险，2014（8）．

［176］杨再平．重新思考政府：一个世界性的课题——评世界银行1997年世界发展报告《变革世界中的政府》［J］．国际经济评论，1998（1）．

［177］尧金仁．社会保障的社会化与官民融合［J］．兰州学刊，2010（11）．

［178］姚蕾．论城乡统筹发展中农村医疗保障制度的改革［J］．求索，2006（5）．

［179］叶敏，袁旭阳．"第三代人权"理论特质浅析［J］．中山大学学报：社会科学版，1999（4）．

［180］人事天地．医保支付方式如何改——人社部医疗保险司司长陈金甫解读《关于进一步深化基本医疗保险支付方式改革的指导意见》［J］．人事

天地，2017（8）.

[181] 易沛，张伟. 城乡居民医保制度整合标准的可持续性研究基于"一制一档"与"一制多档"的比较 [J]. 公共管理学报，2018（4）.

[182] 于广军，杨丽. 门诊统筹是医疗保险的必然要求 [J]. 中国医疗保险，2010（10）.

[183] 余小豆，袁涛. 多层次医疗保障的国际比较与启示 [J]. 中国医疗保险，2019（3）.

[184] 袁伟. 美国医疗保险制度考察报告 [J]. 中国医疗保险，2015（10）.

[185] 翟方明. 我国退休职工医保缴费政策及其理论争议的再反思 [J]. 中国卫生政策研究，2018（1）.

[186] 翟绍果，仇雨临. 城乡医疗保障制度的统筹衔接机制研究 [J]. 天府新论，2010（1）.

[187] 翟绍果. 健康贫困的协同治理：逻辑、经验与路径 [J]. 治理研究，2018（5）.

[188] 张春丽. 退休人员医保筹资途径探讨 [J]. 中国社会保障，2016（2）.

[189] 张栋. 城乡基本医疗保障制度整合：问题与反思 [J]. 中国卫生经济，2016（12）.

[190] 张景卫. 医保基金先行支付医疗费的侵权纠纷处理路径探析 [J]. 法律适用，2019（16）.

[191] 张平华. 论连带责任的追偿权——以侵权连带责任为中心的考察 [J]. 法学论坛，2015（5）.

[192] 张奇林. 美国医疗保障制度评估 [J]. 美国研究，2005（1）.

[193] 张卿. 论医保基金监管中协议管理模式的优化使用 [J]. 中国医疗保险，2019（10）.

[194] 张荣芳，熊伟. 全口径预算管理之惑：论社会保险基金的异质性 [J]. 法律科学，2015（3）.

〔195〕张帅．城乡居民医保门诊统筹优化路径研究——基于成都市温江区的实地调研〔J〕．保险职业学院学报，2019（2）．

〔196〕张太海，董炳光，申曙光，等．城镇职工基本医疗保险制度运行质量评价初论〔J〕．中国卫生事业管理，2004（7）．

〔197〕张翔．基本权利的体系思维〔J〕．清华法学，2012（4）．

〔198〕张晓，胡汉辉，等．谈判机制的建立与实践路径〔J〕．中国医疗保险，2010（8）．

〔199〕张晓．医保支付标准概念与实践〔J〕．中国社会保障，2019（6）．

〔200〕张晓．医疗救助与基本医保的关联和边界〔J〕．中国医疗保险，2019（7）．

〔201〕张遥，张淑玲．英国商业健康保险经验借鉴〔J〕．保险研究，2010（2）．

〔202〕赵大海．我国医疗保障制度改革走向的论证〔J〕．江西社会科学，2014（4）．

〔203〕赵华婷，颜建周，邵蓉．典型国家疗效协议研究及启示〔J〕．卫生经济研究，2020（4）．

〔204〕赵建国，刘子琼．延迟退休、个人账户调整与城镇职工医疗保险基金可持续运行〔J〕．社会保障研究，2020（1）．

〔205〕赵为民．新农合大病保险改善了农村居民的健康吗？〔J〕．财经研究，2010（1）．

〔206〕赵娴．基本医疗保险定点医药机构服务协议的性质解析〔J〕．江苏理工学院学报，2019（1）．

〔207〕赵云．社会医疗保险的代理风险与经办改革〔J〕．卫生经济研究，2016（8）．

〔208〕郑秉文，张永林．医疗保险个人账户何去何从——从深圳平安保险试点看引入相互保险因素的前景〔J〕．新疆师范大学学报：哲学社会科学版，2019（1）．

〔209〕郑功成．从城乡分割走向城乡一体化（上）中国社会保障制度变

革挑战［J］.人民论坛,2014（1）.

　　［210］郑功成.中国社会保障70年发展（1949—2019）：回顾与展望
［J］.中国人民大学学报,2019（5）.

　　［211］郑功成.从城乡分割走向城乡一体化（下）中国社会保障制度变
革去向［J］.人民论坛,2014（2）.

　　［212］郑功成.理性促使医保制度走向成熟——中国医保发展历程及
"十三五"战略［J］.中国医疗保险,2015（12）.

　　［213］郑功成.中国社会保障40年变迁（1978—2018）——制度转型、
路径选择、中国经验［J］.教学与研究,2018（11）.

　　［214］郑玉秀.实现我国医疗保障一体化的路径及制度设计［J］.学术
交流,2014（1）.

　　［215］钟会兵.作为宪法权利的社会保障权——基于文本与判例分析
［J］.学术论坛,2005（10）.

　　［216］周宝妹,郎俊义.试论我国社会保险基金的刑法保护［J］.法学
杂志,2001（4）.

　　［217］周毅.德国医疗保障体制改革经验及启示［J］.学习与探索,
2012（2）.

　　［218］朱柏铭.建立我国社会保障预算的构想［J］.财政研究,1998（2）.

　　［219］朱俊生.让医保经办机构成为真正的"保险人"［J］.中国医疗
保险,2017（8）.

　　［220］朱铭来,陈妍,王梦雯.美国医疗保障制度改革述评［J］.保险
研究,2010（11）.

　　［221］朱铭来,胡祁.中国医疗救助的对象认定与资金需求测算［J］.
社会保障评论,2019（3）.

　　［222］朱铭来.融资模式和补偿条件决定了大病保险的性质［J］.中国
医疗保险,2013（8）.

　　［223］朱铭来,郑先平,解莹.进一步完善大病保险制度的若干思考
［J］.中国保险,2020（3）.

三、报纸类

[1] 郑功成. 医保制度多元分割运行：不公平，损效率 [N]. 中国劳动保障报，2009 – 06 – 09.

[2] 顾昕. 医保付费改革是医改核心 [N]. 华夏时报，2012 – 03 – 26.

[3] 郑秉文，朱恒鹏，余依霖. 统一医保制度——破解重复参保的根本途径 [N]. 中国劳动保障报，2014 – 08 – 26.

[4] 于保荣. 医保定点审查取消之后 [N]. 健康报，2015 – 11 – 09.

[5] 原中倩. 我省在全国率先实现医保基金省级统筹 [N]. 海南日报，2020 – 01 – 03.

[6] 吴为. 全国人大财经委副主任委员：当前制度下让退休人员缴医保不公平 [N]. 新京报，2016 – 02 – 20.

四、学位论文类

[1] 存洪斌. 基本医疗保险一体化制度研究 [D]. 天津：南开大学博士论文，2014.

[2] 黄蓉. 我国基本医疗行政给付行为研究 [D]. 株洲：湖南工业大学硕士论文，2017.

[3] 刘思思. 基本医疗保险基金先行支付法律制度研究 [D]. 沈阳：辽宁大学硕士论文，2017.

[4] 谭浩. 医疗权研究 [D]. 长春：吉林大学博士论文，2019.

[5] 乌日图. 医疗保障制度国际比较研究及政策选择 [D]. 北京：中国社会科学院博士论文，2003.

[6] 张妤婕. 医疗救助法律制度研究 [D]. 重庆：西南政法大学博士论文，2016.

[7] 周向明. 医疗保障权研究 [D]. 长春：吉林大学博士论文，2006.

五、中文网站类

[1] 中国新闻网. 发改委：截至去年底城乡居民基本医保覆盖 13.5 亿人

［EB/OL］．（2019 – 05 – 07）．http：//www. xinhuanet. com/2019 – 05/07/c_ 1
124459552. htm.

［2］国家卫生和计划生育委员会网站．2015 年我国卫生和计划生育事业
发展统计公报［EB/OL］．（2016 – 07 – 21）［2020 – 05 – 08］．http：//www.
gov. cn/shuju/2016 – 07/21/content_ 5093411. htm.

［3］中华人民共和国人力资源和社会保障部网站．2015 年度人力资源和社
会保障事业发展统计公报．（2016 – 05 – 30）［2020 – 05 – 08］．http：//www.
mohrss. gov. cn/SYrlzyhshbzb/dongtaixinwen/buneiyaowen/201605/t20160530 _
240967. html.

［4］中华人民共和国中央人民政府网站．人社部发布医保药品目录准入
谈判结果．（2017 – 07 – 19）［2020 – 05 – 08］．http：//www. gov. cn/xinwen/
2017 – 07/19/content_ 5211741. htm#1.

［5］新华网．2018 年医疗保障事业发展统计：基本医疗保险参保覆盖面
稳定在95% 以上［EB/OL］．（2019 – 03 – 01）［2020 – 05 – 08］．http：//
www. xinhuanet. com/info/2019 – 03/01/c_ 137859763. htm.

［6］中华人民共和国审计署网站．国务院关于 2018 年度中央预算执行和
其他财政收支的审计工作报告［EB/OL］．（2019 – 12 – 25）［2020 – 05 –
08］．http：//www. audit. gov. cn/n5/n26/c133000/content. html.

［7］罗争光．我国 60 岁及以上老年人口数量达 2. 41 亿占总人口 17. 3%
［EB/OL］．（2018 – 02 – 26）［2020 – 05 – 08］．http：//www. xinhuanet. com//
2018 – 02/26/c_ 1122456862. htm.

［8］田宏．2019 年国家医保谈判准入药品名单正式公布［EB/OL］．
（2019 – 11 – 28）［2020 – 05 – 08］．http：//news. cctv. com/2019/11/28/AR-
TIKRv3duc2DvETaCj8IC7O191128. shtml.

［9］人民网．浙江：母亲让女儿用父亲医保卡买药，母女双双获刑
［EB/OL］．（2015 – 12 – 21）［2020 – 05 – 08］．http：//tv. people. com. cn/n1/
2015/1221/c39805 – 27955082. html.

后　记

在我的博士论文《解雇权限制研究》2011 年出版发行的时候，不曾想第二本专著的出版，需要等待将近十年的时间。俗话说，"十年磨一剑"，这十年的光阴，似乎特别漫长，又仿佛是在昨天。十年的时间，经历了生活上的磨砺，经历了事业挫折的洗礼，能保留下来的，可能只剩下内心的一点点坚守。

还记得十年前，在上海，博士导师毕业临别时说的话："即使未来不做实务，也要了解实务中存在的问题。"法学的研究，是扎根于实务的研究。劳动与社会保障法学的研究，更是如此。虽然十年的时间，中间偶有懈怠，但作为一个 2001 年就开始接触劳动与社会保障法学研究的人来说，内心还是渴望能够踏踏实实地做一点学术研究，做一点能与实务工作密切结合的学问。

社会保障法学的研究格外艰辛，主要原因之一在于资料文献的严重匮乏。从 2015 年接触医疗保障法律这个题目，能够检索到的文献大多来自公共管理和卫生政策领域，鲜有社会保障法学视角的论著。在依法治国的大背景下，我国社会保障法学界对于医疗保障法律问题的忽视，与我国医疗保障制度改革的快速推进形成了鲜明的对比。

在本书写作的收尾阶段，肆虐的新型冠状病毒成为全人类社会共同的敌人。在这场人与病毒无声的战斗中，个人利益与集体利益的矛盾，个人自由与公众健康权的博弈，无不彰显着人类社会文明秩序的维系需要法治的存在作为基本的支撑力量。在应对新型冠状病毒肺炎疫情的非常时期，党中央、国务院发布了与医疗保障有关的三个特别的重要部署。其一，2020 年 1 月，国家医疗保障局对确诊为新型冠状病毒肺炎等患者采取了特殊报销政策，将国家卫生健康委员会《新型冠状病毒感染的肺炎诊疗方案》覆盖的药品和医疗服务项目，全部临时纳入医保基金支付范围；发挥医疗救助资金的兜底保障作用，保证及时支付患者费用；对异地就医患者先救治后结算，报销不再执行异地转外就医支付比例调减规定，减少患者流动带来的传染风险；对集中收治的医院，医保部门将预付资金减轻医院垫付压力，患者医疗费用不再纳入医院总额预算控制指标。其二，2020 年 2 月，国务院决定阶段性减免企业的社保费、医保费和缓缴住房公积金。其中，从 2 月开始减半征收职工医保单位缴费，最长不超过 5 个月。职工医保统筹基金累计结存可支付月数在 6 个月以上的，可以采取减半征收单位缴费；累计结存可支付月数在 6 个月以下的，可以采取缓缴。其三，2020 年 2 月，党中央、国务院发布了《关于深化医疗保障制度改革的意见》，对我国今后十年的医疗保障制度改革作出了全方位的战略安排。该意见中特别提出了"加强医疗保障领域立法工作，加快形成与医疗保障改革相衔接、有利于制度定型完善的法律法规体系"。可以说，这三项部署的出台，一方面从生存权和健康权的角度深度诠释和贯彻了"人民至上、生命至上"的理念，另一方面也提醒我们医疗保障的法治化仍然任重而道远，需要我们在现实中不断探索医疗保障"广覆盖、保基本、多层次、可持续"的法治路径。

医疗保障的城乡一体化，是一个宏大的命题。它与法律的结合，衍生出了很多待解的难题。本书从法学视角对我国医疗保障城乡统筹问题的探索，只是一种学术上的尝试，希冀能够将关乎民众切身利益的医疗保障问题融入法治这个治国方略之中，真正实现医疗保障的"善法之治"。本书虽然经历了将近五年时间的打磨，仍难免在很多具体问题的思考上有所疏漏，在个别观点的论证上失于严谨，期待广大的读者和研究者批评指正。最后，本书的出版，要感谢张嵘和黄雪娇两位博士同事对书中一些章节所提出的修改建议，感谢周会蕾博士和盛冬梅律师辛苦的统稿，感谢中国金融出版社黄海清主任及白子彤编辑一丝不苟的审阅编辑。

李国庆

2020 年 6 月 8 日